ROBERT DE LA SIZERANNE

LES MASQUES ET LES VISAGES
À FLORENCE ET AU LOUVRE

Portraits Célèbres
de la Renaissance
Italienne

DEUXIÈME ÉDITION

HACHETTE ET CIE — PARIS —

LES
MASQUES ET LES VISAGES
À FLORENCE ET AU LOUVRE

GIOVANNA TORNABUONI ET LES GRACES.
Fresque de Botticelli (au Louvre, escalier Daru.)

ROBERT DE LA SIZERANNE

LES MASQUES ET LES VISAGES
À FLORENCE ET AU LOUVRE

Portraits Célèbres de la Renaissance Italienne

DEUXIÈME ÉDITION

HACHETTE ET Cie — PARIS

INTRODUCTION

Auquel d'entre nous n'est-il pas arrivé, tandis qu'il regardait les peintures d'un musée ou les fresques d'une vieille église, d'apercevoir, parmi les têtes impersonnelles de saints, d'anges, de Dieux, de nymphes ou de satyres, de spectateurs ou de bourreaux, une figure dont il s'est dit : « C'est un portrait! » Pourquoi ? Il n'aurait su le dire, mais la chose ne faisait pour lui aucun doute. C'est qu'il avait reconnu, dans cette figure, des caractères tellement individuels, à ce point particuliers et, par là, si vivants, qu'il lui paraissait impossible que le peintre ait pu les tirer de son imagination, mais certain qu'il les avait pris « d'après le vif », comme on disait autrefois. Et il est probable qu'il ne se trompait pas. Cette figure, qui nous frappe parmi toutes les autres, qui sort du rang pour nous dire : « J'existe, moi, j'ai existé. Je ne suis pas une formule académique comme mes voisins, j'ai vécu !... » est bien un portrait. Mais de qui? Là, s'arrête le pouvoir de l'intuition et, faute de loisir pour la résoudre, la question reste sans réponse.

D'autres fois, devant un de ces portraits authentiques et notoires, dont l'histoire nous dit, sans hésiter, l'auteur et le modèle, ne nous est-il pas arrivé de souhaiter en savoir un peu davantage? Un nom, c'est très bien, mais qu'est-ce qu'un nom, s'il n'est pas synonyme d'une destinée? Que fut cet homme ou cette femme? Que signifient ce costume, cet attribut, ce geste? Et, surtout qu'est devenu, dans la vie, le penchant, le trait physionomique ou physiologique indiqué, là, par le peintre? Que souligne ce pli, cette ride?

Il y a, ainsi, par le monde, beaucoup de figures célèbres et dont on ne sait rien. Ce qui est célèbre, c'est le masque : on ignore, d'habitude, le visage, j'entends le caractère, le rôle, la destinée. Pour les unes, on ne saurait dire leur nom ; pour les autres, dont on peut dire le nom, le nom ne dit rien. Pourtant, il semble qu'une figure si caractérisée doive avoir une histoire caractéristique. On s'irrite, un peu, de ne pas savoir laquelle, et l'on quitte le musée, ou l'église, avec une joie mêlée d'un regret : l'arrière-goût d'une curiosité qui n'a pas été satisfaite.

De cette curiosité est né ce livre. Depuis longtemps, ils me poursuivaient, moi aussi, ces masques singuliers, bien personnels, impossibles à confondre avec d'autres que sont les portraits du XV° siècle et des premières années du XVI° en Italie : des regards, comme celui de Balthazar Castiglione, au Louvre ; des gestes, comme celui de Giovanna Tornabuoni, dans la fresque placée Escalier Daru, ou de la Belle Simonetta, dans le *Printemps* qui est à l'Académie, à Florence ; des profils comme celui d'Isabelle d'Este, dans la salle des Dessins de Léonard de Vinci ; des attitudes d'extase, comme l'agenouillement de ce chevalier couvert de fer devant la *Vierge de la Victoire*, ou de représentation mondaine, comme l'arrivée de cette belle dame, en grande toilette, compassée, qui suit sainte Elisabeth, au chœur de Santa Maria Novella... Pendant de longues années, je les avais regardés, pour le seul plaisir de leur beauté, sans y chercher autre chose que le parti pris par l'artiste en face de la Nature, le jeu des ombres et des lumières, la définition du dessin, le ragoût de la couleur. Jamais je ne leur avais demandé leur nom. Il ne me paraissait pas plus utile à connaître, pour les aimer, que le nom des étoiles ou des fleurs, ni que leur charme perdît rien à l'anonymat et au mystère.

Le jour est venu, cependant, où, comme je les considérais sous leur aspect esthétique, l'énigme de leur caractère physionomique m'a obsédé. C'est qu'aussi l'étude esthétique d'un visage humain comporte nécessairement la définition de son caractère et qu'il est impossible de bien spécifier sa construction et son expression, sans être amené à noter ce par quoi il se différencie des autres, ce qu'on pourrait appeler son « trait de dissemblance » d'avec l'Espèce. Ce « trait de dissemblance » une fois trouvé, au point de vue esthétique, on veut savoir ce qu'il signifie au point de vue moral. On se laisse aller à imaginer ce que révèlent ces accents, ces tares, ces dissymétries, ces exagérations : quelles passions, quelles volontés, quelles hautes parties d'humanité, quelle animalité peut-être... L'ayant imaginé, on cherche à le connaître et à vérifier ses inductions par les faits. On va, on vient dans le passé : on interroge les archives et les pierres. Ce n'est plus, à la vérité, de l'Esthétique : c'est de l'Histoire, mais qu'un problème esthétique incline à étudier.

On y est incliné, d'autant plus, qu'une seconde question suit immédiatement la première. Après s'être dit : « Comme ces figures ressemblent à des portraits ! » on se dit : « Comme ces portraits ressemblent à des contemporains ! » Car les physionomies humaines — si infiniment diverse que soit la Nature — se réduisent, toutes, à quelques types osseux, musculaires et sanguins, très définis, dont le pinceau des maîtres a, dès longtemps, fixé la ligne-mère ou l'essentiel contour. C'est au point qu'on peut se demander pourquoi les gens prennent encore la peine de faire peindre leur portrait. Ce portrait existe, déjà, presque toujours, le plus souvent signé de quelque maître, et il n'est guère de figure rencontrée, aujourd'hui, dans la rue, qui n'ait son « double », ou sa ressemblance frappante, au fond d'une salle de musée, sur les murs, au coin d'une fresque, dans quelque église de notre vieille Europe... Et, alors, se pose naturellement cette question : « En est-il de même de nos physionomies morales ? Nous appartiennent-elles, en propre, ou ont-elles déjà vécu dans le passé, avec leurs exactes nuances, telles que nous les voyons parmi nous ? »

A la vérité, c'est une pente invincible de notre esprit que de les croire nouvelles. Chaque génération a le sentiment qu'elle apporte au monde des curiosités, des appétits, des raffinements — soit dans le rêve, soit dans les élégances morales, soit dans le vice — que ses devancières n'avaient pas connues. Nous nous résignons encore à porter la même figure que nos pères, mais nous avons la vanité de nous être mis en frais d'une autre âme. Chacun de nous croit que le monde le voit pour la première fois... Et, lorsque se dessine, sur le fond gris de nos vies monotones, la silhouette inquiétante d'un sphinx, une de ces figures qui émeuvent la foule par le mystère de leurs aspirations et la perversité de leurs attitudes, le sentiment général est qu'on se trouve en présence d'un produit bien spécifique de son époque. Est-ce bien sûr, et les âmes d'autrefois diffèrent-elles des nôtres plus que les visages? Telle est la seconde question qui se pose naturellement devant ces portraits.

On ne saurait prétendre, d'un mot, la résoudre, mais la réponse est peut-être moins malaisée ici, qu'ailleurs. Car s'il est un point sur le globe et un instant dans la suite des temps où l'on soit également renseigné sur les « masques » et sur les « visages », sur les traits physiologiques et sur les traits de caractère, c'est l'Italie, dans la seconde moitié du xve siècle et dans la première moitié du xvie. Les portraits des primitifs flamands ou de Holbein ont des masques tout aussi caractérisés, mais il est difficile de connaître leurs âmes, les bourgeois ou les chanoines qu'ils représentent n'ayant pas, pour la plupart, marqué profondément dans la mémoire des hommes. Les âmes du xviiie siècle français et de notre Révolution nous sont bien connues, mais il est difficile d'imaginer leurs vraies figures : les portraits de cette époque étant presque tous ramenés à un gabarit commun de beauté classique ou « piquante », et enduits d'une pareille couche d'aménité. La Renaissance italienne est le seul moment où chaque figure illustre a trouvé, pour la peindre, un maître artiste, où, pour ainsi dire, chaque destinée physiologique a été résumée dans le cadre étroit d'un panneau, dans le tour d'un buste ou dans l'orbe d'une médaille. Les portraitistes de ce temps s'appelaient Piero della Francesca, Pollajuolo, Pisanello, Ambrogio de Predis, Ghirlandajo, Botticelli, Verrocchio, Mino da Fiesole, Mantegna, Donatello, Pinturicchio... Quels yeux pour voir et quelles mains pour perpétuer ce que les yeux avaient vu ! Ces témoins ne sont pas seulement grands : ils sont véridiques. Ils étaient, déjà, assez maîtres de leur « métier » pour rendre ce qu'ils avaient trouvé dans leurs modèles, mais encore trop dépendants de leurs modèles pour y ajouter ce qu'ils n'y trouvaient pas et les ramener aux dépens de la ressemblance, à un concept artificiel de la beauté. Aussi, les portraits de ce temps ne sont-ils pas interchangeables, comme ceux de notre xviie ou de notre xviiie siècle, par exemple. Il est impossible de prendre le duc d'Urbino pour Sigismondo Malatesta ou Isotta de Rimini pour Beatrice d'Este ! Les profils de Ludovic le More, de Filippo Strozzi, de Laurent le Magnifique, du marquis Gonzague valent des signatures. Lorsque, dans des œuvres différentes, on les retrouve retracés par différentes mains, et qu'ils sont identiques et presque superposables, on ne peut douter qu'on ait, devant les yeux, un document physionomique parfait.

En même temps, et par un parallélisme à peu près unique dans l'histoire, il se trouve que, derrière ces masques reproduits par les peintres, une foule de documents intimes, familiers, nous révèlent les visages. Les gens de ce temps tenaient volontiers leur *Journal*, comme ce Luca Landucci, dont le *Diario fiorentino* a si souvent servi aux historiens des révolutions florentines. Ils rédigeaient, aussi, des instructions pratiques pour leurs enfants, des *Consigli*, selon l'exemple qui leur avait été donné, un siècle avant, par ce Paolo di Pace da Certaldo, dont M. Guido Biagi a déterré le savoureux traité de « bons exemples » et de « bonnes manières ». Ils étaient grands épistoliers, comme cette Alessandra dei Macinghi, dont les lettres à ses enfants sont célèbres. Enfin, les rapports des ambassadeurs à leurs gouvernements, surtout à celui de Venise, sans être des documents tout à fait intimes, s'en rapprochent beaucoup par la liberté de leurs appréciations, le pittoresque de leurs descriptions, le secret promis à leurs bavardages.

Si l'on ajoute que plusieurs d'entre eux étaient poètes, et que de vénérables matrones telles que Lucrezia de Médicis, des hommes d'État tels que son fils Laurent le Magnifique, des courtisanes telles que Tullia d'Aragon, des diplomates tels que Castiglione, des princes régnants tels que Francesco Ier, grand-duc de Toscane, s'épanchaient volontiers en strophes pieuses, philosophiques ou galantes, on reconnaîtra qu'on possède, sur eux, plus de traits et de couleurs qu'il n'en faut, d'ordinaire, aux historiens pour tracer un portrait moral.

Ils n'y ont point manqué, et bien que cette époque de petits princes et de grands artistes ait été infiniment moins explorée que d'autres, — notre époque révolutionnaire par exemple, — ce n'est pas d'aujourd'hui qu'on découvre qu'elle est digne d'être pénétrée. Tout le monde connaît les travaux de Gregorovius, de Pastor, de Burckhardt, de Dennistoun, de Sismondi, d'Ugolini, de Villari, de Creighton, de Perrens. Sans remonter si haut, et pour ne parler que des plus récentes, les belles études de M. Isidoro del Lungo et de M. Guido Biagi sur les femmes et la littérature florentines d'autrefois, de MM. Luzio et Rénier sur Isabelle d'Este, sur François Gonzague et sur Élisabetta Gonzague, duchesse d'Urbino, de Saltini sur Bianca Cappello et la vie privée des Médicis, de M. Vittorio Cian sur Pietro Bembo, l'Humanisme et particulièrement le *Cortegiano*, du comte Pasolini sur Catherine Sforza, sont bien connues et presque classiques. Il faut toujours les consulter, quel que soit le trait particulier qu'on veuille creuser plus avant. En dehors de l'Italie, les recherches d'Armand Baschet dans les archives de Venise et de Mantoue, ont apporté sur Bianca Cappello et sur les rapports d'Isabelle d'Este avec les artistes de son temps, nombre de documents intéressants, plus tard mis en œuvre par Yriarte et Eugène Plon. Quelques femmes de la Renaissance et l'Humanisme italien ont été étudiés par M. Pierre de Nolhac, par M. Pelissier, par Gebhardt, par Klaczko, par Blaze de Bury, tandis que M. Delaborde donnait, sur l'Expédition de Charles VIII en Italie, l'ouvrage d'ensemble qui manquait. Enfin, M. Pierre Gauthiez a tracé de l'Arétin, de Jean des Bandes Noires, de Lorenzaccio, des portraits qu'on peut considérer comme définitifs. En langue anglaise, les copieuses et compréhensives monographies de Béatrice d'Este, d'Isabelle d'Este et de Balthazar Castiglione par Julia Cartwright (Mrs. Ady), les notes de M. Opdycke sur le *Cortegiano*, et les nombreuses études de M. Edward Hutton sur les hommes et les femmes de la Renaissance italienne, ont réuni, avec intelligence et précision, une infinité de notions éparses jusqu'alors. Mais, d'ordinaire, le but des historiens a été, plutôt, de retracer le cours général des événements, en Italie, au xv° et au xvi° siècle, que d'en détacher les physionomies rendues familières à nos yeux par des chefs-d'œuvre. Dans les fresques fourmillantes de figures, qu'ils ont tracées, les grands faits, les grands gestes et les actions collectives distraient le regard des destinées individuelles. Le but de ce livre a été, plus modestement, de retrouver le fil de ces destinées, de le suivre, autant qu'il se pouvait, à travers le fouillis des destinées parallèles, adverses ou contraires, et, par là, de donner aux portraits que nous ont laissés les Maîtres, le commentaire psychologique et moral qui leur manquait.

Après plusieurs années passées à les interroger, je livre, ici, leurs premières réponses. Je les livre particulièrement à ceux qui, ayant eu les mêmes curiosités, n'ont pas eu, pour les satisfaire, le même loisir. Dans bien des cas, l'identification n'a pas été possible[1] : je l'ai avoué et n'ai proposé quelques solutions que comme des hypothèses. Dans d'autres, il n'eût pas été prudent de pousser le portrait psychologique jusqu'aux détails de la physio-

---

[1] On se demandera, peut-être, comment, quelquefois, elle l'a été et d'une façon indiscutable. Je répondrai : tout simplement par les *médailles*. En effet, la médaille est le seul document où la figure et le nom soient réunis de telle sorte qu'on ne puisse arguer que l'un a été ajouté, après coup, à l'autre. Lorsqu'elle est du temps même de celui qu'elle représente, — ce qui n'arrive pas toujours, — elle est le véritable indice signalétique, celui auprès duquel les textes, même les inventaires, valent bien peu de chose. Et l'on sait si elle est du temps de son modèle pour la raison qu'elle porte sa date et aussi, le plus souvent, le nom de l'artiste. Les mots *opus pisani*, par exemple, ou *meliolus dicavit*, sont familiers à tous ceux qui se sont penchés sur un médaillier du xv° siècle. Lors, donc, qu'on possède un profil fortement caractérisé, frappé en même temps que le nom de son modèle, par un artiste contemporain et qui l'a connu, on peut avoir la certitude que ce nom appartient bien à cette figure et s'en servir comme d'un criterium pour identifier les autres documents iconographiques.

nomie ; il a fallu s'arrêter aux lignes d'ensemble. Pour certaines figures, en effet, on a des traits burinés par des actes, de vives couleurs fournies par les paroles, un modelé sûr et plein. Pour d'autres, on ne possède qu'un contour : l'impression faite sur la foule qu'elles ont traversée, dans un cœur de poète, au détour d'une strophe, à l'angle d'un mur. Mais, même lorsque ce n'était qu'apparitions rapides, je les ai notées au passage, croyant que dans l'Art, comme dans la Nature, les effets les plus fugitifs ne sont pas les moins précieux.

Telles que je les ai vues, — ou cru voir, — les voici. Ce sont quelques-unes des figures les plus célèbres, par leurs portraits et par leurs vies, qui passaient sur les bords de l'Arno, du Mincio, ou du Tibre, il y a quelque quatre cents ans. On s'étonnera, peut-être, de ne pas les trouver si lointaines. Elles sont très humaines, très féminines, quelques-unes très « féministes », nullement imprévues. On ne voit pas, dans la construction de leurs masques, un seul trait qu'on ne retrouve, aujourd'hui, dans les figures qui passent dans la rue. Au moins, peut-on dire qu'il y ait, chez nos âmes prétendûment modernes, un goût, une prétention, même une manie que nous ne retrouvions, si nous le voulons bien, chez ces Lombards ou chez ces Florentines disparus?

En vérité, je ne le crois guère. Il ne semble pas que la Nature se mette en frais d'âmes nouvelles, à chaque génération, non plus que de nouveaux nez, de nouveaux yeux et de nouvelles fossettes. Il y a eu, de tout temps, des âmes de la même étoffe : la façon seule diffère et ce sont les circonstances qui la font. Quand ces circonstances sont générales, pressantes, tragiques, elles coupent et taillent impérieusement en plein drap humain : un type se forme, qu'on appelle le type du siècle, **du règne ou de la cité**, et l'on a raison puisque ce type est **le plus habituel** et qu'il faut bien donner une figure à une époque pour la reconnaître. Mais tous les autres sont possibles et nous allons voir que les plus modernes pouvaient vivre au xve ou au xvie siècle, — puisqu'ils y ont vécu. Et puis, sait-on jamais ce que serait la figure de notre contemporain, celle de notre voisin, celle de notre ami, la nôtre propre, celle qu'on croit le mieux connaître, si la destinée la plaçait dans une autre lumière, l'éclairait du reflet d'autres objets, jetait sur elle l'ombre de nuages qu'elle n'a pas connus ? Il faut bien des choses diverses **pour** qu'une âme humaine déploie **tous ses replis**...

Florence, janvier 1913.

MASQUES ET VISAGES

GIOVANNA TORNABUONI

AU LOUVRE

REGARDONS, d'abord, les portraits de quelques Florentines du xve siècle. Il en est deux, parmi nous, que tout le monde a vues ou peut voir et le hasard fait que ce sont les figures des deux femmes les plus séduisantes de leur temps, deux contemporaines, deux compatriotes, de familles semblablement illustres, d'égale beauté, d'égale jeunesse, de destinées parallèles, deux reines de l'art et des cœurs florentins aux années où ces cœurs battirent le plus fort et pour l'art

Portraits de Giovanna degli Albizzi, épouse de Lorenzo de' Tornabuoni
Authentiques : les deux médailles de bronze de Niccolo Fiorentino, au Bargello, l'une, n° 106, portant en exergue ces mots : *Ioanna Albiza uxor Laurentii de Tornabonis*, — et au revers les trois Grâces enlacées avec ces mots : *Castitas—Pulchritudo—Amor*; l'autre, n° 107, semblable, quant à la face et portant au revers une Diane chasseresse avec ces mots : *Virginis os habitumque gerens et virginis arma*.

Portraits présumés avec ressemblance : 1° la figure de femme de profil gauche, sur bois, dite Giovanna degli Albizzi par Ghirlandajo, autrefois au palais Pandolfini à Florence, aujourd'hui à la collection Pierpont-Morgan ; 2° la figure en pied, de profil gauche, en grande toilette du xv° siècle, à la suite de sainte Élisabeth, dans *la Visitation*, fresque du chœur de Santa Maria Novella, par Ghirlandajo ; 3° le buste de terre cuite intitulé Giovanna Tornabuoni et attribué à l'école de Léonard, collection Gustave Dreyfus.

Portrait présumé, selon toute vraisemblance, mais sans ressemblance avec les précédents : la figure de femme seule en face d'un groupe de femmes et leur tendant un mouchoir, de la fresque de la villa Lemmi, par Botticelli, aujourd'hui au Louvre, escalier Daru.

Portrait présumé sans ressemblance : la Vierge du bas-relief de marbre, *la Vierge et l'enfant* de Verrocchio, autrefois à l'hôpital Santa Maria Nuova aujourd'hui au Bargello, à Florence.

1

le plus pur, peintes par les mêmes peintres, chantées par les mêmes poètes, pleurées par les mêmes fervents, brusquement emportées en plein éclat, en laissant sur l'Océan des hommes deux sillages si longs de regrets et de larmes, qu'après plus de quatre cents ans, leur remous berce encore les cœurs des chercheurs et des naïfs. On les appelait, de leur temps, la *Bella Simonetta* ou, plus officiellement, Simonetta dei Cattanei, épouse de Marco de' Vespucci, et la *Bella Vanna*, ou officiellement Giovanna degli Albizzi, épouse de Lorenzo de' Tornabuoni.

Quiconque a visité Chantilly connaît la première : un profil évaporé, le nez en l'air, l'œil vif, le front nu et rond comme un front d'oiseau, décrivant le hardi paraphe de sa frimousse en clair sur un nuage noir, rejetant derrière la tête un énorme paquet de tresses et de perles, pointant les seins nus, avec un serpent d'émail noir, qui ondule autour de la gorge éclatante, au loin des arbres, des collines et de l'orage, — quelque chose de joyeux, de piquant et de délibéré, une tête qui n'en fait qu'à sa tête, une reine de la mode à qui l'on ne dit pas : « Voilà ce qui se porte... » et qui s'habille, ou se déshabille, comme il lui plaît. Cela est peint sur un panneau de bois à la détrempe, par Pollajuolo, dit-on, et vraisemblablement entre 1469 et 1476, et acquis par le duc d'Aumale en 1879. Il y a, sur la bordure du tableau, l'inscription *Simonetta januensis Vespuccia*. Voilà le premier rayon de soleil qui traversa Florence à la fin du xve siècle.

Le second est au Louvre. Tout le monde devrait en avoir été touché, mais il est aux trois quarts éteint, étant tombé dans l'une des plus sombres solitudes de cette nécropole : la cage de l'escalier Daru, — et mis sous verre. Parfois une bande de touristes fourvoyés traverse ce Sahara froid. On frôle les murs nus, les bustes rechignés, les pierres mortes, et l'on s'en va, sans se douter qu'on a passé à côté de deux destinées tendres et tragiques, rappelées en deux chefs-d'œuvre. Ce sont les fresques peintes par Botticelli sur les murs de la villa des Tornabuoni, près de Florence, pour célébrer le mariage de Giovanna degli Albizzi avec Lorenzo de' Tornabuoni, en 1486. Longtemps dissimulées sous la chaux, retrouvées en 1872, et apportées ici, tant bien que mal, en 1881, elles sentent l'exil. On imagine, aussitôt, ce que serait cette pellicule de peinture, si elle tenait encore au tronc vivant dont on l'a séparée et dont elle n'est plus aujourd'hui que l'écorce morte ; si on la voyait là-bas, sous le soleil de Toscane, à la villa Lemmi, au Pian di Mugnone, parmi les fleurs, quand le soleil glisse entre les fentes du rideau de cyprès, et tout ce qu'y mettraient nos regards si, avant de s'y poser, ils avaient recueilli les lueurs qui glissent au loin sur les collines de Fiesole, sur la loggia aux fines colonnettes, sur les fenêtres quadrillées de fer, les plantes grimpantes, les roses. Ici, on sait qu'elle existe, qu'elle est célèbre, jusqu'à en être banale, mais on ne l'a jamais vue.

Pourtant, par un jour exceptionnellement clair, on peut, si l'on s'approche, distinguer, sous les reflets contraires du verre, une apparition étrange, comme une vapeur colorée qui aurait flotté sous ces hautes voûtes et qui se serait fixée, çà et là, par places... Ce sont des fantômes de femmes gracieuses : têtes virevoltant sur de frêles tiges, robes éteintes, couleur de fleur séchée ou de verdure toute neuve, développant dans une nature inopérante des gestes inefficaces. Une jeune femme haute, fine, et de mise presque austère, tend un linge comme elle tendrait son tablier, pour recevoir quelque chose que d'autres femmes, dont les manches sont des petits ballons, s'avançant vers elle, vont y jeter. Ce quelque chose est peut-être un fruit, peut-être une fleur, peut-être un sort. Celle qui reçoit ne semble pas très reconnaissante. Celles qui donnent ne semblent pas très généreuses. Ce sont sans doute des fées : il n'y a que des fées pour arriver ainsi à un mariage les mains vides. C'est sans doute une philosophe : il n'y a qu'une philosophe pour se vêtir si simplement l'année de ses noces et pour si peu considérer ce qu'on lui donne. — Ces dons ne sont pas seulement médiocres : ils sont inquiétants. L'une d'elles fait de la main gauche ce geste imprécis qui a vaguement l'air d'une protestation, que Botticelli met partout, mais qui n'a nulle part un sens défini. Elles n'ont pas l'air de croire qu'elles apportent quelque chose de très bon à la jeune épousée ; celle-ci ne le croit pas non plus. Son regard passe par-dessus les jeunes Destinées : elle a l'air distrait, absent, résigné à recevoir tout ce que ces femmes jettent dans son mouchoir. Et qu'y jettent-elles ?

Elles y jettent la mort, une mort prompte, terrible, dès la venue du second enfant. C'est leur cadeau de noces. Cette jeune femme que nous voyons, là, va mourir en couches, comme est morte la mère de son mari Lorenzo Tornabuoni, comme est morte la première femme de son père, Maso degli Albizzi, comme sont mortes, par une fatalité mystérieuse, tant de jeunes femmes de la Renaissance... Dans deux ans, elle aura passé. Jusque-là, sa vie est un rayon de soleil, quelque chose de droit, de lumineux, de simple, une joie pour les yeux de tous, une faveur pour tout ce qu'il touche.

Se figure-t-on ce qu'était, dans la vieille et noire Florence du XVe siècle, le pas sur les dalles d'une jeune patricienne, fine, simple, charitable et docte, au buste droit, aux paroles mesurées, aux plis parallèles, aux gestes lents et harmonieux, quand elle traversait cette foule de marchands de laine, marchands de soie, banquiers, changeurs et politiciens, vivant entre le glaive et le comptoir, esprits inquiets, consciences obscures, lèvres verrouillées comme leurs portes, figures plissées comme leurs bourses, curieux cependant de toutes les grâces de l'âme et du corps, capables d'enthousiasme pour tout ce qui — femme, idée ou statue — trouait parfois leur ciel bas et lourd ?

Elle subsiste encore, la rue où elle a vécu, longue, étroite, sombre. On s'y aventure comme en une fissure de rocher, pour aller du centre de Florence à la seconde enceinte de la ville. Elle demeure, là, comme un vieux chaînon oublié dans une chaîne neuve de quartiers modernes ou rebâtis. C'est l'ancien Corso di Por san Piero, aujourd'hui borgo degli Albizzi, du nom de la famille qui y posséda tant de maisons et l'habita si longtemps. Parmi les hauts palais noirs dont elle est faite, on voit encore celui où est née Giovanna : parois nues, sombres, renfrognées, fenêtres en amande très haut perchées, avec l'écusson des Albizzi ; deux anneaux de pierre, l'un encerclant l'autre, tout cela endormi sous une poussière séculaire. Bien que rebâti et restauré depuis le XVe siècle, il en garde fortement le caractère. C'est là qu'a grandi la plus fameuse des onze filles de Maso degli Albizzi, podestat de Prato, gonfalonier de justice, ambassadeur à Rome.

Cette maison, neuve alors, n'était pas le sombre rempart que nous voyons aujourd'hui. La rue, bâtie d'un seul côté, recevait la lumière du midi. Çà et là, les palais les plus beaux l'égayaient de leur vie. C'était le quartier le plus animé, le plus aristocratique, celui où l'on faisait les courses, le *Palio*, et d'où partaient le plus de chevaliers pour le carrousel. Mais les pierres n'ont pas changé. Nous pouvons donc retrouver, en nous y promenant, le fond coutumier sur quoi se découpait la fine silhouette de Giovanna, allant faire ses dévotions à San Piero Maggiore, — église dont il ne subsiste plus rien, marquée seulement par un reste de portique du XVIIe siècle, où on lit encore : DEO. IN. HONOREM. PRINCIPE. APOSTOL. LUCAS DE ALBIZIS.

Mais ce portique, lui-même, a changé de destination et joue, au naturel, le rôle de ces ruines savoureusement dessinées par Hubert Robert. Un étage a poussé par-dessus, des boutiques l'ont bouché par-dessous et l'arc triomphal d'autrefois, travesti en une bête de somme, arrondit aujourd'hui, sur les jarres de lait et les chapelets d'andouilles, la majesté de ses arcs, le haut latin de ses dédicaces et l'acanthe de ses chapiteaux. Le pied cherche inutilement les dalles qui recouvraient Lorenzo di Credi et Luca della Robbia, jadis enterrés là. Tout a disparu et le rare pèlerin qui vient, sans s'égarer, dans ce coin de la vieille Florence, n'y peut être attiré que par le fantôme léger de la *Bella Vanna*.

Elle a vécu, là, toute sa jeunesse, dans la gloire et dans la lumière. Les joies intellectuelles l'éclairaient aussi. Elle était formée aux belles-lettres par un futur pape, Tommaseo Parentucelli. Ses admirateurs étaient Laurent le Magnifique et les plus grands peintres du xve siècle, son promis le plus beau jouvenceau de Florence, le plus riche et le plus élégant cavalier. Il suffit pour s'en assurer de voir à Santa Maria Novella — à gauche de la fresque de *Saint Joachim chassé du Temple* — ce jeune homme qui se retourne vers nous, le poing droit sur la hanche, le bout du pied droit en avant, avec une désinvolte impertinence : grand érudit d'ailleurs, poète formé par Politien, fin connaisseur en médailles antiques : Lorenzo Tornabuoni.

Son mariage est un événement national. Arrangé par le roi de Florence, Laurent le Magnifique, il n'est point célébré à la paroisse de la jeune fille, San Piero Maggiore, mais à la cathédrale, à Sainte-Marie des Fleurs, où Giovanna paraît escortée de cent jeunes filles des plus grandes familles, parées de blanc, et de quinze jeunes chevaliers en armures de tournoi. L'ambassadeur d'Espagne auprès du Saint-Siège y assiste, ainsi que de nombreux chevaliers florentins et étrangers. La presse est représentée par Politien. Au lieu de kodaks braqués sur la sortie de l'Église, ce sont les yeux de Botticelli, de Verrocchio, de Ghirlandajo, de Niccolo Fiorentino, fixés sur ce profil qui passe... Le décor, ce sont les bas-reliefs de Giotto et les portes de bronze de Ghiberti. La foule, tassée entre

Sainte-Marie des Fleurs, le Baptistère, le Campanile, la Tour des Adimari, le Bigallo, bat de ses flots des montagnes de chefs-d'œuvre. Un Guichardin et un Castellani escortent la mariée au palais des Tornabuoni. On danse le soir sur la place San Michele Berteldi, — maintenant Piazza san Gaetano, — proche des palais Tornabuoni aujourd'hui entièrement disparus. De l'autre côté de la ville, tout le long du Borgo degli Albizzi, les torches brûlent passées aux grands anneaux de fer. Toute Florence est en fête. Jamais femme n'entra d'un pas plus léger dans la vie.

Puis les peintres et les modeleurs se mettent à l'œuvre. Ils se hâtent, comme s'ils se souvenaient qu'elle est d'une famille d'éphémères[1], où la pose ne dure pas, où le profil se perd bientôt dans l'ombre que rien n'éclaire. Botticelli se rend à la villa Tornabuoni, aujourd'hui villa Lemmi, où se sont retirés les deux jeunes époux durant les premiers temps de leur mariage ; il cause un peu mythologie avec Politien et peint sur les murs les fresques qui sont maintenant au Louvre. Niccolo Fiorentino modèle la médaille que nous voyons au Bargello. Ghirlandajo la peint deux fois au moins : la première fois, d'après nature, sur le panneau fameux longtemps appelé la *Laure de Pétrarque*, passé de la famille Tornabuoni à celle des Pandolfini, et aujourd'hui en possession de M. Pierpont-Morgan. La seconde fois, de souvenir, d'après le portrait précédent qui a été simplement reporté sur le mur et continué par une robe, dans la fresque de Santa Maria Novella, où elle figure à la suite de sainte Élisabeth (scène de la Visitation).

C'est, là, le plus fameux des portraits de Giovanna Tornabuoni, le plus connu même de ceux qui épellent son nom et ne savent rien de sa vie. Tous les visiteurs de l'église dominicaine ont remarqué cette belle dame, en toilette éclatante, jupe de satin rouge couverte d'un treillis d'or

---

1. Sa sœur aînée, Albiera, était morte à seize ans, saisie par la fièvre au soir de son premier bal, et avait été pleurée par toute la ville.

semé de boutons d'argent, robe en tissu d'or broché, qui s'avance de profil coupant, haute et droite, au milieu des modestes femmes de l'Évangile, soucieuse de ne rien déranger à l'économie de sa toilette, tenant son mouchoir à la main, comme une dame en visite son porte-cartes, avec une coiffure à chignon plat et à *anglaises*, et un fil autour du cou, qui tient en suspens une grappe de perles... Le tout découpé à l'emporte-pièce sur un fond de remparts, de ponts-levis, d'arcs de triomphe ruinés, de campaniles, ressemblant très vaguement à Florence [1].

Ce costume est un peu ostentatoire et le moins pieux des visiteurs en est presque choqué. Il ne faut pas croire que ce luxe parût naturel à tous les contemporains. Peu d'années après la peinture de cette fresque, alors que les couleurs en brillaient encore d'un éclat que nous ne voyons plus, Savonarole tonnait en chaire contre ces bijoux, ces

---

[1]. On a copieusement discuté l'identité de cette figure. Un texte de Vasari la donne comme le portrait non pas de Giovanna Tornabuoni, mais de Ginevra di Benci, morte depuis longtemps, en 1473. D'autre part, elle ne ressemble pas à notre figure du Louvre et, précisément derrière elle, se trouve une suivante qui lui ressemble. D'où il suivrait que Giovanna Tornabuoni figurerait bien, en effet, dans la fresque de Santa Maria Novella, peinte à la gloire des Tornabuoni, mais non pas à la place qu'on lui attribue d'ordinaire, et sous les apparences que nous venons de dire. Quant au portrait sur panneau, par Ghirlandajo, représentant Giovanna Tornabuoni (collection Pierpont Morgan), lequel est identique à la figure de Santa Maria Novella, on ne sait qu'en faire, dans cette hypothèse, et l'on n'en parle point.

Il suffit, pour couper court à toute discussion, de prendre la médaille de Niccolo Fiorentino, portant la mention *ioanna albiza uxor laurentii de Tornabonis*, et de la présenter devant la figure de Santa Maria Novella et aussi devant le portrait de la collection Pierpont-Morgan : c'est bien, trois fois, la même femme.

Qu'on prenne, ensuite, la médaille portant la mention *Laurentius Tornabonus io. fi*, et qu'on la présente devant la fresque de l'escalier Daru, au Louvre, figurant un jeune homme devant un aréopage de dames : c'est bien le même homme. Or, cette fresque faite en l'honneur de ce jeune homme, accompagnait, dans la villa Tornabuoni, cette autre fresque faite en l'honneur d'une jeune femme et toutes les deux ont été peintes par le même artiste, immédiatement après le mariage de ce jeune homme. La femme, ici représentée, est donc, très vraisemblablement, sa femme. C'est bien Giovanna Tornabuoni, malgré son peu de ressemblance avec les trois autres portraits que nous avons d'elle. Il n'y a pas certitude, mais aucune hypothèse n'approche davantage de la vérité.

GIOVANNA TORNABUONI, DANS LA VISITATION.
Fresque de Ghirlandajo (à Santa Maria Novella, fragment.)

boutons, ce brocart. Et cent ans avant, toute Florence avait retenti des objurgations des magistrats contre le luxe des modes féminines. Le portrait de Giovanna, en pleine église et à côté de la Ste Vierge, nous montre ce qu'avaient pu faire cent ans de sermons et de lois, la crainte des peines éternelles ou celle des amendes. Il y a, là-dessus, un conte de Franco Sacchetti. Il nous décrit les tribulations d'un juge, Messer Amerighi da Pesaro, chargé d'assurer l'exécution des règlements somptuaires. Il est connu mais bon à relire devant la fresque de Santa Maria Novella :

« Mes seigneurs, dit-il, s'adressant aux *Priori*, mes seigneurs, j'ai étudié toute ma vie pour apprendre à juger sainement, et aujourd'hui, après avoir cru savoir quelque chose, je m'aperçois que je ne sais rien du tout. Car en faisant mon enquête sur les ornements qui sont interdits à vos femmes, selon les ordres que vous m'avez donnés, ces dames ont produit, pour leur défense, des arguments dont je n'avais jamais eu l'idée auparavant et, entre autres, je vais vous en dire quelques-uns. Voici une femme qui arrive avec une cape festonnée et roulée en spirale. Mon notaire dit : « Donnez-moi votre nom, car vous avez une cape festonnée. » La bonne dame tire le bout de ce feston qui est attaché à la cape avec une épingle et, le tenant dans sa main dit : « Ça, c'est une guirlande !... » Alors mon homme passe outre et trouve une femme qui porte de nombreux boutons sur le devant de sa robe. Il dit à celle-là : « Voilà des boutons que vous n'avez pas le droit de porter. » Elle répond : « Messer, parfaitement, j'ai le droit de les porter car ce ne sont pas, là, des boutons, mais des *coupelles*, et si vous ne me croyez pas, regardez : elles n'ont pas de queue et de plus, il n'y a aucune boutonnière... » Alors le notaire va à une autre qui porte des hermines et dit : « Qu'est-ce que celle-ci va bien pouvoir alléguer pour sa défense ? — Vous portez des hermines ! » Et il veut prendre son nom. La dame dit : « Ne m'inscrivez pas, car ce ne sont pas des hermines, mais des fourrures de nourrisson. » « Et qu'est-ce que c'est que ce nourrisson?... » demande le notaire. Et la dame répond : « C'est une bête... » Après cela, on comprend le mot inscrit, par un membre de la Guilde des marchands, en marge des *statuti* somptuaires :

> S'il est quelqu'un à qui tu souhaites du mal,
> Envoie-le à Florence pour être official...

Mais ce sont, là, des histoires pour les moralistes. Les peintres ne sont pas du tout choqués de ce déploiement de luxe. Ils y ajoutent, s'ils le peuvent. Rien ne leur paraît assez beau pour Giovanna Tornabuoni. Ils appliquent à ses portraits des cartouches laudatifs. Ils y mettent des dédicaces enthousiastes :

> ARS UTINAM MORES
> ANIMUMQUE EFFINGERE
> POSSES, PULCHRIOR IN TER
> IS NULLA TABELLA FORET
> MCCCCLXXXVIII

écrit Ghirlandajo sur une tablette au fond du portrait aujourd'hui à la collection Pierpont-Morgan. Niccolo Fiorentino inscrit, autour de sa médaille, ces mots que vous pouvez lire, s vous vous penchez, par un clair matin, sur la vitrine, au second étage du Bargello : CASTITAS — PULCHRITUDO — AMOR. Botticelli n'écrit rien sur la fresque aujourd'hui au Louvre, mais il peint un délicieux petit amour soutenant un écusson : c'est l'enfant, le premier-né qui soutiendra et perpétuera les armes des Tornabuoni.

A peine ces artistes ont-ils fini leur ouvrage, avant même peut-être qu'ils aient fini, le don fatal des Belles Dames a fait le sien. Giovanna est emportée à ses secondes couches : elle a vingt ans. Ainsi ni l'âge, ni l'abandon, ni les regrets ne viendront décolorer l'image du monde reflétée dans ces beaux yeux naïfs, grands ouverts : « Noblesse du sang, beauté, fils, richesse, amour conjugal, esprit, distinction des manières et de l'âme, toutes ces choses m'ont faite heureuse, mais toutes ces choses, les cruelles Destinées — pour me rendre la mort plus amère — me les ont montrées plutôt que données !... » Ainsi la fait se plaindre Politien, dans l'épitaphe qu'il composa pour elle. Sans le vouloir, il explique, là, notre fresque du Louvre. — « Montré plutôt que donné... » — c'est bien le geste de ces incompréhensibles figures...

Tout aussi secrète est la fresque jumelle du Louvre, encore plus difficile à voir peut-être et encore plus sombre, placée de l'autre côté de la porte qui conduit à la salle du XVIIIe siècle. Pourtant, en regardant bien, on finit par apercevoir le profil d'une sorte de séminariste, un jouvenceau, à longs cheveux, en soutane, qu'une jeune femme, aux airs penchés, amène, par le bout des doigts, vers un aréopage de femmes assises en demi-cercle, dans quelque bois sacré. Après un moment d'attention, on reconnaît ce profil : c'est celui d'une médaille gravée, ou au moins inspirée, par Niccolo Fiorentino, avec cette inscription : *Laurentius Tornabonus*, et qui porte à son revers un Mercure habillé et armé avec ces mots : *Virginis os habitumque gerens et virginis arma*. C'est bien la même tête, le profil pointu, les joues un peu lourdes, les yeux saillants, la ligne du front et du nez quasi concave, que nous devinons ici. C'est donc, là, le mari de Giovanna degli Albizzi, « le miroir de l'élégance », c'est le même jouvenceau qu'on voit dans le chœur de Santa Maria Novella, en la fresque de *Saint Joachim chassé du Temple*, à peu près vis-à-vis de la scène de la *Visitation* où figure sa jeune femme derrière sainte Élisabeth.

Ici, il est moins désinvolte. Il a l'air d'un jeune homme timide qu'une protectrice présente à un comité de dames chargé de décerner quelque prix. Il se trouve que c'est justement cela, ces dames étant la Philosophie, la Musique, l'Astronomie, la Grammaire, la Rhétorique... Elles lui décerneront le prix de belles-lettres, le prix d'élégance, le prix de goût et de tact en belles médailles qu'il collectionne pour Laurent le Magnifique, enfin le prix de la jeunesse, qui est le plus enviable de tous. On voit mal leurs attributs effacés : parmi ces dames, il y en a qui ont un faux air de Parques, ou de sorcières. Tandis qu'on regarde ce bizarre aréopage, la lumière qui ne se fixe jamais longtemps, dans cet escalier Daru, se met à passer, le mur se drape d'ombre. Vite, ces figures changent d'aspect et deviennent sinistres. On ne voit plus que des silhouettes, et ces silhouettes sont rangées moins comme des Muses dans un bois sacré que comme des juges dans un tribunal.

A mesure que l'ombre s'épaissit, des souvenirs nous viennent, des souvenirs de l'histoire de Florence sous la République. On se rappelle un autre aréopage devant lequel comparaît ce même jeune homme. C'est dans un vieux palais qu'il siège. Ce sont les *Huit de la Paix*. Nous sommes en 1497. Il y a onze ans que le jeune Tornabuoni a fait peindre cette fresque. Il y en a neuf qu'il a conduit Giovanna au tombeau de famille, à Santa Maria Novella. Depuis, la ville a changé de maîtres. Les Médicis ont été chassés de Florence. Nous sommes sous le règne de Savonarole. Le brillant « miroir de l'élégance » est resté dévoué à la famille qui fit son mariage : il est impliqué dans une conspiration pour le retour des Médicis. Un obscur comparse, un certain Lamberto de l'Antella, l'a dénoncé ainsi que quatre autres seigneurs. Il est arrêté, soumis à la torture de la corde.

Quiconque était mis à la torture était perdu. On possède donc les aveux qui suffisent à sa condamnation, mais on discute indéfiniment la sentence. Toutes les juridictions se récusent successivement. Les *Huit de la Paix* renvoient les accusés à la Seigneurie qui les renvoie aux

Huit, qui les renvoient devant le Conseil des *Quatre-vingts*, qui demande la constitution d'une *Consulte*. On sait que l'Italie est favorable aux accusés. On cherche des faux-fuyants. On envoie demander à une visionnaire, alors fort en vogue, ce que le ciel lui inspire. Elle répond qu'il lui a été révélé que le vieux Bernardo del Nero doit être jeté par la fenêtre. Mais les autres? Qu'en fera-t-on?

Pendant neuf heures consécutives, cent quatre-vingts juges, rouges de colère ou pâles de peur, enfermés dans le Palais Vieux et mis au secret, écoutent les rapports, parlent, discutent, mangent, — car il ne leur est pas permis de sortir de la salle avant d'avoir clôturé le débat, — tandis qu'au loin, du fond d'une cellule de San Marco, un moine terrible, le moine au profil de mouton, les fait mouvoir. Le premier verdict de ce tribunal est terrible : c'est le « ban de rebelle », mais il y a appel. On est au mois d'août, au mois des grandes chaleurs et des pestes. Le Palais Vieux ressemble à une chaudière où bout quelque chose d'infernal. Après cinq jours de discussions et d'atermoiements, la sentence est arrachée par les violents aux autres : c'est la mort pour les cinq accusés, dont le plus âgé, Bernardo del Nero, a soixante-treize ans, et le plus jeune, celui dont nous voyons ici l'image, vingt-neuf. On sait l'Italie tendrement émue pour cette noble tête, pour cette jeune tête de savant et d'humaniste, toute meublée des trésors de la Renaissance. Il faut mettre les indécis et les voisins en présence du fait accompli. On hâte l'exécution. On n'attend pas au lendemain. On descend aux torches. Les *Huit* assurent l'exécution de l'arrêt. Le billot est prêt dans la cour du palais annexe au Palais Vieux. Bernardo del Nero passe le premier. Le dernier qui vient sous le glaive est Lorenzo Tornabuoni. Au matin, tout est fini... Sur le livre des morts, à sa paroisse, Santa Maria Novella, on inscrit son nom suivi de la mention terrible qui revient si souvent en ce temps-là après la date du décès : *cum sanguine*... « Tout le peuple les plaignit, dit, dans son *Journal*, Luca Landucci, chacun fut stupéfait qu'une telle chose ait pu être faite et voulut à peine le croire. Ils les firent mourir dans la même nuit et ce ne fut pas sans larmes de ma part, que je vis passer à Tornaquinci, dans une bière, ce jeune Lorenzo, un instant après sa mort... »

Ainsi s'éteignirent, après un bref éclat, les deux apparitions que nous voyons par les jours clairs flotter encore dans l'escalier du Louvre, et que l'on voit tous les matins, à Florence, derrière l'autel de Santa Maria Novella : Lorenzo et Giovanna Tornabuoni. Sans les peintres et les modeleurs, leurs destinées nous seraient indifférentes, auraient passé enveloppées dans les plis de cette grande dissimulatrice qu'est l'histoire : quelques coups de pinceau sur un mur, la pression d'un doigt sur une cire, les dégagent et les profilent, jeunes et nets, sur le brouillard confus des foules. Par la grâce de l'art, les deux beaux enfants revivent et sont aimés.

Leur culte ne cesse guère. On ne le voit pas souvent célébrer au Louvre. L'ombre qui baigne leurs images empêche les visiteurs ignorants de s'y arrêter. Leur histoire y est mal connue. Mais à Santa Maria Novella, c'est autre chose ! Il fait clair tous les matins dans le chœur de la vieille église dominicaine, derrière l'autel. En même temps que nous déchiffrons cette figure sur l'escalier du Louvre, aux bords de la Seine, nous pouvons être sûrs que là-bas, aux bords de l'Arno, d'autres la regardent et cherchent à en pénétrer le sens. Accotés dans les stalles, ou debout autour des lutrins, étagés sur les marches de bois, guettant le jour favorable, — ils la voient s'avancer de profil, de profil gauche, toute droite dans sa robe aux plis droits et lourds, derrière sainte Élisabeth qui embrasse la Vierge. En face, sur la muraille opposée, dans ce groupe de gens du XVe siècle, au premier plan du *Saint Joachim chassé du Temple*, ils cherchent son jeune mari Lorenzo Tornabuoni.

Dès que les offices s'arrêtent, la longue théorie des visiteurs recommence à défiler et à épeler, dans toutes les langues du globe, les litanies de l'admiration. Ils s'intéressent autant à la vie si vite tranchée de la belle Giovanna qu'à la scène de la *Visitation*, et il n'en est aucun qui ne soit plus touché par la fin tragique de Lorenzo Tornabuoni que par la mésaventure de saint Joachim... Ces pèlerins venus de toutes les rives de l'Europe et des deux Amériques célèbrent ainsi à leur insu, ce culte sans rite et sans dogme qui réunit, dans une même communion, des âmes bien diverses : le culte des beaux types de l'humanité.

D'ailleurs, il importe peu pour quelle cause ces beaux types ont vécu : il suffit qu'ils aient vécu ardemment, passionnément, et pour autre chose qu'eux-mêmes. Notre goût pour les héros ne se mesure pas du tout aux harnais philosophiques dont ils se sont empêtrés ou dont ils ont voulu bâter les hommes. Savonarole a fait brûler les « vanités » dont Giovanna est parée ; il a fait ou a laissé décapiter Lorenzo : il a été brûlé à son tour. Les mêmes touristes qui étaient tout à l'heure au couvent de Saint-Marc, occupés à vénérer sa mémoire dans sa cellule, viennent ici vénérer la leur. Notre piété réconcilie, sans effort, tous ces héros qui se combattaient, qui se proscrivaient, qui croyaient détruire, en se détruisant, les passions humaines. Nous savons qu'ils poursuivaient un songe. Nous les aimons pour l'ardeur dont ils l'ont poursuivi.

LA BELLE SIMONETTA

A CHANTILLY

Parmi ceux, en 1486, qui suivaient des yeux Giovanna Tornabuoni à son entrée dans le monde, beaucoup se rappelaient une autre reine des cœurs florentins disparue dix ans auparavant, en pleine jeunesse, celle que nous voyons à Chantilly, dans la salle dite de la Tribune : la belle Simonetta, car tous l'avaient connue et qui ne l'avait pas pleurée? Giovanna elle-même, d'ailleurs, et les yeux que nous voyons peints dans la fresque du Louvre ont plus d'une fois miré le profil que nous voyons dans le petit panneau de Chantilly, lorsqu'ils n'étaient encore que des

---

Portraits de Simonetta dei Cattanei, épouse de Marco de' Vespucci, dite la Belle Simonetta.

Authentique : le portrait de femme de profil peint sur bois, hauteur 0,57, largeur 0,42, dans la salle dite *la Tribune*, à Chantilly, attribué à Pollajuolo.

Présumés avec ressemblance : 1° la figure dite de l'*Abondance*, au coin de la *Naissance de saint Jean-Baptiste*, dans le chœur de Santa Maria Novella à Florence, et attribuée à Ghirlandajo ; 2° la figure dite de *Vénus* dans la *Primavera* de Botticelli, à l'Académie, à Florence ; 3° celle de *Vénus* dans le tableau dit de *Mars et Vénus* de Botticelli, à la National Gallery ; 4° celle de Vénus, dans la *Naissance de Vénus*, de Botticelli, aux Uffizi.

Présumés sans aucune ressemblance : 1° le portrait de la *Bella Simonetta*, attribué à Botticelli, au musée de Berlin ; 2° la figure de profil, dite portrait de femme avec un collier de tresses emperlées et attribué à Botticelli, au Staedel-Institut, à Francfort ; 3° la *Bella Simonetta* du palais Pitti, attribuée à Botticelli, puis à l'inconnu, dit *Amico di Sandro* ; 4° la figure de la Chasteté, dans le *Combat de l'Amour et de la Chasteté*, à la National Gallery ; 5° la figure de Procris dans la *Mort de Procris*, de Piero di Cosimo à la National Gallery ; 6° la seule figure de jeune femme dont les cheveux soient visibles, représentée, à genoux, auprès de la *Vierge de la Miséricorde*, fresque de Ghirlandajo, au-dessus de l'autel ou « chapelle » des Vespucci, à l'église des Ognissanti, à Florence.

yeux d'enfant... Mais tandis que la belle Vanna est fameuse par sa vie et a été l'objet de portraits définis, d'après nature, dans les costumes de son temps, si la belle Simonetta n'était pas morte, on douterait qu'elle ait vécu, je veux dire qu'elle ait été autre chose qu'un rêve : un rêve de poète et de peintre, ou qu'un symbole : le symbole d'une saison de l'année ou d'un moment de la sensibilité humaine, une rencontre d'art et d'âmes que le monde ne connut qu'une fois. Ne vous est-il jamais arrivé d'assister à une fête où le soleil, la saison, la jeunesse, quelque artiste venu de loin, les avenirs entrevus, les amitiés formées, les communs souvenirs, composaient une harmonie si rare qu'on avait le sentiment, même si l'on n'était point versé dans le calcul des probabilités, que des années, des siècles passeraient avant que cet ensemble ne se rencontrât... Telle fut la venue de Simonetta dans le monde.

C'était en 1469. Il y avait un rajeunissement universel de la pensée et de l'art ; il y avait des statues sortant de terre, il y avait des carrousels éblouissants, il y avait de jeunes artistes dans le premier enthousiasme de la jeunesse : Botticelli avait vingt-cinq ans, Ghirlandajo avait vingt ans, Verrocchio avait trente-quatre ans. On imprimait pour la première fois en Italie. Un nouveau règne commençait à Florence. Les navigateurs voyaient poindre de nouveaux mondes au fond des mers. Les archéologues tiraient de terre des figures nouvelles. Le regard creusait deux horizons immenses : le nouvel hémisphère et l'antiquité. Il y avait la paix. Il y avait le printemps. Il y avait l'amour. Une femme vint alors, qui parut apporter tout cela dans les plis de sa robe, dans le déroulement doré de sa chevelure, dans le geste de ses dix doigts ouverts. Elle s'appelait Simonetta dei Cattanei. Elle avait seize ans. Elle était née à Porto Venere, près de Gênes, d'une grande famille de marchands, et venait d'être amenée à Florence par un jeune Florentin qui avait seize ans comme elle et, comme elle, était d'une famille de grands marchands et de découvreurs. Il s'appelait Marco Vespucci[1]. Son cousin et camarade d'études, Amerigo Vespucci, devait un jour découvrir l'Amérique. Lui, il n'avait découvert que Simonetta, mais pendant un temps sa découverte intéressa bien plus prodigieusement Florence.

C'était aussi un monde nouveau qu'il ramenait avec lui : c'était la Renaissance faite femme, la nymphe antique qui respirait qui marchait, qui parlait une langue de fantaisie et de liberté. Elle la parlait à tous ces commis et à ces clercs mal lavés encore de toutes les crasses scolastiques, encore un peu ahuris des terreurs du moyen âge. Les âmes se détendirent comme après une longue contrainte. Les chaînes tombèrent. Sur la cire, molle encore, de son imagination, Botticelli reçut l'empreinte idéale qui ne devait plus jamais s'effacer.

On était au moment précis où deux frères, deux jeunes gens, savants et poètes tous les deux, montaient sans bruit sur un trône invisible et commençaient, insensiblement, de régner : Laurent de Médicis, dit « le Magnifique », et Julien de Médicis qu'on eût pu appeler, lui aussi, « le penseur ». Dès qu'ils virent paraître celle qu'on appelait « l'étoile de Gênes », les deux frères furent éblouis, la suivirent d'une admiration qui ne devait cesser qu'à la mort. Elle dura sept ans. Pendant ces sept ans, Simonetta préside à toutes les fêtes que donnent les Médicis, dans leur palais de la Via Larga (aujourd'hui palais Riccardi), dans leurs

---

[1] Il est assez difficile de comprendre, ou même d'imaginer, pourquoi, dans quelques catalogues ou guides officiels de Chantilly, du Louvre ou de Florence, dus à divers membres de l'Institut, la Belle Simonetta est donnée comme la fille d'un Vespucci, qui serait génois, et mariée à un Cattaneo, qui serait florentin — ce qui fait beaucoup d'erreurs en peu de mots — ni pourquoi Giovanna degli Albizzi, qui épousa Lorenzo Tornabuoni, est donnée comme une Tornabuoni qui aurait épousé un Albizzi. Rien ne peut expliquer une pareille confusion, car il n'y a jamais eu le moindre doute sur l'identité des uns et des autres. Mais comme elle a passé dans plus d'une monographie d'apparence érudite, il est nécessaire de la signaler.

villas de Careggi, de Fiesole, de Cafaggiuolo ; elle répand sa gaieté dans tous les cœurs. Laurent en est distrait par les affaires de l'État, mais Julien ne la quitte plus. Il est partout où elle est, perdu dans son rêve d'amour, — rêve trop connu, trop public, trop chanté par les poètes, trop symbolisé par les peintres, — et trop peu décrié par les femmes, — pour avoir été autre que platonique. Le mari, Marco Vespucci, apparaît peu dans tout cela, mais qu'importe le mari d'un symbole?

Là-dessus, se donne la *giostra* de 1475, une de ces fêtes qui sont pour une génération comme un faisceau lumineux, un épanouissement spontané, un miroir où la nation se reconnaît avec toutes ses réserves de forces, d'art, de richesses, de volonté, — quelque chose comme ce que fut, pour la France de notre temps, l'Exposition de 1889, pour l'Angleterre, sous la reine Victoria, la revue de Spithead, — un de ces microcosmes éblouissants et disparus, dont les témoins fatiguent les générations qui suivent, en les leur décrivant toujours sans pouvoir leur en montrer le moindre vestige. Cette *giostra*, ou tournoi, est donnée en l'honneur de la belle Simonetta, au jour anniversaire de son baptême, le 28 janvier 1475. Sur cette triste place Santa Croce, dont le nom n'évoque plus aujourd'hui chez les touristes qu'une idée de tombeaux, on voit Julien de Médicis s'avancer dans la lice avec une bannière où Simonetta est peinte en Pallas casquée et soulignée de ces mots écrits en français : *La sans pareille*. Il y triomphe naturellement, les Florentins étant experts à bien ordonner toute fête, et Simonetta le couronne, de ses mains, aux applaudissements de tout un peuple, — un peuple échafaudé sur les marches de la vieille église franciscaine, tassé dans les tribunes en planches, serré dans les fenêtres en encorbellement d'où pendent de longs tapis. Florence tout entière se mire avec orgueil dans ce couple, parfait exemplaire de l'humanité que son effort le vers Beau a produite.

A partir de cette heure, l'amour platonique des deux héros ne pouvait plus grandir ni se fixer que dans la mort. Les destinées qui avaient si bien composé ces deux vies, comme une œuvre d'art, n'y manquèrent pas. Un an après, le 26 avril 1476, Simonetta mourait de phtisie. Deux ans plus tard, jour pour jour, le 26 avril 1478, Julien tombait frappé par les gens des Pazzi, dans le chœur de Sainte-Marie des Fleurs[1]. Les deux amoureux entraient dans l'histoire, comme Lorenzo Tornabuoni et Giovanna devaient plus tard y entrer : par la porte étroite de ceux qui sont aimés des Dieux.

Cette arrivée de Gênes, cette passion d'un jeune prince promis à une fin tragique, cette giostra, ce triomphe : voilà tout ce que nous savons de la belle Simonetta. Le reste n'est que peinture et psychologie, mais quelle peinture ! Le type de Botticelli indéfiniment repris, raffiné, idéalisé ; le type de la *Primavera* et de la *Naissance de Vénus*, — la *Naissance de Vénus* étant, si l'on veut, son arrivée de Gênes, la *Primavera* étant son triomphe à la fête du printemps... Et quelle psychologie ! Celle de la Reine-née, — je veux dire d'une femme qui a le premier don d'une Reine : être la lumière de tous, n'être une ombre pour personne, entraîner les cœurs de tous les hommes sans être jalousée d'aucune femme, donner à chacun l'illusion qu'on ne voit que lui, sans qu'aucun autre se croie oublié ; — une beauté, dont le triomphe dans un tournoi était une joie publique, dont la mort, en pleine jeunesse, devait être un deuil national, pleurée de tous, — hors peut-être de son mari qui se remaria tôt après, — laissant un trait si profondément pénétré dans les cœurs, que trente-quatre ans après sa mort, son peintre Botticelli, encore fidèle,

---

1. Cette date des 26-27 avril semble fatidique dans l'histoire de Florence. C'est dans la nuit du 26 au 27 avril 1476 que meurt la Belle Simonetta. C'est le 26 avril 1478 qu'a lieu l'attentat des Pazzi. C'est le 26 avril 1527 que se produit la dernière émeute sérieuse contre les Médicis. Et c'est du 27 avril 1859 que date la Révolution italienne à Florence ou sa nationalité actuelle.

demandait à être enterré à ses pieds [1]... « Parmi ses autres dons excellents, écrivait Politien, elle a des manières si douces et si attrayantes que tous ceux qui sont quelque peu dans son intimité, ou à qui elle accorde la plus légère attention, se croient les uniques objets de son affection. Cependant aucune femme, en réalité, n'est jalouse d'elle, toutes la louent sans restriction. Cela semble aussi une chose extraordinaire que tant d'hommes puissent l'aimer à en perdre la tête, sans exciter de jalousie... » Voilà le témoignage de ceux qui écrivent.

Maintenant, le diagnostic de ceux qui peignent. Arrêtons-nous devant le portrait de Chantilly, par une bonne lumière, c'est-à-dire à la fin de l'après-midi, tandis que les ombres commencent à s'allonger sur la piste et que les meutes, en promenade, foulent silencieusement l'herbe courte. Regardons ce profil découpé sur un nuage verdâtre et violâtre, ce nez retroussé, qui hume les feuillages, cette bouche qui goûte l'air, ce long cou dressé comme une tige qui cherche à s'orienter dans le ciel. Écartons ce qui n'est pas de la femme même, mais du temps et de la mode : ces tresses et ces joyaux jetés en arrière où l'on croit voir un combat de serpents dans des chaînes de perles, ces rubis qui pendent comme des cerises, cette « brocchetta da testa » fixée sur le sommet du crâne, en paratonnerre, toute cette apothéose de la fantaisie. Quel est le trait décisif de cette physionomie, le trait de dissemblance qui tranche sur cent autres portraits du même temps? C'est le regard, c'est la paupière, imperceptiblement trop soulevée, et l'œil regardant un peu plus haut que sa ligne d'horizon, c'est le regard qui nous frappe au front, au lieu de nous frapper aux yeux — ce qui, combiné avec une bouche souriante, donne toujours à une figure l'expression de l'émerveillement.

Dès lors, la « chose extraordinaire » dont s'étonne Poli-

---

[1]. A l'église des Ognissanti, devant l'autel (ou chapelle) des Vespucci.

tien s'explique. Car le secret des sympathies populaires est bien simple : nous aimons ceux qui aiment la vie, la femme qui nous dit : Voyez comme la vie est belle ! et qui nous le prouve en étant belle elle-même ; qui, d'ailleurs, admire les autres femmes parce que son bonheur est de s'émerveiller ; qui découvre, sans cesse étonnée et ravie, les couleurs, les sons, les rythmes, les souffles, les parfums, les gestes et les âmes, comme si elle les voyait pour la première fois et, par là, les renouvelle à nos yeux ; qui propage, parmi les blasés et les fatigués que nous sommes, la contagion de l'enthousiasme et les gagne à la cause sacrée de la vie — le contraire de la « femme fatale » qui n'est jamais aimée que d'un ou de quelques-uns et pour leur perte, la femme providentielle qui est aimée de tous, et pour leur salut.

C'est autre chose que le vice ; c'est autre chose que la vertu, indépendant de l'une comme de l'autre ; cela répond à un tout autre sentiment que l'admiration ou que le désir : au besoin de croire en la beauté de ce monde, malgré toutes les raisons qu'on a d'en douter. Les pessimistes sont souvent des héros, parfois des saints ; ils peuvent être des bienfaiteurs pratiques et matériels de l'humanité : les optimistes, seuls, sont populaires ; seuls, ils sont universellement aimés. Et de la popularité d'un être humain, lorsqu'elle nous est attestée par l'histoire, nous pouvons conclure hardiment à son optimisme.

Telle nous apparaît Simonetta, figure surprise et ravie de se trouver sur la terre, heureuse du bonheur des autres, organisatrice de leurs plaisirs, inspiratrice de fêtes, d'images et d'œuvres par l'émerveillement qu'elle y prenait, jouissant pleinement de la vie, de cette vie prompte qu'elle sentait peut-être lui échapper, entassant sensations, notions, souvenirs dans le cadre étroit de sa destinée, comme on entasse des choses précieuses dans un coffre, au moment du départ, — réceptive au plus haut degré, pressée de tout voir en ce monde avant de le quitter...

Il suffit de regarder les figures qu'on peignait d'après elle, à cette époque, pour le deviner : la mort est proche. De portraits authentiques, hors celui de Chantilly, nous n'en connaissons pas, mais nous savons que Botticelli n'a jamais peint qu'elle. Ses Vierges, ses Vénus, ses allégories, c'est elle. C'est elle, cette figure au menton pointu, aux pommettes saillantes, aux yeux agrandis par la fièvre, dont Taine a dit : « Elle nous promet l'infini et elle n'est pas sûre de vivre... » C'est elle, cette Vénus malade qu'on voit au milieu de la *Primavera* et qui s'enveloppe d'un manteau pour ne pas prendre froid, parmi les Grâces, vêtues de gazes et de cristal. Souvent les peintres sont des prophètes. Un portrait est un diagnostic. Combien de fois, durant les longues heures de pose, le portraitiste, en scrutant son modèle, n'a-t-il pas vu s'approcher ce que ni la famille, ni les amis ne soupçonnaient encore ! Combien de fois s'est-il dit tout bas, à mesure qu'il atteignait la ressemblance : « Elle est perdue ! »

En avril 1476, apparut à tous l'usure de cette nature ardente. Une fièvre intermittente se déclara. On soupçonna la phtisie. Les Vespucci, pris de peur, emmenèrent la malade à la grande purificatrice d'alors, à la mer. On l'installa à Piombino, en face de l'île d'Elbe, là où Julien de Médicis avait fait une cure et s'était guéri d'une blessure. Sa mère accourait de Gênes. Les deux Médicis, retenus par les affaires de l'État, l'un à Florence, l'autre à Pise, se faisaient expédier, jour par jour, des courriers pour suivre les phases de la maladie, ou les lueurs d'espoir. On a encore les lettres qu'ils recevaient de Piero Vespucci, le beau-frère de Simonetta, et l'on y voit la place que la nymphe tenait dans la vie de tous. Le 18 avril 1476, il écrit : « Simonetta est presque dans le même état où vous l'avez laissée, mais il y a un peu d'amélioration. Nous attendons et maître Stefano et tout autre médecin avec diligence, et nous ferons aussi vite que possible... » Le 20 avril : « La maladie de Simonetta, par l'aide de Dieu et grâce à l'habileté de maître Stefano, s'est considérablement améliorée. Il y a moins de fièvre et moins de faiblesse, moins de difficulté à respirer, et elle mange et dort mieux. Selon les médecins, sa maladie sera de longue durée, et il n'y a que peu de remèdes, sinon les bons soins. Et voyant que ce progrès vous est dû, nous tous et sa mère, qui est à Piombino, nous vous envoyons, avec ferveur, nos remerciements... » Six jours après : « Je vous ai écrit, il y a quelques jours, le mieux survenu dans l'état de Simonetta ; malheureusement il n'a pas continué comme je l'attendais et comme nous le désirions. Ce soir, maître Stefano et maître Moyse ont eu ensemble une consultation au sujet de la médecine à lui donner ; ils ont décidé qu'elle devait la prendre et ainsi fut fait. Nous ne pouvons dire quel bien cela fera, mais que Dieu exauce nos désirs !... Ces médecins ne sont pas d'accord sur les causes de la maladie. Maître Stefano a déclaré que ce n'était ni une fièvre hectique, ni de la consomption, et maître Moyse a soutenu le contraire... » Enfin, deux jours plus tard, Laurent le Magnifique, étant à Pise, reçoit la nouvelle redoutée : « L'âme bénie de Simonetta est allée en paradis, lui écrit un de ses familiers. En vérité, on peut dire que ç'a été un second triomphe de la Mort, car vraiment si vous l'aviez vue, comme elle gisait morte, vous l'auriez trouvée aussi belle et aussi gracieuse que vivante. *Requiescat in pace !* »

C'est alors que se place le premier acte de ce culte qui ne devait pas finir. Au reçu de la nouvelle, Laurent sortit dans la nuit calme de printemps pour errer, çà et là, avec un ami, et, comme ils s'entretenaient de la morte, tout d'un coup il s'arrêta pour regarder une étoile qui ne lui avait jamais paru jusque-là si brillante. « Vois, s'écria-t-il, c'est l'âme de cette délicieuse femme ! Ou bien elle s'est changée en cette étoile nouvelle, ou bien elle s'y est jointe... » Et un autre soir du même printemps, comme il passait par les jardins d'une de ses villas, il observa un tournesol qui « le soir demeure la face tournée vers l'horizon occidental qui est celui qui lui a dérobé la vision du soleil jusqu'à ce que, au matin, le soleil reparaisse à l'Orient... » et il vit là une « image de notre destinée quand nous venons à perdre un être que nous aimons, laquelle est de demeurer avec toutes nos pensées tournées vers la dernière impression de la vision perdue... [1] »

Chose curieuse, cette impression dure encore. Morte depuis quatre siècles et demi, la belle Simonetta hallucine les critiques, affole les historiens, donne un semblant d'imagination aux chartistes... Ils croient la voir paraître et disparaître dans les vieux cadres des portraits comme une figure aimée à toutes les fenêtres, ou entre tous les fûts d'une forêt, à tous les coins de fresque, à l'angle de toutes les chapelles, à demi enfumée par les cierges, à tous les recoins obscurs, à demi effacée par le plâtre de la vieille ville des lis et dans tous les musées du monde !... Toutes les fois qu'ils voient une figure de Botticelli, dont ils ne savent pas le nom, ils s'écrient : C'est elle ! c'est la belle Simonetta ! Ils croient la voir : tantôt présidant à la Danse des Grâces et à la distribution des roses, tantôt debout et nue sur une coquille St Jacques poussée par les zéphyrs joufflus vers le rivage où l'attend une nymphe pour la revêtir du peignoir à fleurs que ballonne le

---

[1]. Les vers de Politien sont trop beaux et ne sont pas assez connus pour qu'on se puisse dispenser de les dire au moment où l'on quitte la Belle Simonetta. Les voici :

> Dum pulcra effertur Simonetta feretro
> Blandus et examini spirat in ore lepos ;
> Nactus Amor tempus quo non sibi turba caveret,
> Iecit ab occlusis mille faces oculis ;
> Mille animos cepit viventis imagine risus ;
> Ac morti insultans. — Est mea, dixit, adhuc ;
> Est mea, dixit, adhuc : nondum totam eripis illam :
> Illa vel examinis militat ecce mihi. –
> Dixit et ingemuit : neque enim satis apta triumphis
> Illa puer vidit tempora sed lacrymis.

vent, tantôt levant le doigt vers le ciel, attestant les dieux de l'injustice commise sur ce malheureux Apelles, que des furies traînent par les cheveux. Ils disent, devant la *Primavera* : « C'est celle-ci qui a des fleurs plein la bouche... » — « Non pas, la voilà drapée et bénissante, l'air triste comme dans sa dernière maladie... » — « Non, c'est celle qui s'avance en robe fleurie, semant des roses ! » Puis un critique finit toujours par venir, qui leur dit : « Vous vous êtes tous trompés ! L'attribution est absurde, l'identification impossible, la belle Simonetta est perdue : vous ne la reverrez plus... » Mais ils ont été heureux un instant.

Et l'instant d'après, ils recommencent. Quand on est à la National Gallery, on s'essaie à déchiffrer un jeu singulier que joue, dans un vallon, une jeune femme en tenue de tennis, sur un gazon semé de fleurs ouvertes et de flèches cassées. Elle repousse de la main gauche avec son bouclier, bosselé comme une carapace de tortue, les traits d'un bel Amour aux jambes fines, aux bras nerveux, tandis qu'elle lève haut la main droite pour jeter sur lui, en manière de lasso, une espèce de chapelet. Et l'on dit encore : « C'est elle ! C'est la *Chasteté*, sous les traits de Simonetta, qui lutte avec l'*Amour* sous les traits de Julien de Médicis... » Et, dans la salle à côté, devant une Vénus étendue regardant dormir Mars, que des faunins lutinent, en lui soufflant des airs de conque à l'oreille, les amoureux de Simonetta chuchotent : « Ne serait-ce pas elle ? » Ils croient la voir à Pitti, aux *Uffizi*, à Francfort, à Berlin, car « le désir est le père de la pensée... » L'hallucination est si forte qu'ils sont allés la reconnaître jusque dans une longue figure chevaline, au cou de girafe et aux bandeaux « à la Botticelli », qui est au Pitti, — l'antipode mathématique de notre frimousse de Chantilly. Enfin, à l'église des Ognissanti, à Florence, lorsque, devant l'autel des Vespucci, le sacristain soulève, du bout d'un roseau circonspect, la courtine rouge qui cache la fresque de Ghirlandajo, dite la *Vierge de la Miséricorde*, qui est cette jeune femme au front nu vis-à-vis du jeune Amerigo Vespucci? N'est-ce pas sa cousine? N'est-ce pas Simonetta? La voici ! La voici ! C'est elle !... Ainsi, morte depuis quatre siècles et demi, elle vit encore, parmi nous, de la vie multiple et incertaine des apparitions...

La plus belle, tout le monde la connaît : elle est à l'Académie, à Florence, sur la place Saint-Marc. L'Europe entière a défilé devant la *Primavera*, des centaines de gens l'ont copiée ; personne n'y a jamais rien compris. Les innombrables gloses dont on l'a chargée ne l'ont pas rendue plus raisonnable. Retournez la voir, dix ans, vingt ans, après le jour où elle vous est apparue pour la première fois. Entrez dans ce triste bâtiment sombre de l'Académie, passez entre ces marbres inachevés de Michel-Ange, qu'on dirait l'exposition d'un Rodin supérieur et arrêtez-vous devant la chimère de Botticelli. Elle dépassera toujours le souvenir que vous aviez d'elle ! Elle est absurde comme autrefois, absurde à plaisir, absurde sans espoir, sans excuse, sans fin. Elle vous arrive droit dessus, revêtue de cette ridicule gandoura où sont collées des touffes de fleurs tirées telles quelles de terre, et bordée d'une dentelle de papier qui se rebrousse, le cou encerclé d'une couronne de distribution de prix trop large et les manches en écailles de poisson. Elle jette des fleurs qu'elle semble arracher aux broderies de sa robe. Elle en jette à foison sur le gazon qui n'en a nul besoin, étant fleuri à ne pouvoir mettre le pied. Et, légère, ailée, elle est délicieuse[1]...

---

1. Il est généralement admis que la figure de Flora dans le *Printemps* de Botticelli et l'ensemble du tableau, lui-même, ont été inspirés de ces vers de Politien, où la Belle Simonetta est nommément désignée :

> Candida è ella, e candida la vesta,
> Ma pur di rose e flor dipinta et d'erba ;
> Lo inanellato crin dell' aurea testa
> Scende in la fronte umilmente superba,
> Ridegli attorno tutta la foresta...

LE PRINTEMPS.

De Botticelli (à l'Académie, à Florence.) La figure centrale est le portrait présumé de la belle Simonetta.

A côté d'elle, une grosse fille, qui mange du foin, se retourne en fuyant devant une sorte de noyé vert et gonflé qui sort d'un arbre pour lui souffler dans le cou. Et le vent chasse ses cheveux comme des flammes... Plus loin, les longs corps nus de trois blondes phtisiques s'étirent longuement sous les toiles d'araignée qui les vêtent, en une danse qui fait qu'elles touchent terre par le bout des pieds et se joignent en l'air par le bout des doigts. Un jeune homme leur tourne le dos et gaule des oranges avec sa canne. Qui est-ce? A voir le coupe-choux pendu à son côté, et son allure à demi militaire, on soupçonne le gardien du square. Mais il paraît que ce jeune homme est Mercure, que cette canne est un caducée et qu'il dissipe les nuages... C'est bien possible, car tout est possible dans cette étonnante rencontre et rien n'est probable. On dit aussi que c'est Julien de Médicis et voilà une singulière tenue pour le père d'un pape ! Enfin, au milieu de tout ce monde dévêtu, une triste et fine femme, chargée d'un lourd manteau, la tête découpée en clair sur un noir buisson de fer, fait un geste hésitant dont on ne pourrait dire s'il bénit ou s'il proteste. Et par-dessus, ballonne le petit ventre d'un Cupidon qui tire une flèche au jugé, car il a les yeux bandés et va manquer tout le monde.

Suite de la note de la page 28.

  Ell' era assisa sopra la verdura
  Allegra, e ghirlandetta avea contesta
  Di quanti fior creasse mai natura,
  De' quali era dipinta la sua vesta...
  Poi con la bianca man ripreso il lembo,
  Levassi in pié con di fior pieno un grembo

  Al regno ove ogni Grazia si diletta,
  Ove Bella di fiori al crin fa brolo,
  Ove tutto lascivo drieto a Flora
  Zefiro vola e la verde erba infiora.

  Ivi non osa entrar ghiacciato verno ;
  Non vento e l'erbe o gli arbuscelli stanca :
  Ivi non volgon gli anni lor quaderno ;
  Ma lieta PRIMAVERA mai non manca
  Ch' e suoi crin biondi e crespi all' aura spiega
  E mille fiori in ghirlandetta lega...

    (Stanze di Poliziano per la giostra del magnifico
    Giuliano di Piero de' Medici, libro primo.)

Nous seuls serons touchés, — touchés par la grâce de cette fantaisie, et nous ne lui demanderons rien de plus que la joie toute sensorielle qu'elle apporte au monde depuis quatre cent trente ans ! Nous ne chargerons pas ces figures légères de l'épais embu des commentaires. D'ailleurs, Botticelli défie l'exégèse. A-t-il voulu peindre ceci? A-t-il voulu dire cela? Ses figures sont-elles des portraits? Ses portraits sont-ils des allégories? Ses allégories sont-elles les illustrations d'un poète? Peut-être que oui, peut-être que non, et peut-être que oui et non tout ensemble? Les savants sont des gens très exigeants : il leur faut des choses logiques, mais les pauvres artistes comme Botticelli se contentent de nous donner des choses belles.

Il a pu créer cette figure du *Printemps* par mille voies différentes. Il a pu commencer par une allégorie, et finir par un portrait. Il a pu tracer une étude d'après un modèle et transformer ensuite ce portrait en une allégorie. Il a pu tout simplement reproduire une fête, un bal costumé, donné par Simonetta... Watteau assistant à des scènes de la comédie italienne, puis inventant un monde féérique, n'a peut-être pas été sans prédécesseur... Qui peut dire ce qui se passe dans le cerveau d'un artiste, dans le mystère de la création, de la composition? Quel étrange abus de mots, quelle présomption inouïe n'y a-t-il pas dans ce seul terme d' « identification », quand l'auteur lui-même serait fort embarrassé de faire le départ de ce qu'il a vu et de ce qu'il a rêvé, de ce qu'il a atteint sans le poursuivre et de ce qu'il a poursuivi sans l'atteindre, de ce qu'il a voulu, de ce qu'il a évité, de ce qu'il a subi! S'il était là et si nous le pressions des questions dont on charge son œuvre, peut-être qu'il s'écrierait, les mains au ciel : Est-ce que je sais, moi !

Au fond, de tous ces portraits, vrais ou supposés, de toutes ces figures que s'acharnent à identifier les savants, il n'en est qu'une qui ait la même construction que notre profil de Chantilly, et ce n'est pas un chef-d'œuvre.

C'est la figure de l'*Abondance* peinte dans le coin droit de la chambre de sainte Élisabeth, à Santa Maria Novella. Cette figure est malheureusement mal dessinée et peu digne de Ghirlandajo. Elle n'est même guère originale. Elle répète, de profil, une figure identique de Pollajuolo qu'on peut voir au musée du Dôme, sur l'un des côtés du *Paliotto d'argento*. Mais comme elle est évocatrice ! Elle arrive en coup de vent dans la chambre d'Élisabeth, portant sur la tête un plateau gonflé de fruits comme un chapeau monumental qui serait fait d'une tourte, de raisins et de grenades entr'ouvertes, suivie par une écharpe liberty que le vent enfle en anse de panier, laissant pendre au bout de son bras gauche deux fiaschi ceints de cordes, la taille coupée par un gros pli bouffant, vêtue à la grecque, en couleurs claires. Du train dont elle va, elle aura traversé toute la fresque avant que la belle dame compassée qui la précède soit arrivée au lit de l'accouchée.

Si ce n'est pas Simonetta, c'est son symbole. Ainsi elle a traversé la vie. L'entrée de cette allégorie folle, incorrecte, prestigieuse dans cette scène grave et domestique que jouent les bonnes dames florentines du xve siècle, c'est l'arrivée même de la Renaissance. Toutes les autres figures sont vraies, en des costumes de leur temps, font les gestes exacts, mesurés, utiles, de la servante qui apporte la collation à sa maîtresse, de la nourrice qui donne le sein au bébé, de la bonne qui lui tend les bras pour l'attirer à elle, de la visiteuse en cérémonie qui apporte ses compliments. Simonetta précipite dans tout cela un costume de fantaisie, une action incompréhensible, une exubérance inutile. Elle détonne, elle étonne, elle rajeunit. On sent que son arrivée va tout bouleverser dans cette chambre avec un souffle nouveau qui fait flotter les idées et les écharpes. Nous comprenons, dès lors, pourquoi elle fut tant aimée. Elle fut le retour de la fantaisie dans le monde.

LA NAISSANCE DE SAINT-JEAN BAPTISTE.
Fresque de Ghirlandajo (à Santa Maria Novella.) La figure, au lit, est le portrait présumé de Lucrezia de Médicis.

LUCREZIA DE MÉDICIS

A SANTA MARIA NOVELLA

NE quittons pas ce chœur de Santa Maria Novella, sans regarder pour qui et vers qui se précipite Simonetta, c'est-à-dire la sainte Élisabeth assise sur son lit dans la chambre d'un palais du XVe siècle, avec un voile blanc sur la tête. Car voici une troisième figure de femme bien caractéristique des Florentines de ce temps. Cette dame mûre n'est autre que la mère des deux amants platoniques de Simonetta, Laurent et Julien de Médicis : c'est Lucrezia Tornabuoni, femme de Piero de Médicis, ou Pierre le Goutteux. La trouver ici, transformée en sainte Élisabeth, ne doit pas nous surprendre. De même que l'histoire de la république florentine n'est que l'histoire de quelques grandes familles : les Albizzi, les Tornabuoni, les Bardi, les Médicis, les Vespucci, les Pazzi, les Acciajuoli, projetée sur un fond de démocratie et d'émeutes, de même l'histoire

---

Portraits de Camilla Lucrezia Tornabuoni, épouse de Piero de Médicis, dit Pierre le Goutteux.

Authentique, mais fait longtemps après la mort du modèle, sur document incertain : la médaille de Lucrezia Tornabuoni, de profil gauche, la tête couverte d'un voile, avec l'inscription *Lucretia. Tornaboni. Petri. Med. Uxor*. Au revers, une couronne de lauriers, avec l'inscription *Dulce Decus*.

Présumé avec vraisemblance : la sainte Élisabeth dans les fresques de Ghirlandajo, au chœur de Santa Maria Novella, à Florence, notamment la sainte Élisabeth, au lit, dans la Naissance de saint Jean-Baptiste.

Présumés sans vraisemblance : le portrait de *Femme inconnue*, de face, par Verrocchio, à la galerie Lichtenstein, à Vienne et le portrait de femme au collier de tresses emperlées, de Botticelli, au Staedel-Institut à Francfort.

sainte, à Florence, n'est que l'histoire de ces mêmes familles projetée sur le plan divin. La tournée de visites que fait Giovanna Tornabuoni, en grande toilette, se continue à la suite de sainte Élisabeth, vers la sainte Vierge. Laurent de Médicis (au Palais Riccardi), se promenant à cheval, se trouve pris on ne sait comment dans le cortège des rois mages. Et Lorenzo Tornabuoni, étant venu à l'église, assiste, sans s'y intéresser le moins du monde, aux affronts qu'on fait à ce pauvre saint Joachim. Ces messieurs et ces dames sont entourés de saints, d'apôtres, de prophètes, qu'ils veulent bien recevoir dans leurs palais, comme des clients célestes, mais on sent, à la forte caractérisation de leurs traits et à l'éclat de leurs costumes, que le vrai sujet du tableau, ce sont ceux qui le paient : ce sont les donateurs.

Or, ici, le donateur, c'est Giovanni Tornabuoni, c'est-à-dire le chef de la maison de banque des Médicis à Rome, le trésorier de Sixte IV, le financier artiste et lettré du XVe siècle. C'est lui qui a commandé la décoration du chœur de Santa Maria Novella à Ghirlandajo, et Ghirlandajo s'y est employé pendant quatre ans, de 1486 à 1490. Le vrai sujet de la fresque, c'est donc la famille des Tornabuoni. Ils prennent les meilleures places. On y trouve d'abord Giovanni Tornabuoni, puis sa femme (à droite et à gauche de la fenêtre), puis son fils Lorenzo Tornabuoni, puis la femme de son fils, la belle Giovanna. Il est naturel qu'on y trouve aussi sa sœur Lucrezia, mariée à Piero de Médicis ou Pierre le Goutteux. Et il est naturel qu'on la trouve en sainte Élisabeth, parce que cette femme pieuse et lettrée a voué son fils à saint Jean-Baptiste, patron de Florence, qu'elle a traduit la vie de ce saint en *ottava rima*.

Elle est vue, ici, dans une des principales manifestations mondaines d'une Italienne au XVe siècle : l'accouchée recevant des visites, et si l'on regarde bien sa physionomie au moment où la servante lui apporte sa collation sur un plateau et où les visiteuses s'avancent en grande toilette, toutes chargées de compliments et de perles, on reconnaît la femme que nous peignent les lettres de Lucrezia de Médicis. Ce pourrait être une autre matrone : Alessandra Macinghi, par exemple, ou Isabella Sacchetti Guicciardini, mais c'est assurément une matrone de ce temps. Et tout fait croire que nous sommes en présence de la plus notable, celle qu'on appelait : « la Reine de Florence ».

Belle-fille du vieux Cosme, mère de Laurent le Magnifique et de Julien l'Assassiné et grand'mère de deux papes, Lucrezia de Médicis se tient dans l'histoire de Florence comme la Lætitia Ramolina de David dans la loge du *Couronnement* : attentive, puissante, effacée. Ce serait une curieuse étude à faire que celle des mères des grands hommes. Je crois qu'on leur trouverait à toutes un trait commun, et que ce trait serait une indéfectible constance. Malheureusement, c'est des enfants des grands hommes que s'occupe l'histoire bien plus que de leurs parents, et ainsi les causes de dégénérescence familiale nous sont beaucoup mieux connues que les causes d'ascension physiologique et morale. Pourtant, il faut faire une exception pour l'Italie du xve et du xvie siècle. Là, il arrive souvent que le rayon de lumière qui éclaire les grandes fresques de l'histoire, tombe aussi sur le coin où se tiennent les mères des hommes célèbres, ces veuves tragiques et indomptables qui ont ramassé et recollé les morceaux d'une fortune brisée. On a souvent leur portrait, leurs lettres à leurs enfants, leurs comptes avec leurs fermiers, leurs inventaires, mille petites touches infimes qui, une fois rassemblées, composent une ressemblance humaine. A Florence, ou autour de Florence, on trouverait beaucoup de femmes qui offrent ce caractère de constance avec une âpreté parfois farouche : Isabella Sacchetti Guicciardini, la mère de l'ambassadeur, Alessandra Macinghi, la mère de Filippo

Strozzi, Luigia de Gonzague, la mère de Balthazar Castiglione, Maria Salviati, la mère de Cosimo I, ou encore Catherine Sforza, la mère de ce Jean des Bandes noires, dont la médaille, par San Gallo, évoque invinciblement le profil de Napoléon ; mais la plus représentative de toutes est cette femme austère que nous voyons ici, assise sur son lit, recevant ses visites, gouvernant tout de son regard.

C'est une Tornabuoni ; elle a épousé toute jeune le fils de Cosme, le Père de la Patrie. Son beau-père est un homme de génie, un solide vieillard, mais son mari n'est qu'un malade assez rusé, peu capable de volonté, et, quand il veut, d'action. Ce mari saura-t-il succéder à son père dans le gouvernement de Florence et léguera-t-il à ses fils le pouvoir suprême? Du vieillard qui s'éteint à ces enfants qui jouent encore, s'il n'y avait que ce malade pour transmettre le sceptre, l'histoire des Médicis serait close, et l'histoire même de notre France changée. Mais il y a aussi cette femme. Il y a Lucrezia de Médicis. Pendant seize ans, elle tient l'emploi bizarre de régente dans une république. Femme d'une sorte de président, *capo della republica*, toujours vacillant, mère de deux candidats à cette présidence, elle fait une sorte d'interrègne. De la mort du vieux Cosme à la majorité de son fils Laurent, ce sont ses fortes mains qui retiennent le pouvoir. Son mari règne, elle gouverne, et à la mort de son mari, dans la nuit qui suit les obsèques, si les chefs de la Cité décident de remettre le pouvoir à ses fils, c'est parce qu'elle est à côté d'eux. « Elle est l'homme de la famille », disait le vieux Cosme. Et tout cela, elle l'est sans bruit, sans faste, sans titre officiel, à peine visible, et — comme dans cette fresque même — toujours au second plan.

Ce second plan, il est facile à une femme de s'y tenir, quand il s'agit de ces tableaux de la grande histoire où combattent les hommes, et l'on a vu, maintes fois, des reines descendre les degrés du trône avec grâce. Il lui est bien plus malaisé de s'y résoudre quand il s'agit de ces tableautins domestiques, de ces scènes de genre qui composent ce qu'on appelle la « vie de famille ». C'est là que Lucrezia de Médicis est d'une modestie admirable. Elle conseille son mari, elle attache des clients à la cause des Médicis, elle choisit une femme pour son fils ; mais dans toutes ces œuvres ménagères, elle demeure aussi déférente vis-à-vis du chef de la famille qu'active et décidée. On a, d'elle, des lettres qui nous redessinent la physionomie aperçue à Santa Maria Novella, sans y changer un seul trait. Lisez ceci qu'elle écrit de Rome à son mari, en mars 1467 :

« Jeudi matin, comme j'allais à Saint-Pierre, j'ai rencontré Mme Madeleine Orsini, la sœur du cardinal, ayant avec elle sa fille âgée de quinze ou de seize ans. Celle-ci était habillée à la romaine, avec un grand voile blanc, un *lenzuolo*, et elle m'a paru, dans cette toilette, très belle, blanche, et grande ; mais comme elle était toute couverte par ce voile, je n'ai pu la voir à mon aise. Le hasard a fait qu'hier, j'allais rendre visite audit Mgr Orsini, lequel était dans la maison de sa sœur déjà nommée, laquelle maison communique avec la sienne propre. Quand j'eus fait, de ta part, la visite nécessaire à Sa Seigneurie, sont survenues sa sœur et la fille de sa sœur, qui était en robe serrée à la romaine et sans *lenzuolo*. Nous sommes restées un long temps à discourir, et j'ai pu bien examiner la jeune fille. Comme je l'ai dit, elle est d'une taille convenable, et blanche et de très bonnes manières, quoiqu'elle ne soit pas si agréable que nos filles, mais elle est d'une grande modestie et facile à former promptement à nos us et coutumes. Elle n'est pas blonde, car il n'y a pas de blondes ici, mais ses cheveux tirent sur le rouge et elle en a beaucoup. Son visage est un peu rond, mais il ne me déplaît pas. Son cou est agréablement long, mais me semble un peu frêle ou, pour mieux dire, mignon. Nous ne pouvions pas voir sa poitrine, parce que c'est la coutume ici de la cacher, mais elle semble bien faite. Elle ne porte pas la tête haute, comme nos filles, mais un peu inclinée, ce que j'attribue à ce qu'elle est timide. En elle, je ne vois aucun défaut, sinon son attitude embarrassée. Sa main est longue et fine, et, tout compte fait, nous jugeons la jeune fille bien au-dessus de la moyenne, quoiqu'elle ne puisse pas être comparée à notre Maria, notre Lucrezia ou notre Bianca. Lorenzo l'a vue lui-même et combien il en est satisfait, tu pourras le lui entendre dire. Je jugerai que tout ce que, toi et lui, vous déciderez sera bien fait et je m'y rallierai. Que Dieu nous inspire le meilleur parti à prendre !... Ta Lucrezia. »

Lorsque cette fille « timide », et qu'on devait aisément former aux us et coutumes des Médicis fut dûment épousée en grande pompe, elle releva ce front baissé et fit apparaître le profil volontaire, arrogant et têtu que nous voyons sur la médaille de Bertoldo ; mais sa belle-mère, par un prodige de sagesse et de volonté, sut disparaître au second plan. De loin, effacée, elle continua de gouverner sa famille, mais comme elle avait su gouverner Florence, sans se montrer. Elle se dévoue à ses petits-enfants. Elle leur récite les *Laudes* qu'elle a composées jadis, durant les longues veillées de la via Larga ou de Cafaggiuolo, et l'Histoire sainte qu'elle a mise en vers.

Même éloignée, même malade, elle suit les moindres détails du ménage de son fils, et il est curieux de voir la femme d'État qui a su désarmer les rivaux de sa famille en les nommant ambassadeurs, surprise dans ses fonctions de bonne ménagère et de mère attentive. Étant à Bagno al Morba, où elle est allée prendre les eaux, elle apprend que Laurent le Magnifique va recevoir, à Pise, la duchesse de Ferrare, en route pour Rome. Elle a vaguement peur qu'il ne manque de vin et lui écrit :

« *Salutem*. Je t'envoie seize *fiaschi* de bon vieux vin

grec : huit de Poggibonsi, marqués à l'encre et huit de Colle. A nous ils semblent bons, mais néanmoins tu devras choisir, et quatre *Torte basse* (gâteaux faits à Sienne). Je fais cela parce que je pense qu'avec l'arrivée de *Madama* (la duchesse de Ferrare, de passage à Pise), tu en as besoin, quoique je ne doute pas que tu aies fait toutes tes provisions. Cependant, comme j'avais ces choses et comme elles me semblaient bonnes, je les envoie, car je pense qu'elles vous feront plaisir. Ne laisse pas le voiturier s'en retourner, ici, à vide. Des oranges, des biscuits et du *marino* (du poisson?) seraient les bienvenus. Rien de plus pour l'instant. Je vais bien et j'attends de grands effets des bains. Dieu soit loué ! Qu'il te garde ! En hâte, ce 23 mai 1477. Ta Lucrezia de' Medici, à Bagno a Morba. »

Lorsque son fils Julien, sur qui elle a tant veillé, tombe frappé à mort dans le chœur de Sainte-Marie des Fleurs, le 26 avril 1478, elle ne se croit pas encore quitte envers lui : elle recherche l'enfant naturel qu'il a pu laisser et prend soin de cet enfant de l'amour, qui devait être le pape Clément VII. Comme, avec cela, elle éduque son petit-fils Giovanni, fils de Laurent, et qui deviendra plus tard Léon X, ce sont deux futurs papes qu'elle fait sauter sur ses genoux... La tragédie des Pazzi ne lui donne pas un moment de désespoir. Elle ne recule devant aucun devoir, sèche ses larmes, se remet à la tâche, reportant sur les jeunes générations les espoirs brisés, ayant les yeux fixés sur l'avenir de sa famille autant que sur le passé, venant pleurer à Santa Maria Novella, devant l'autel érigé pour son fils l'assassiné. Elle réapparaît au chevet de sa belle-fille en danger et préside à ses couches. Elle est partout où l'on croit sa présence nécessaire, nulle part où on la croit inutile. Elle prie et elle agit, digne en tous points que le grand homme d'État que fut Laurent de Médicis dise d'elle à sa mort, en 1482 : « J'ai perdu non seulement ma mère, mais mon unique refuge dans mes nombreuses peines, et mon réconfort dans beaucoup de labeurs... »

Est-ce bien elle que nous voyons ici, un peu au-dessus de Giovanna qu'épousa son neveu Lorenzo Tornabuoni, et tout près de la belle Simonetta qu'aima son fils? Est-ce bien son apparence que Ghirlandajo a choisie pour figurer cette sainte Élisabeth à qui elle pensa si souvent quand elle écrivit la vie de saint Jean-Baptiste? Rien ne le prouve, mais tout le fait croire. Dans cette fresque commandée par son frère le banquier Tornabuoni et peinte à la gloire des Tornabuoni, elle occupe exactement la place que lui assigne son rôle dans la grande famille. Il n'est pas un trait de sa physionomie morale qui ne se superpose exactement à ce portrait. Nous croyons donc que nous avons vu « la reine de Florence ». Et tandis que l'ombre du soir enveloppe le chœur de Santa Maria Novella, nous emportons, jointes dans notre souvenir, comme il semble bien qu'elles le soient dans cette fresque, ces trois apparitions : Simonetta Vespucci, Giovanna Tornabuoni et Lucrezia de Médicis, — c'est-à-dire l'étrangère que les Florentins virent entrer chez eux comme le symbole de la Renaissance et les deux Florentines les plus pures qu'annoncèrent jamais au monde fèves blanches en tombant dans la boîte du Baptistère...

PORTRAIT PRÉSUMÉ DE TULLIA D'ARAGON.
Par le Moretto (à la Galerie Martinengo, à Brescia.)

TULLIA D'ARAGON

A BRESCIA

Quand on erre dans les rues mortes de Brescia, il arrive qu'on débouche sur une petite place déserte, vétuste, moisie, où une grande statue de bronze figurant un artiste, barrette en tête et palette en main, annonce que la ville s'enorgueillit de quelque porte-pinceau célèbre. C'est Bonvicino, dit le Moretto. Il semble, depuis un temps infini, être le seul hôte de cette place où l'herbe pousse entre les pavés, où les heures semblent se traîner plus lentement qu'ailleurs et les ombres tourner moins vite. Il y a, là, des iris jaunes que personne ne regarde, une fontaine où personne ne boit, une vieille église où personne ne prie et un musée que personne ne visite. On y entre, pourtant, quand on est un passant, un étranger, et las des choses que trop de regards ont usées. C'est un palais massif, ennuyé, désert, plein de silence, d'apparence ruineuse et caduque : un de ces palais italiens construits jadis pour des familles nombreuses et exubérantes, demeurés tels lorsque les familles se sont réduites et les vies recroquevillées. Il a été laissé à la ville par son dernier propriétaire, le comte Martinengo, avec une collection de toiles qu'il

---

Portrait présumé de Tullia d'Aragon : la femme demi-grandeur nature vue de trois quarts jusqu'à mi-corps, tenant un sceptre et s'appuyant sur une pierre où on lit *Quae sacru ioanis caput saltando obtinuit*, par Alessandro Bonvicino, dit le Moretto, à la galerie Martinengo, à Brescia. Cf. la belle étude de M. Guido Biagi, *Un' etèra romana*. Florence, 1897 reproduite dans son ouvrage *Men and Manners of old Florence*. Londres, 1909.

contenait, de Moretto pour la plupart, qui ne sont pas toutes des chefs-d'œuvre, et des tableaux modernes, qui sont exécrables.

A cela est venue s'ajouter la collection léguée par le comte Tosio qui habitait la même ville et le même quartier. On imagine le pieux souci du gentilhomme, qui n'occupe plus qu'un coin de sa vieille demeure, appelant pour la remplir les ombres glorieuses des temps heureux de la cité. On comprend qu'il s'agit, là, d'une œuvre de piété civique, et l'on se résigne, tout de suite, à n'y rien éprouver d'impérieux. Pourtant, parmi toutes ces scènes trop prévues de sainteté, ces Pèlerins d'Emmaüs qui se mettent à table ou ces bergers qui apportent des moutons à l'enfant Jésus, on se trouve tout à coup en présence d'une petite figure singulière, dont les guides ne parlent pas, qui ne ressemble à rien de ce qu'on attend et qui intrigue, qui inquiète et, par l'insistance de son regard, retient, à Brescia, quelques heures de plus qu'on n'avait résolu.

Imaginez, devant un taillis de lauriers verts, d'un vert tirant légèrement sur le jaune, la tête penchée d'une jeune femme couronnée de tresses blondes et de perles, debout dans sa robe de velours d'un vert bleuâtre, drapée d'un manteau grenat, doublé de fourrure et qui s'appuie, du coude jusqu'à la main, sur une pierre jaunâtre, comme sur un balcon. Ajoutez l'impression que fait la ligne blanche d'un beau cou penché, nu, flexible comme une tige ; un regard en coulisse, doux et insistant, une bouche demi-ouverte, comme exhalant un chant ou une plainte, un ovale parfait, un teint ambré et rose, plus rouge dans l'ombre, une main tenant un sceptre d'or qui coupe le tableau en diagonale, et vous avez à peu près l'aspect de ce petit portrait demi-grandeur nature, peint par le Moretto. L'harmonie est en vert et rouge : vert jaunâtre du laurier, vert bleuâtre du ruban dans les cheveux d'or et de la robe entière, vert blanchâtre de la robe sous une gaze qui la drape, rouge grenat du manteau qui apparaît çà et là, tons roussâtres de la fourrure par place, or rougi du sceptre.

Par l'extrême insistance du regard, par le mouvement très moderne des cheveux relevés sur la nuque et de toute la coiffure, par la fantaisie des accessoires, cette figure est une énigme. On lit bien, sur la pierre où elle s'appuie, ces mots : *Quae sacru ioanis caput saltando obtinuit*, qui désignent le plus clairement possible Salomé. Mais si c'était vraiment Salomé, pourquoi ce sceptre, ces lauriers, tous ces attributs de la gloire, et où est la tête de saint Jean-Baptiste? Et si ce n'est pas Salomé, qui est-ce? Quelle allégorie? Quelle fantaisie historique? On se sent en présence d'un portrait, et d'un portrait traité avec une liberté qu'un peintre de ce temps n'a pas en face d'une princesse. Ce sceptre n'est pas celui des rois... Cette attitude et ce regard ne sont point ceux de la grande dame qui veut léguer un souvenir à ses enfants... A mesure qu'on le regarde, on éprouve que cette chose est la seule vivante ici. On comprend que c'est son magnétisme obscur qui nous a conduits, malgré nous, au cours d'une promenade sans but vers ce vieux palais, au fond des rues mornes de Brescia.

Nous ne sommes pas les premiers que cette figure intrigue. Pendant trois ans, au milieu du XVIe siècle, de l'hiver 1545-1546, à l'automne 1548, on vit passer sur les bords de l'Arno, à Florence, une femme singulière, admirablement belle, inspiratrice des poètes et poète elle-même, dont toute l'Italie s'entretenait depuis vingt ans, sans qu'on sût au juste ce qu'elle était. De qui était-elle fille? Avait-elle été mariée? Pourquoi ne l'était-elle plus? Pourquoi allait-elle de ville en ville, ne se fixant jamais? Que voulait-elle? Que cherchait-elle dans la vie? A cela, les malveillants avaient tôt fait de répondre : C'est une courtisane. Et ils auraient pu le prouver peut-être en justice, mais en psychologie, ce mot de « courtisane » n'expliquait rien de son étoffe morale, pas plus qu'on n'explique celle d'une reine en disant : C'est une reine. Les mieux renseignés savaient qu'elle était née à Rome, il y avait quelque quarante ans, dans une maison du Campo Marzo, d'une *étéra* fameuse, Giulia Campana, de Ferrare, et du cardinal d'Aragon, petit-fils du roi de Naples. De là, elle tirait son nom de Tullia d'Aragon, sans compter tous les noms du calendrier mythologique dont ses admirateurs, en vers et en prose, l'affublaient. Pendant son enfance, vive, précoce, cultivée, elle avait été fort choyée par le cardinal. Lui mort et la fortune venue de lui dissipée, l'hétaïre et sa fille avaient dû s'ingénier pour ne pas déchoir, et comme on avait en ce temps un grand respect des traditions familiales, la fille avait suivi l'état de sa mère. Si bien qu'à Sienne où elle venait justement de passer quelque temps, il lui était survenu une ennuyeuse aventure.

On trouva, un beau jour, dans la boîte aux dénonciations anonymes, une plainte disant que la signora Tullia avait été vue, le jour de la fête du Saint-Esprit, portant une *sbernia*, en dépit des lois qui interdisaient cette sorte de court mantelet aux courtisanes. Et une enquête s'ensuivit, assez désobligeante pour l'orgueil de la poétesse. Il est vrai que Tullia d'Aragon se tira fort bien de ce pas. A la surprise générale, elle produisit un mari authentique, un certain Guicciardini, de Ferrare, et prouva un établissement fort régulier qui lui conférait le droit de porter les costumes les plus extravagants alors réservés aux seules femmes honnêtes. Mais l'histoire de la *sbernia* demeurait un trait fâcheux dans l'image que les Florentins malveillants répandaient de la nouvelle arrivée.

Et ce trait était vrai, mais il y en avait tant d'autres ! Et ses admirateurs ne manquaient pas de citer ceux-ci, tout aussi authentiques : Tullia d'Aragon était une poétesse de mérite. On savait d'elle des sonnets délicieux.

Celui du *Rossignol* était célèbre. Elle chantait si doucement qu'on oubliait la beauté de sa bouche, parlait si sagement qu'on oubliait la douceur de son chant, se mouvait si noblement que sa démarche faisait oublier tout le reste. On en voit quelque chose dans notre portrait de Brescia, que M. Guido Biagi a identifié d'après une tradition constante, pour être celui de cette Tullia d'Aragon. A la vérité, l'inscription qui désigne Salomé paraît gêner un peu l'hypothèse. Mais M. Guido Biagi écarte cet obstacle en un tournemain. Le portrait a longtemps appartenu à un couvent de religieuses auquel il a été acheté par le comte Tosio en 1829. Le nom d'une courtisane qui avait enchanté les hommes de son temps eût fait de cette figure un objet de scandale pour les nonnes. Elles mirent à la place celui d'une danseuse qui fit couper la tête à un saint : alors cela devenait édifiant.

Cette jolie tête, nue, sans parure autre qu'un casque de tresses et de perles, qui se couche sur un fond de lauriers, ces grands yeux insinuants, cette bouche demi-ouverte comme exhalant un soupir sans fin, ce cou souple, cette attitude penchée et comme accablée sous le poids du manteau fourré et du sceptre, tout cela intrigue et renseigne celui qui le regarde à la façon dont étaient renseignés et intrigués, en 1546, les gentilshommes de Florence. Car, même à quarante ans, elle ressemblait encore, paraît-il, à ce portrait. Niccolo Martelli assure qu' « elle était si belle que sa figure délicate conservait cette expression angélique qu'elle avait eue autrefois » et s'adressant à elle, il lui dit : « La blancheur de votre teint, qui éclipse l'albâtre et la neige la plus pure, s'est conservée fraîche grâce à votre modération et à votre continence, non seulement pour la table, mais pour toutes choses, de sorte que vous apparaissez encore aux yeux comme portant sur votre figure les signes gracieux de l'amour. »

Ceux qu'avaient attirés ses yeux languissants étaient

retenus par les souplesses de son esprit. A Rome, elle rassemblait autour d'elle tout ce que la ville contenait d'esprits cultivés et brillants. On discutait chez elle les plus subtils problèmes littéraires, sans rien du pédantisme qui devait paraître plus tard à l'hôtel de Rambouillet, mais avec infiniment d'esprit. Veut-on un exemple de ces controverses? Un jour, la question, mise sur le tapis, étant celle-ci : « Pétrarque a-t-il, ou non, imité les anciens poètes provençaux ou toscans? » le dernier arrivé proposa cette réponse : « Il me semble, messieurs, que Pétrarque, étant un homme d'une intelligence ingénieuse et vive, en usait avec les vers des poètes anciens comme les Espagnols en usent avec les manteaux qu'ils dérobent pendant la nuit : pour les rendre méconnaissables et se soustraire aux peines qui frappent les voleurs, ils les enrichissent de quelque décoration neuve et élégante et ensuite les portent sur eux ouvertement. »

A Ferrare, où Tullia d'Aragon avait passé longtemps, elle avait donné l'exemple d'une haute vertu, restant insensible à toutes les offres, toutes les promesses, toutes les tentations. Un jeune gentilhomme, poussé à bout par ses dédains, et décidé à jouer tous les rôles pour obtenir sa main, crut devoir se donner un grand coup de dague dans la poitrine, chez elle, en grande cérémonie. Elle en avait retiré beaucoup de considération. On la citait couramment à côté de Vittoria Colonna. Les plus hautes dames et les rois ne témoignaient point de surprise à voir son nom accouplé aux leurs dans les églogues de Muzio. On y parlait d'elle en vers et en prose comme d'une vertu accomplie. Son salon était peut-être le premier « salon littéraire » du temps. — Benucchi dit dans son dialogue *Sull' Infinita d'Amore* : « Ceux-là sont ou ont été peu nombreux, parmi les hommes célèbres de nos jours, pour avoir excellé dans les armes, les lettres ou toute autre profession, qui ne l'ont pas aimée et honorée. Et j'ai cité tant de gentilshommes, de littérateurs de toutes sortes, de seigneurs, de princes et de cardinaux qui, en tout temps, se sont rencontrés dans sa maison, comme dans une académie universelle et honorable et, aussi bien jadis qu'aujourd'hui, l'ont honorée et célébrée, et cela à cause des dons singuliers de son très noble et très courtois esprit. J'en avais cité déjà un nombre infini et j'en citai encore, presque en dépit d'elle qui parlait et cherchait à m'interrompre... »

Et un autre, Muzio, s'adressant directement à elle, lui dit : « Une forme a été conçue *ab aeterno* dans l'esprit de Dieu, et c'est à la ressemblance de cette forme que la nature vous a faite le jour où elle a voulu

> Montrer ici-bas tout ce qu'elle peut au ciel... »

Après cela, quoi d'étonnant, si tant de gens se sont portés garants de sa vertu? Ils étaient six gentilshommes, à Rome, qui s'étaient engagés à pourfendre quiconque en douterait. Voici en quels termes :

« Les seigneurs soussignés tiennent que, seule, la vertu confère l'immortalité à toute âme généreuse par le moyen de la renommée immortelle qui la sauve de l'oubli, ce que le souvenir flottant et incertain des hommes n'est pas capable de faire ; et ils tiennent qu'elle doit être justement aimée, respectée et exaltée au plus haut point du pouvoir humain, et cela surtout lorsqu'on la trouve dans un être doué de toutes les grâces et de tous les dons de la fortune ou de la nature. Par conséquent, les soussignés étant de vrais amateurs et champions de cette vertu que tout noble cœur, pour l'amour de la vérité, doit toujours s'efforcer de protéger, en la mettant en lumière et la faisant briller de toute la splendeur du soleil partout où on l'aperçoit cachée et dissimulée — et n'étant mus par aucune autre passion ou motif, se proposent, tout en respectant les honorables lois de la discipline militaire, devant le monde tout entier, en vue de soutenir vaillamment, un jour donné, que leur dame et maîtresse, l'illustre dame Tullia d'Aragon, est, en raison de ses vertus infinies, la plus digne femme de toutes les femmes du passé, du présent et de l'avenir.

« Et afin que quiconque qui serait jaloux de sa gloire immortelle et parlerait d'elle ou penserait d'une façon différente de ce qui est dû, puisse promptement se manifester, les soussignés se déclarent prêts à soutenir sa cause selon les règles des tournois des anciens glorieux chevaliers. Et, ainsi, même s'ils n'étaient pas déjà suffisamment évidents et clairs, les inestimables mérites de la susdite dame seront divulgués comme ils le méritent, et, par le même moyen, le courage et la valeur de ses servants deviendront plus fameux et plus indiscutables. Ainsi, tout le monde sera obligé de confesser que, de même qu'il n'y a pas de chevaliers supérieurs en puissance aux soussignés, de même aucune dame semblable ni égale à la dame susdite n'existe, ni n'a jamais existé, ni n'existera jamais dans l'avenir. — Moi, Paulo Emilio Orsini, je m'engage à soutenir ce qui est contenu dans cet écrit. — Moi, Accursio Mattei, je m'engage, etc. »

Ce cartel extraordinaire que M. Guido Biagi a tiré des papiers des Rinuccini et publié pour la première fois, était signé de gentilshommes fort considérables, parmi lesquels un Orsini, un Urbino et un Rinuccini. Le bruit même avait couru qu'il était signé de Filippo Strozzi, le grand banquier florentin, l'homme le plus riche, le plus éclairé et le plus considérable de son époque. Ce bruit était faux, mais une chose vraie, c'est que Tullia d'Aragon faisait tourner toutes les têtes, y compris les solides têtes des Florentins, ces têtes de marbre que nous voyons au Bargello. Celle de Filippo Strozzi n'avait pas résisté. Du temps où il était à Rome, en ambassade officieuse auprès du Pape, c'est-à-dire en 1531, Tullia l'avait si bien ensorcelé qu'il lui laissait lire sa correspondance par-dessus son épaule. Vettori, lui écrivant de Florence, l'en gourmande de la sorte : « Vous m'écrivez avec Tullia à votre côté, mais je ne voudrais pas que vous lisiez de même ma réponse, elle étant près de vous. Vous êtes amoureux d'elle à cause de son esprit mais je ne veux pas qu'elle puisse me nuire avec quelqu'un de ceux que je nomme ici. Je ne prétends pas faire de semonces à Filippo Strozzi, quoique, si les semonces avaient le pouvoir de corriger, vous ne vous offenseriez pas d'être morigéné, mais j'ai ouï parler de l'envoi de je ne sais quels cartels qui m'ont fâché, en songeant qu'un homme comme vous, âgé de quarante-trois ans, irait se battre pour une femme. Et quoique j'estime que vous réussiriez aussi bien aux armes qu'aux lettres ou à toute autre chose à laquelle vous vous appliquez, cela me peinerait de vous voir vous exposer à un danger pour une cause aussi futile, et je vous rappelle que d'hommes tels que vous on en voit peu par siècle, et ceci n'est point flatterie... »

Cette semonce n'était pas inutile. L'homme à qui elle s'adressait ne manquait pas de génie, mais de prudence, et regardait trop les yeux des femmes pour lire, aussi distinctement qu'il l'eût fallu, dans les yeux des hommes. Doué comme nul autre, beau, svelte, aimable, adroit à tous les sports, poète, musicien surtout, homme d'affaires incomparable et banquier accompli, Filippo Strozzi paraissait uniquement un homme de lettres aux littérateurs, un homme d'affaires aux gens d'affaires et jamais les joyeux compagnons qui couraient, avec lui, les bals masqués ne pouvaient s'imaginer qu'il pensât à autre chose qu'à ses plaisirs. Ces natures trop riches ont toujours une dette secrète envers la Destinée — par où leur vient leur ruine. Filippo Strozzi, trop sûr de sa supériorité, traitait les causes politiques en fantaisiste, comme ses amours : il ne s'attachait fermement à aucune et jouait, à tout propos, la difficulté.

Six ans après la lettre que nous venons de lire, le duc

Alessandro étant mort assassiné par Lorenzaccio, les *Quarante-huit*, espèces de sénateurs, mirent sur le trône de Florence un jeune garçon de dix-sept ans, pauvre, timide, inexpérimenté, sans doute pour voir le visage qu'il y ferait paraître. La scène est représentée en bronze, comme en une page de journal illustré, par Jean Bologne, sur le piédestal de Cosme Ier, au beau milieu de la Place de la Seigneurie, et tout le monde la connaîtrait si l'on n'était pas détourné de ce monument par les incommodités d'une station de fiacres. Or ce jeune garçon, tenant un bout du pouvoir, le tira à lui tout entier. Le visage qui parut sous son masque timide était d'un tyran. Il fallut le combattre... Malgré ce que lui avait dit Vettori, Filippo Strozzi n'était pas aussi propre « aux armes » qu'à « toute autre chose ». Il joua les destinées de sa patrie sur un seul coup de dés, à Montemurlo, près de Prato, sans même attendre d'avoir tout le jeu en mains. Battu, pris, et avec lui toute la noblesse florentine massée autour de lui, il fut ramené à Florence, et les exécutions commencèrent. Le Bargello retentit longtemps des cris des malheureux mis à la torture et des coups du bourreau qui les décapitait. Aucun des prisonniers de Montemurlo n'en sortit vivant. Cette cour fameuse où l'on voit aujourd'hui de jeunes ruskiniennes paisiblement occupées à couvrir leur bloc à aquarelles de *moist colours* et à se suggérer des « impressions », fut peuplée de malheureux qui eussent bien souhaité devenir insensibles pour s'épargner les impressions atroces qui les assaillaient. Et la *Justice* qui surmonte encore la colonne de la place Santa Trinita, élevée en mémoire de la bataille de Montemurlo, rappelle la plus effroyable cruauté de toute la Renaissance.

Filippo Strozzi pouvait espérer un autre sort. On l'avait enfermé dans le fort Saint-Jean-Baptiste, maintenant *fortezza da Basso*, construit peu d'années auparavant, avec ses propres deniers — d'où l'on voit que ses

vainqueurs ne manquaient pas d'un certain sens de
l'ironie. Mais le jeune souverain avait été son obligé,
du temps où il vivait pauvre et solitaire, au Trebbio,
avec sa mère Maria Salviati. Parmi les lettres que Tullia
d'Aragon avait pu lire par-dessus l'épaule de Strozzi, il
s'en trouvait une de Maria Salviati, lui disant : « Mon fils
(Cosimo) et moi nous sommes à ce point appauvris et acca-
blés non seulement par nos dettes privées, mais par celles
dues au gouvernement, que notre situation est désespérée,
à moins que quelqu'un nous aide jusqu'à ce que nous trou-
vions le temps de reprendre haleine. Donc, nous supplions
votre générosité, si nos autres créanciers nous accablent,
que vous ayez d'autant plus pitié de nous... J'implore
et je supplie Votre Excellence et, de tout mon cœur, je
vous demande de ne pas nous refuser cette faveur. Cosimo
et moi nous nous recommandons à votre magnificence. —
Votre cousine et sœur — MARIA SALVIATI DE' MEDICI. » —
Le dilettante crut-il qu'après sept ans, le service rendu
pèserait encore de quelque poids ? Ou bien, vit-il enfin clair,
et comprit-il quel visage sinistre cachait le masque de
l'orphelin timide ? Toujours est-il que, le matin du 18 décembre 1538, il fut trouvé mort dans sa prison [1].

La fin tragique de ce galant homme nous touche plus,
après trois siècles et demi écoulés, qu'elle ne touchait,
seulement, huit ans plus tard, la belle Tullia, lorsqu'elle
vint dans les États du duc Cosme. Ce qui préoccupait
cette pseudo-femme de lettres, c'était de trouver un protecteur qui la défendît de sa gloire. En arrivant à Florence,
elle demanda ce qu'il y avait de mieux comme intellectuel.
On lui dit que c'était Benedetto Varchi. Elle décida donc
que Benedetto Varchi serait son amant. Elle ne l'avait,
d'ailleurs, jamais vu et ne devait pas, de longtemps, savoir
comme il était fait. Il vivait rembuché dans sa villa de

---

[1]. C'est, du moins, ce qui fut dit alors. Aucun témoin, digne de foi, ne l'a
jamais revu, vivant ni mort.

Careggi, à la suite d'imaginations fâcheuses et peut-être imméritées qu'on s'était faites de ses manières d'aimer. Cela lui avait valu des démêlés avec les *Huit de la Balia*, quelques jours de Bargello, une forte caution et la charge d'écrire l'apologie des Médicis depuis 1527 jusqu'à 1546, ce qui serait considéré aujourd'hui par un historien sincère comme une sorte de *hard labour*. Tout cela n'empêchait pas Varchi d'être fort admiré de l'Italie entière, où ses accusateurs n'avaient rencontré que réprobation, et d'être prophète dans son pays même où les Florentins s'attroupaient pour le voir passer.

Tullia s'inquiéta peu de savoir comment Varchi se tirerait du récit de l'assassinat de Filippo Strozzi, son ancien amant, par le duc Cosme, son souverain actuel. Les dieux avaient donné à cette femme le don précieux de l'oubli, par qui l'on est infidèle sans remords. Elle ne pensait plus qu'à une chose : la conquête par la plus belle femme du poète le plus illustre. Elle l'aborda par la littérature. Elle l'appelait : « Mon cher maître, *patron mio caro* », lui demandait des conseils, lui envoyait des sonnets à corriger, s'accusait et s'excusait de l'importuner peut-être, décidait qu'elle était *Phyllis* et qu'il était *Damon*, le suppliait qu'il revînt à Florence. Tant qu'il la lut, il résista ; il succomba quand il la vit. « La conversation commencée en vers continua en prose », dit fort bien M. Guido Biagi. Et il devint si parfaitement sa chose qu'il se mit à lui refaire ses sonnets, y compris ceux qu'elle destinait, sans qu'il pût avoir de doute, à d'autres amants. Par lui, elle retrouva, à Florence, un peu de cette cour littéraire qu'elle avait rassemblée autour d'elle à Rome et à Ferrare. Ses ennemis l'appelèrent la « courtisane des académiciens » et ceux qui n'étaient pas tout à fait ses amis voyaient en elle l'académicienne des courtisanes. Mais la constance qu'elle mit à maintenir sur ses traits le masque de la femme de lettres nous fait douter encore que ce fût un masque.

Un de ses sonnets au moins, celui du *Rossignol*, qui se trouve dans toutes les anthologies, vaut qu'on le lise ; et cette femme, qui n'avait point assez de talent pour marquer sa place parmi les poètes, avait peut-être assez le goût du talent pour que sa carrière de courtisane ne fût qu'un moyen d'arriver jusqu'à eux.

Devant une figure originale comme est celle de Tullia, le mystère subsiste, tant qu'on n'a pas trouvé le nom exact qui lui convient : le mot qui donne la clef du caractère ou le filet de la définition qui en rassemble les éléments épars. Et on n'a pas trouvé ce mot, peut-être parce qu'à son époque il n'existait pas. Quand une individualité surgit, tout à fait originale pour son temps, elle ne peut être définie que par son « nom propre » : c'est seulement lorsque le caractère de cette individualité lui devient commun avec beaucoup d'autres qu'elle peut être définie par un « nom commun ». Tullia d'Aragon était une « intellectuelle », ayant le goût des idées ou au moins des hommes qui en avaient, dans un temps où, sauf les princesses qui tenaient une cour, une femme ne pouvait le satisfaire. Qu'elle fût avec cela une courtisane, ce n'est pas douteux, mais cela tenait au hasard de sa naissance, à la rigueur des temps et au respect des traditions maternelles. Elle vivait à une époque où une femme pauvre, sans famille, ne pouvait entrer dans l'Olympe de l'esprit que par sa beauté.

Ces nuances n'inquiétèrent pas les *Huit de la Balia*. D'après une loi promulguée par le duc Cosme, les courtisanes, même les plus huppées, devaient porter une couleur qui les désignât clairement du plus loin qu'on les voyait. Cette couleur était du jaune sur la tête : une serviette ou un mouchoir, ou un voile quelconque qui eût une bordure d'or ou de toute autre matière de couleur jaune, large au moins d'un doigt et placée de telle sorte qu'elle fût très visible. Et elles ne devaient pas porter de vêtements de soie, quels qu'ils fussent. Un beau jour, les *Huit* s'avisèrent que Tullia d'Aragon portait de la soie qu'elle n'avait pas le droit de porter, et qu'elle ne portait pas ce voile jaune auquel elle avait tous les droits. Ils l'en avertirent. La poétesse se retrouva stupéfaite, indignée, désespérée. Elle cria à la méprise, comme la chauve-souris de la fable : « Je suis poète, voyez mes ailes !... » Elle rassembla, pour se défendre, les sonnets fameux, signés d'elle, appela Varchi à son secours. La femme qui régnait alors sur Florence aux côtés du duc Cosme, la duchesse Éléonore de Tolède, aimait les lettres et de ses grandes mains blanches apaisait les colères de son mari. Tullia se tourna vers elle, lui envoya ses sonnets, se fit appuyer par les admirateurs de son talent. La duchesse vit derrière cette tête charmante le fond de verts lauriers peint par le Moretto ; elle parla en sa faveur au duc et, sur la pétition même, Cosme écrivit : *Fasseli gratia per poetessa...* Une fois encore, le masque de la poétesse avait dissimulé le visage de la courtisane.

Il ne se montra peut-être qu'à la mort. Revenue à Rome ayant perdu sa mère et sa jeune sœur, seule, ruinée, vieillie, agonisante dans une misérable maison du Transtévère, la déesse païenne redevint une pauvre femme chrétienne, comme toutes ces gens de la Renaissance affublées de noms antiques par les poètes et de diploïs ou de calyptres par les peintres. Elle reçut les derniers sacrements avec infiniment de piété. Elle fit des legs minutieux et dévots, entre autres le legs imposé par Clément VII aux courtisanes en faveur des nonnes converties. Elle recommanda qu'il n'y eût à ses funérailles personne d'autre que les frères de Saint-Augustin et la Compagnie du Crucifié, à laquelle elle déclara appartenir, et que cela se fît la nuit, avec la plus grande simplicité. C'était en 1556, en plein Paganisme. Mais le Paganisme du XVIe siècle gardait plus de foi que le Christianisme de bien d'autres. Déjà, de la belle Simonetta, un siècle avant, on avait dit : « Au moment de mourir, la nymphe se retourna tranquille et confiante vers Dieu. » Pareillement, quand on lit la sténographie des dernières paroles d'un condamné à mort, un certain Boscoli qui avait joué les Brutus, en 1513, sous les Médicis, on voit qu'il n'a plus qu'une pensée : se rapprocher du Christ et maudire les maximes et les exemples du héros païen « qui ne pouvaient être bons puisqu'il n'avait pas la vraie foi ».

Telles étaient ces gens du XVe et du XVIe siècle. Au toucher de la mort, tous leurs déguisements tombaient, laissaient voir leur âme, et cette âme était chrétienne. Les bonnes sœurs qui, selon l'hypothèse de M. Guido Biagi, écrivirent, sur le marbre où s'appuie Tullia, le nom qui la mêle à la passion de saint Jean-Baptiste, éveillent sur elle des idées plus justes que les poètes qui l'appelaient Tyrrhenia ou Thalie. Jouer un rôle dans un mystère chrétien, fût-ce le rôle du traître, c'est encore approcher des saints, se couvrir d'un pan de leur majesté, travailler au triomphe de la foi. Tout le monde ne peut pas être saint Jean-Baptiste : c'est déjà bien beau d'être Salomé. Une fois la représentation finie, diables, traîtres, larrons, bourreaux, courtisanes, rentrent dans leur vraie peau, qui est celle de chrétiens crédules et craintifs ; il suffit qu'ils échappent aux indignations des spectateurs, à la sortie du spectacle, — et tout le monde s'en va au Paradis.

PORTRAIT D'ÉLÉONORE DE TOLÈDE ET DE SON FILS FERDINANDO.
Par le Bronzino (aux Uffizi, salle du Baroccio.)

ÉLÉONORE DE TOLÈDE

AUX UFFIZI

CETTE Éléonore de Tolède qu'implorait Tullia d'Aragon, au péril du voile jaune, quelle femme était-ce ? Quand on visite la salle dite du *Baroccio*, aux Uffizi, on trouve son portrait par le Bronzino, en pied, avec son fils Ferdinando âgé de cinq ans. Sur un fond bleu, d'un bleu glacial, du bleu d'Ingres ou de Sassoferrato, elle est assise haute et droite, dans le lourd brocart d'une robe d'argent balafrée d'arabesques noires. Elle nous regarde de face, avec tristesse. Sa main droite descend derrière la tête du petit garçon noyé dans les plis de sa toilette. Sa main

Portraits d'Éléonore de Tolède, épouse de Cosme I, duc de Florence.

Portraits authentiques : 1° par Angelo Bronzino, à l'huile. Éléonore à trente-quatre ans environ, avec cette inscription sur le fond du tableau : *Eleonora Toleta. Cos. Med. Flor. D. II. Uxor.*, peint vers 1553, aux Uffizi, salle du Baroccio.

2° Par le même, au Palais Vieux, dans une des lunettes du *Studiolo* vers l'âge de dix-huit ans.

3° Au Musée de Berlin ; portrait en buste et main.

4° Collection Primoli, petit portrait vers l'âge de dix-huit ans. Buste et main.

5° Collection Wallace, portrait buste avec les deux mains, variante de celui des Uffizi. Avec l'inscription : *Fallax Gratia et vana est pulchritudo.* Attribué à Angelo Bronzino.

6° Musée Jacquemart-André : Variante du portrait des Uffizi.

7° Aux Uffizi ; portrait en buste (attribué au Bronzino).

8° Médaille par Domenico Poggini, buste, de profil gauche, la tête couverte d'une résille, avec l'inscription *Eleonora Florentiae ducissa*. Au revers, un paon abritant ses petits sous ses ailes, avec l'inscription *Cum. pudore. læta fœcunditas.*

9° Médaille, par le même, buste de profil gauche, tête nue, natte roulée derrière la tête, perles et bijoux, un petit plumet en arrière, avec l'inscription *Eleonora. Tole. Med.*

gauche s'allonge sur son genou à la poursuite d'un gros gland de perles. Elle a la tête petite des femmes très grandes et très larges d'épaules, les yeux un peu écartés, la bouche charnue, le nez droit, un visage long, doux, de biche, — les mains infiniment longues et blanches. Ses cheveux, tirés en arrière, séparés au milieu du front, sont sagement emprisonnés dans une résille ponctuée de perles. Partout des perles. Ses épaules sont couvertes d'un filet de galons avec une perle à la croisée de chaque maille. Des perles font plusieurs fois le tour de son cou. Des perles s'égouttent, une à une, au bout de ses oreilles, jusqu'au bout de ses doigts. Elle semble avoir passé sous une pluie de perles. Le reste de sa toilette : des ramages d'un noir de deuil sur un fond blanc, d'un blanc de deuil et, çà et là, un or funéraire — une splendeur de catafalque. On dirait un vêtement mortuaire et cela servit bien de vêtement mortuaire, en effet. En 1857, le gouvernement a fait ouvrir, pour les identifier tous les tombeaux des Médicis. Quand on est arrivé au sarcophage contenant les restes d'Éléonore de Tolède, duchesse de Florence, épouse de Cosme Ier, et grand'mère de Marie de Médicis, on a cru voir ce tableau couché dans le cercueil... Tout y était, de cette toilette, sauf les bijoux que les détrousseurs de cadavres avaient déjà remis dans la circulation. Ils brillent peut-être aujourd'hui aux feux électriques de quelque *palace*, sur une femme du Nouveau Monde, occupée à déplorer de n'avoir pas vécu dans le « bon vieux temps... »

Cette figure d'Éléonore de Tolède est un des rares portraits officiels qu'on devine tout à fait ressemblants : tous les traits sont beaux et réguliers, aucun n'est banal. Le teint mat de la belle Espagnole, ses grands yeux doux et infiniment tristes, sa figure longue, son attitude lassée, tout cela désigne une victime parée pour le sacrifice. Cette impression peut nous tromper, mais nous trompet-elle ?

Nous sommes en 1553. La femme que voici a quitté toute jeune le beau ciel de Naples, où son père le duc d'Albe est vice-roi, pour venir s'enfermer dans ce sombre Palais Vieux, où elle est demeurée dix ans. Son mari est fils d'un héros et d'une sainte : c'est un monstre. Il est le fils de Jean des Bandes Noires, le Bonaparte du XVIe siècle, et de Maria Salviati, admirable épouse qui recruta des armées à son mari, pansa ses blessures, sauva les débris de sa fortune, finit dans la retraite et les bonnes œuvres. En lui, la bravoure du père est devenue cruauté et la douceur de la mère dissimulation. A dix-sept ans, il est déjà impénétrable. Son masque lui est si bien collé à la peau que nul Florentin, ni même sa propre mère, ne peut démêler les traits sinistres de son visage, et lorsque, dans un moment de désarroi, on fait venir à Florence ce jouvenceau timide, pauvre, orphelin, sans appui, parce qu'il porte un nom fameux et qu'on ne craint pas de se donner un maître, nul n'imagine qu'on se donne un tyran et une lignée de tyrans qui durera deux cents ans.

Nous autres, nous ne nous y trompons guère, et nous ne comprenons point l'aveuglement des Florentins de 1537. Le plus ignorant, le moins psychologue des touristes qui trottent du Bargello au Palais Vieux et des Uffizi au Pitti, ne peut regarder sans répulsion ce masque brutal et secret que le Bronzino, Benvenuto Cellini et le Pontormo ont attaché à tous les murs : ce front ras, ces yeux où les prunelles, quittant le bord inférieur des paupières, errent inquiétantes, sur le globe laiteux, ces lèvres cadenassées, cette mâchoire de prognathe, cette peau tendue sur les muscles comme un écran, sans un de ces plis que laissent sur le visage les sentiments qui l'ont agité, ce cou de taureau, cette barbe épaisse drapant les joues : c'est une tête à mettre sur les épaules de Barbe-Bleue ou du bourreau. Voilà l'homme avec qui Éléonore de Tolède a passé vingt-trois ans de sa vie, qu'elle a aimé, semble-t-il, et dont rien ne l'a distraite que deux choses : ses enfants et ses perles.

Ses enfants, nous n'en voyons qu'un, dans ce portrait, auprès d'elle : c'est Ferdinando, celui-là même qui se tient à cheval, devenu gros et grand, en bronze, au milieu du carré de portiques qu'on appelle la place Santa Annunziata. Cet enfant n'est pas le seul ; elle en a sept autres. Regardons-les comme elle les regarde, tous les huit, dans les chambres sombres du Palais Vieux, tandis que le duc Cosme, aidé de Benvenuto Cellini, est occupé à gratter, avec des ciseaux d'orfèvre, quelque statuette antique nouvellement déterrée à Arezzo. L'aînée est âgée déjà de quatorze ans, le dernier encore au berceau. Les trois garçons se pendent à la cape de l'orfèvre et l'agacent de mille manières. Le soleil, qui se couche derrière les Cascine, envoie ses rayons juste droit dans les fenêtres du palais sur la place de la Seigneurie. On entend monter, de la *loggia dei Lanzi*, les rumeurs grossières du corps de garde. La mère rêve, les enfans jouent. A quoi? Les enfants inventent parfois des jeux étranges : s'étrangler, faire le mort, parodier des scènes d'assassinat... Que présagent ces gestes? Que deviendront-ils quand ils auront quitté leur aire, pris leur vol « hors du charnier natal » ?

Maria, l'aînée est une enfant prodige, qui sait le grec, le latin. On a, déjà, fait faire son portrait quand elle était une enfant, par le Bronzino. Nous voyons, ici, non loin du portrait de sa mère, sa petite personne sérieuse et intelligente, bien installée dans son fauteuil, comme une petite dame, avec cette gravité précoce de ce qui dure peu. On songe à en faire une duchesse d'Este. Elle ne le sera pas, elle mourra dans trois ans, à Pise, emportée par les fièvres, et l'on dira un jour qu'elle a été empoisonnée par son père pour avoir aimé un page.

Lucrezia, elle, connaîtra un peu plus du monde avant de le quitter : elle ne mourra d'une pneumonie infectieuse qu'après les splendeurs de son mariage avec le duc de Ferrare. Mais ce sera en exil loin de ses parents, et à cet âge fatidique de dix-sept ans, que sa sœur aînée n'aura pas dépassé. Et l'on dira qu'elle a été empoisonnée par son mari pour ne lui avoir point été fidèle.

Isabella, qui est la plus séduisante des filles d'Éléonore, épousera le prince Paolo Giordano Orsini, duc de Bracciano ; elle sera étranglée par son mari, un soir, dans une villa isolée près d'Empoli, au moyen d'une corde tombant d'un trou ingénieusement pratiqué dans le plafond. Et l'on dira que c'est pour la punir de nombreuses infidélités.

Les garçons Giovanni et Garzia, pétulants bonshommes de onze et sept ans, nous sont connus. Giovanni, c'est le jeune cardinal, peint par le Bronzino, barrette en tête, fine moustache à la lèvre, qui est à la villa de Poggio a Caiano ; Garzia, c'est le petit garçon joufflu qui tient un oiseau dans sa main, ici près. Ils mourront tous deux entre les bras de leur mère, à Pise, peut-être victimes d'un double attentat peut-être simplement d'une fièvre pernicieuse prise en traversant les Maremmes, et elle-même brisée par la fatigue, à leur chevet, et atteinte par la contagion, succombera quelques jours après eux. On racontera ensuite que Giovanni a été tué par Garzia dans une dispute de chasseurs, et Garzia tué par son propre père pour venger Giovanni.

Les deux autres garçons, Francesco et Ferdinando, l'un âgé de treize ans, l'autre de cinq, régneront sur Florence, mais ce dernier grâce à la mort subite et mystérieuse de son aîné ; l'autre aura la joie d'épouser et de mettre sur le trône de Toscane la femme qu'il aimera, mais non sans qu'un assassinat l'ait rendue veuve, ni qu'un accident l'ait rendu veuf, le tout avec une opportunité singulière. Enfin, l'enfant qui dort dans ce berceau, Pietro, tuera sa femme... S'il est vrai que les événements tragiques projettent leur ombre longtemps d'avance devant eux, quelles ombres devaient s'allonger, ces soirs-là, qui n'étaient pas toutes jetées par les cyprès, sur les pentes de San Miniato !

L'infinie tristesse de notre portrait s'explique. Femme d'un assassin avéré, mère d'un fils assassin et d'une fille assassinée — le fils meurtrier de sa femme, la fille étranglée par son mari — et de quatre autres enfants morts prématurément sous ses yeux, de deux souverains enfin, chacun très suspect d'assassinat, Éléonore de Tolède porte, dans son regard, la douleur de ces choses qu'elle ne sait pas, qu'elle ne peut pas prévoir, mais qu'elle reflète, déjà, comme le miroir qui nous annonce ce qui vient derrière nous sur la route, ce qui approche, ce qui nous menace, et qui, lui, ne sait rien.

Restent les perles. C'était le bijou le plus ordinaire des femmes de cette époque, et les portraits d'apparat en contiennent toujours ; mais le préjugé, qui veut que ce soit un signe de larmes, est singulièrement enhardi quand on les voit abonder dans certains portraits, tels que celui d'Henriette d'Angleterre ou d'Éléonore de Tolède. Il y a, dans ce rocher crénelé qu'on nomme le Palais Vieux, au premier étage, près de la salle dite des Cinq Cents, une sorte d'alvéole creusé par le duc Cosme pour y cacher ses trésors : on l'appelle le *Tesoretto*. C'est un cachot voûté, noir, parcimonieusement éclairé par une seule lucarne sur l'étroite via Ninna, mais décoré et paré comme une bonbonnière. Un cabinet noir le précède, secret lui aussi, voûté, de la forme d'un coffret. On croit que Francesco de Médicis en fit, plus tard, son *Studiolo*, pour s'y livrer, en paix, à de mystérieuses recherches. Vasari a peuplé ce cabinet des plus riantes figures. Quand on fait jouer l'électricité, on voit paraître aux deux extrémités, dans deux lunettes qui se font face, Cosme et Éléonore, les deux fantômes du Palais Vieux.

Elle, Éléonore, apparaît dans des tons de vieux cuir de Cordouan, captive d'un treillis d'or ponctué de perles, comme une résille jetée sur son manteau doré, qui s'ouvre sur un corsage rouge framboise, les mains languissantes, aux doigts fuselés, blancs, toujours à la poursuite de quelque perle... Elle est couverte de ces bijoux qu'elle a pris dans le cabinet à côté : deux pent-à-col, des pierres lourdes, massives, et des perles, toujours des perles qui tombent, goutte à goutte, sur les épaules, les bras, les mains, une pluie, qui deviendrait une chaîne... On reconnaît, ici, sa passion pour ces grosses perles qu'elle aimait par-dessus tout et qu'elle forçait son mari à lui acheter des prix fous, tandis que le Palais Vieux retentissait des sarcasmes de Benvenuto Cellini, criant : « Mais ce ne sont que des os de poisson »! Les signes du zodiaque tournent autour d'elle et partout, sur les murs, des *amoretti* jouent. En face d'elle, dans la lunette opposée, le duc Cosme se tient implacable, secret, couvert de fer. Son mari, ses enfants, ses bijoux : tout ce qui occupait son âme semble ramassé ici, sous la voûte basse de ce *Studiolo*...

Etait-ce là tout, pourtant? Cet horizon radieux de Naples qu'elle avait quitté si jeune, ne l'a-t-elle jamais regretté? Ces crimes que son mari venait de commettre quand elle vint ici, ne les a-t-elle jamais connus? Ces passions qui devaient faire à ses enfants des destinées tragiques, ne les a-t-elle jamais pressenties? Nous ne le savons pas... Tout, dans ses paroles et dans sa conduite, nous montre une âme acclimatée à l'horrible atmosphère où elle est venue vivre. Elle y respirait normalement. Son grand souci était de garder ses filles de tout péché, de les tenir fermées dans le palais, comme des nonnes en un cloître, visibles seulement pour les dames de la Cour et pour leur vieux catéchiste. Son soin constant était d'aider son mari, de ses deniers, de son influence à la Cour d'Espagne, de ses conseils. Le duc Cosme l'aimait. Il lui vouait ce peu de bon qui subsiste toujours dans les pires âmes, comme pour témoigner qu'après tout, ces âmes ne sont qu'humaines. C'était un bon mari comme c'était un bon père, magnifique en ses cadeaux, adroit en ses paroles, ingénieux en ses divertissements. Il y a toute une vie du duc Cosme, faite de scandales et d'intrigues avec la Leonora degli Albizzi, avec la Camilla Martelli. Mais cette vie ne commence qu'après la mort de la duchesse. Elle ne le connut que fidèle.

De son côté, elle accepta tout de lui avec la meilleure grâce du monde. Quand elle arriva, jeune mariée, au palais Médicis, elle trouva une petite fille, vive et intelligente, nommée Bia, qui courait dans tous les coins du palais. « C'est ma fille, » lui dit son mari. Elle l'adopta et l'éleva comme si ç'avait été son propre enfant. Elle adopta aussi les goûts de son mari. Le duc Cosme était un antiquaire, un savant, curieux de tous les procédés d'art ; il discutait, point par point, les détails d'une fonte de bronze ; il se cachait à la fenêtre qui est au-dessus de la porte du Palais Vieux, pour entendre ce que la foule disait des statues nouvellement exposées. Pareillement, la duchesse se passionna pour les belles choses de plastique, prit parti pour Cellini contre Bandinelli, et lorsqu'un artiste avait produit une œuvre de son goût, elle défendait qu'on la mît hors du palais et de sa vue. Ainsi, s'il faut en croire les mémoires et l'histoire écrite, elle semble avoir joui de tous les raffinements de la vie.

Mais tout, dans ses deux portraits et dans ses gestes, nous montre une vie sans joie et l'indifférence de la voir s'échapper d'elle. Elle se sait malade, un poumon engorgé, crachant le sang, suffoquant : elle refuse obstinément tous les soins. On a retouvé la lettre où le duc Cosme raconte sa mort. Le malheur est arrivé au cours d'un voyage qu'il faisait avec sa femme et ses fils, dans les Maremmes pestilentielles, pour visiter de nouvelles forteresses. Il faut la lire devant ce portrait : jamais traits de caractère ne se sont mieux superposés à des traits de visage. Il écrit à son fils aîné Francesco, alors en Espagne. Il vient de lui raconter, à sa façon, la mort soudaine de ses deux frères, Don Giovanni et Don Garzia pris par les fièvres. Et il ajoute :

« Mais comment pourrai-je finir cette lettre, ayant encore à narrer des choses plus douloureuses d'une part et plus joyeuses d'autre part ! Je dis joyeuses pour celui qui, détaché des choses mondaines, regarde seulement le ciel et non la terre, ses misères et ses vanités. Avec l'aide de Dieu, il faut que je continue. La duchesse, à cause de la nouvelle inattendue de la maladie du cardinal (son fils), s'affligea beaucoup et fut souffrante en ces quelques jours ; et venue à Pise, l'ayant bien consolée, sa fièvre quotidienne commença à la tourmenter davantage et elle commença à perdre l'appétit : pourtant elle se maintenait. A ce moment apparut la nouvelle maladie à don Gartia (son autre fils) et sa fièvre augmenta et elle perdit de plus en plus l'appétit et ne voulut pas se laisser soigner par les médecins, comme tu sais qu'elle avait cette habitude. Il s'ajouta l'aggravation de don Gartia et puis la mort ; malgré que nous la lui cachions, elle était si anxieuse et ne pouvait dormir de sorte que tous les jours elle s'aggravait ; d'elle-même elle se désespérait et s'affligeait tant qu'elle faisait pis que si elle avait su la mort. Mais malgré que nous ne la lui disions pas, elle avait tant d'intelligence qu'elle s'aperçut certainement qu'il était mort ; alors il nous parut mieux de lui dire qu'il était assez mal et de l'entretenir avec cela que de lui nier tout. Ainsi, à la fin, d'elle-même, elle commença à se calmer, à l'extérieur, et dire qu'elle acceptait, comme bienfait, la mort de don Gartia, et malgré que nous la lui niions, elle ne voulut jamais accepter autre chose. Cela continua trois jours, puis une mauvaise fièvre survint, laquelle, en deux termes, cessa, et il lui resta ses fièvres avec grande inappétence. Mais sur mes instances, elle se nourrissait beaucoup plus qu'elle ne l'avait fait dernièrement et elle en avait besoin parce que, pendant la mort du cardinal, elle resta trois jours où presque elle ne mangea, ni ne dormit. Et toujours, depuis l'été passé, elle eut cette toux qui, tu sais, lui était habituelle et maintenant d'autant plus. C'est pourquoi ce catarrhe augmenta tellement qu'il commença à l'empêcher de bien respirer et la fièvre pourtant diminuait ; ne pouvant durer encore beaucoup de jours, avec un sentiment et un courage extraordinaires, parlant toujours, elle se confessa trois jours avant et communia ; elle demanda, un jour avant, l'extrême-onction et fit d'abord, en ma présence, un très honorable testament, pensant ainsi d'abord à l'âme et puis à ses serviteurs ; on peut dire que presque dans mes bras elle rendit son âme à Dieu ; étant restée deux jours avec son entière connaissance, attendant la mort, presque toujours avec le crucifix à la main, et étant assise sur le lit, parlant simplement de la mort comme si c'était une affaire quelconque, et jusqu'à la dernière heure elle parla et reconnut tout le monde comme si elle avait été en santé [1]... »

En quittant les Uffizi, faisons quelques pas et entrons au Palais de la Seigneurie qui y touche. Tout le monde le connaît, ce rocher grisâtre surmonté d'une aigrette, il domine tout Florence. C'est un bloc à surplomb crénelé, troué çà et là de trous qui sont des fenêtres, avec un donjon ajouré planté au front comme un plumet au front d'un casque et qui s'évase par le haut, dans le ciel. Cela a l'air d'une prison et cela servit souvent de prison, en effet ; on montre encore, dans la tour, la cellule où l'on croit que furent enfermés Cosme, le Père de la Patrie, avant ses grandeurs, et Savonarole après sa chute : prison dans une forteresse, imprenable, abrupte, à pic. Cela sent le bourreau, et, à la vérité, plus d'une exécution a eu lieu derrière ces murs, sans compter les meurtres qui, à toutes les révolutions, les ont ensanglantés. Il n'y a guère de fenêtre qui n'ait servi de potence, guère de pavé qui n'ait été rouge de sang. C'est, là, que le duc Cosme amena sa jeune femme, un an environ après son mariage et qu'il la tint enfermée jusqu'à l'époque où il est allé habiter le palais Pitti, c'est-à-dire neuf ans, de la fin de 1541 au mois de mai 1550, et où ils revinrent encore, maintes fois, après l'acquisition du palais Pitti. Ils l'appelèrent, alors, le « Palais Vieux ».

Ce n'était point sa demeure familiale. Sa demeure était le palais Médicis, aujourd'hui palais Riccardi, situé via

1. Cette lettre est-elle d'un assassin racontant la mort de sa victime ? La question ne se posait même pas pour les chroniqueurs du XVIIe et du XVIIIe siècle : le meurtre d'Éléonore de Tolède par le duc Cosme était article de foi. Elle ne se pose pas davantage pour les historiens modernes : c'est une fable ridicule. La publication intégrale des lettres du duc Cosme à son fils, corroborée par les lettres privées de Sarguidi, auditeur du nonce pontifical, en Toscane, a épuisé le débat. Tout autre chose est de savoir si Giovanni et Garzia sont morts réellement des fièvres des Maremmes ou, comme on le croyait alors, l'un tué par son frère, l'autre tué par son père. Le débat reste ouvert. Il n'y est pas fait allusion, ici, parce que c'est la physionomie d'Éléonore de Tolède et non celle de son mari qui nous occupe.

Larga, aujourd'hui via Cavour. Mais Cosme ne s'y sentait pas le maître de Florence. Si imposante qu'elle fût, c'était la maison d'un particulier. Le palais de la Seigneurie, ou Palais Vieux, était la maison du gouvernement, la maison commune, comme il l'est redevenu aujourd'hui. Il joue, dans l'histoire des révolutions de Florence, le rôle de l'Hôtel de Ville dans nos révolutions. Qui tenait le palais de la Seigneurie, tenait Florence. Cosme s'y rembûcha donc, tant qu'il ne crut pas son pouvoir indestructible. Il y annexa, pour sa commodité, les deux palais du Capitaine et de l'Exécuteur de justice, qui y faisaient suite. Il expulsa les lions qui, depuis des siècles, rugissaient dans une maison et une cour, du côté où passe la rue encore appelée via Leoni. Il remplit la loggia dei Seignori de ses mercenaires allemands, qui avaient leur caserne toute proche, d'où le nom qu'elle a gardé depuis de *Loggia dei Lanzighinetti* ou *dei Lanzi*. Enfin, il aménagea, tant bien que mal, pour son usage et celui de sa famille, les chambres occupées précédemment par les Priori et le gonfalonier.

C'est au second étage, à l'angle marqué aujourd'hui par le groupe en marbre de Cacus, que fut installée Éléonore de Tolède, dans quatre chambres qu'on voit encore, mais beaucoup plus ornées qu'elle ne les a connues : une sorte de salle à manger avec deux fenêtres sur le midi, du côté où sont maintenant les galeries des Uffizi et deux fenêtres sur la cour intérieure, puis un cabinet de travail formant angle, avec une fenêtre au midi sur les Uffizi, et une fenêtre au couchant sur la place, devant la loggia dei Lanzi, enfin une chambre à coucher, avec une fenêtre sur la place. Toutes ces pièces se commandent comme il était d'usage alors. Cet étroit réduit fait plus songer à un cachot qu'à un appartement princier. Il n'est un peu éclairé que quelques heures par jour, quand le soleil baisse. Encore faut-il grimper plusieurs marches pour se mettre à la fenêtre et voir quelque chose au dehors.

En se retournant, il est vrai qu'on a vue sur la cour intérieure, mais c'était une triste chose à regarder que ce large puits d'air, où l'on ne voyait alors ni les peintures, ni la vasque et le délicieux enfant au dauphin de Verrocchio, ni les manchons de stuc qui habillent les colonnes de leurs délicates arabesques. C'était un trou nu et noir. Voilà les cellules où Éléonore de Tolède a vécu ses années de jeunesse et où il faut chercher la trace de ses pas. On imagine sans peine sa haute silhouette blanche du portrait des Uffizi errant sur ce fond noir, dans ce palais rempli de sanglants souvenirs, sinistre à ce point que, pendant plusieurs siècles, jamais on n'avait eu l'idée d'y loger une femme.

Dans les longues journées de solitude où les seules distractions étaient d'écouter les facéties du nain, ou de grimper à la fenêtre et de guetter les jeux brutaux des lansquenets établis sous la loggia, la pieuse duchesse dut souvent, bien souvent, regarder les trois bas-reliefs placés en face d'elle, presque à son niveau, sur le front de la loggia, les statues dues au rude ciseau de Jacopo di Piero. C'est la *Foi* avec son calice, l'*Espérance* avec un geste vers le ciel, la *Charité* avec sa flamme de pierre dans sa main et, sur ses genoux, un enfant qu'elle allaite. Patinées par le temps, toutes grises aujourd'hui, ces trois figures, vieillies dans le ciel, en compagnie des oiseaux et des cloches, étaient blanches alors comme la blanche Espagnole elle-même. Et quand Éléonore de Tolède quittait sa fenêtre, et s'en allait par les salles, il semblait, peut-être, aux gens du triste donjon qu'ils voyaient passer une sœur des trois statues de marbre : la statue vivante de la Résignation...

Cl. Anderson.　　　　　　　　　　　　　　　　　　　Pl. 8, p. 69.
PORTRAIT DE BIANCA CAPPELLO.
Par le Bronzino (au Palais Pitti, Salle de Prométhée.)

BIANCA CAPPELLO

AU PALAIS PITTI

Il y a, au palais Pitti, dans la salle de Prométhée, un portrait de femme peint par le Bronzino, qui passe en insignifiance tout ce qu'on peut voir de moins significatif et, par là, touche à cette sorte de beauté qu'a, jusque dans le néant, l'absolu. C'est celui d'une personne jolie et nulle, sans doute considérable, à en juger par sa toilette de brocart, sa fraise ouverte, échancrée et plissée à *lattughine*, son voile brodé et bordé de *tremoli*, sa couronne et son collier de perles énormes, son pent-à-col massif, ses boucles d'oreilles en forme de crotales. Bien droite, bien immobile, la raie au milieu du front, plantée de trois quarts, elle regarde, de cet air neutre et absent que savent prendre les femmes, quand, sûres de leur beauté, elles font l'économie de leur âme. Or, celle-ci est très belle, un des masques les plus réguliers et les plus imperméables que Dieu ait jamais posé sur âme mouvante. Et ce qui se passa derrière ce masque, après des centaines d'années écoulées et des cen-

---

Portraits authentiques de Bianca Cappello, épouse de Pietro Bonaventuri, puis de Francesco I, grand-duc de Toscane : 1° par Angelo Bronzino, à la salle de Prométhée, au palais Pitti, aux Uffizi et à Poggio a Caiano, et par un inconnu, à l'âge de quarante ans environ, également aux Uffizi.

2° Par Alessandro Allori, — morceau de fresque provenant d'une salle de la Paroisse Santa Maria ad olmi, — aux Uffizi. 3° Médailles par Pastorino de Sienne, l'une de profil, l'autre de trois quarts couronnée, portant toutes les deux *Biancha capp. med. duc. etruriae*. Un camée par Bernardino di Castel Bolognese, au Bargello.

Portrait présumé par le Titien : Bianca à l'âge de vingt ans, autrefois à Torre del Gallo.

taines de livres ou de pamphlets écrits sur elle, nous ne le savons pas [1].

Ce que nous savons prête à toutes les hypothèses. Pendant l'hiver de 1563-1564, le prince Francesco de Médicis, le fils aîné de Cosme Ier et d'Éléonore de Tolède, trouvait dans le courrier de l'agent secret de Florence à Venise, un certain Cosimo Bartoli, une nouvelle très romanesque. Une jeune fille de grande famille, Bianca Cappello, âgée d'à peu près seize ans et de merveilleuse beauté, venait de s'enfuir, dans la nuit du 28 au 29 novembre, avec un petit commis de banque. Ils étaient allés du côté de la terre ferme, et on ne savait ce qu'ils étaient devenus. Le ravisseur était Florentin et c'est pourquoi l'agent Bartoli en entretenait longuement son maître. La banque où travaillait ce jeune homme, un certain Pietro Bonaventuri, se trouvait non loin du palais où vivait la belle patricienne, à Santo Apollinare, *al ponte storto*. Les deux jeunes gens s'étaient vus, avaient trouvé le moyen de correspondre, de se rencontrer, s'étaient fiancés secrètement et, craignant de se voir découverts, avaient soudoyé des gondoliers pour fuir. Le scandale était grand. La famille de la jeune fille, les Cappelli alliés aux Morosini et aux Grimani, était des plus considérables, et la famille du ravisseur était fort peu de chose. On découvrit les gondoliers qui avaient aidé à la fuite : ils furent arrêtés avec leurs femmes,

---

[1]. Une de ces études, et des plus brillantes, est celle de H. Blaze de Bury. Il y a tracé, avec un singulier relief, les caractères du grand-duc Cosme, du grand-duc Francesco et de Bianca Cappello. Si certains traits de l'esquisse qu'on a tentée ici, diffèrent sensiblement des précédentes études, c'est que les travaux des érudits italiens ont mis au jour des documents ou inédits, ou qui avaient été tronqués, ou dont l'authenticité n'avait pu être prouvée lorsque Blaze de Bury écrivait. Il faut citer notamment les lettres du grand-duc Cosme à son fils, reproduites par Enrico Guglielmo Saltini, dans ses *Tragedie medicee domestiche* (Florence, 1898). Saltini passa une partie de sa vie à rassembler les éléments d'un livre sur Bianca Cappello ; il ne put malheureusement mener son entreprise à terme ; mais les fragments qu'il a laissés n'en ont pas moins une valeur incontestée, et il n'est guère possible d'étudier cette figure sans y avoir recours.

mis à la torture et en moururent promptement. L'oncle Bonaventuri, lui-même, fut torturé et mourut aux fers pour n'avoir pas su garder son neveu. On lança la police aux trousses des fugitifs et on mit leur tête à prix, très solennellement, du haut du Rialto. Cela ne servait d'ailleurs à rien, et tout le monde se demandait où Pietro Bonaventuri avait bien pu aller avec sa proie.

Il était tout bonnement allé chez lui, à Florence, où son père, notaire et greffier du commerce, *della Mercanzia*, possédait une petite maison, place Saint Marc (la place de Savonarole), une étroite demeure à deux fenêtres de façade, qu'on voit encore, plus ou moins transformée, du côté opposé à l'église. C'est un tableau qu'on n'a pas fait et qui n'est pas seulement un sujet psychologique, mais un sujet pittoresque, quelque chose comme le *Last of England* de Madox Brown, que la fuite de ces deux proscrits, sur les eaux mortes, vers Fusina, enlacés et frissonnants, tandis que les premières lueurs du jour, se levant derrière leurs têtes, éclairent faiblement les rives plates et les maigres arbustes de la *terra ferma* où ils vont aborder. Nul n'eût pu dire alors, et les deux enfants moins que tout autre, que ce léger sillage, tracé par la gondole dans l'eau calme de la lagune, paraîtrait un jour le trait d'union entre deux grandes cités rivales et ennemies depuis plusieurs siècles. Ils ne songeaient vraisemblablement à rien, puisqu'ils s'aimaient : « Un bagage est nécessaire... » a dit le poète. Ils emportaient les malédictions de toute une ville, quelques bijoux du palais des Cappelli et l'idée qu'ils allaient vivre en plein ciel...

Ils vécurent chez le notaire et ils y vécurent mal. Leur premier soin fut de traverser la place Saint-Marc pour aller faire bénir à l'église d'en face leurs fiançailles précipitées. Mais la régularité de leur union ne leur donnait pas la fortune. Les nouvelles de Venise étaient mauvaises. Bien loin de pardonner, le père de Bianca, l'illustre Bartolomeo

Cappello, promettait une prime considérable à quiconque vengerait son honneur. Au bout de peu de temps, Bianca et son mari ne se crurent plus en sûreté. Des sbires, appointés par la Sérénissime République, rôdaient autour de la place Saint-Marc à Florence, et on les croyait trop honnêtes gens pour toucher leurs appointements sans chercher à les mériter par quelque utile travail. C'est du moins ce que Pietro Bonaventuri faisait croire à Bianca, qu'il tenait enfermée comme en une geôle, et c'est aussi ce qu'il alla raconter au prince Francesco de Médicis, quand il fut implorer sa protection.

C'était donc la seconde fois que le jeune prince avait à s'occuper des amants de Venise. A la première nouvelle qu'il en avait eue, par la lettre de Bartoli, il avait tenté de sauver leur oncle Bonaventuri. Il l'avait tenté d'autant plus que ce Florentin, ostensiblement directeur d'une banque à Venise, la banque Salviati, était aussi agent secret du duc de Florence, autant dire « espion ». Mais le Sénat de Venise ne rendait pas facilement ses proies. Bonaventuri était mort dans sa geôle. Le prince avait donc échoué dans sa première démarche. Mais son imagination de vingt-trois ans s'était mise à travailler. Sa curiosité s'alimentait, jour par jour, de tout ce qu'on racontait de Bianca Cappello, car, dans ces temps reculés, Florence était une ville fort bavarde et friande de scandales. Il avait voulu voir l'héroïne de ce drame, cette tête charmante autour de laquelle toute Venise irritée mettait une flamboyante auréole. Il l'avait rencontrée chez une dame de la cour, fort complaisante, la marquise de Mondragone, et dès le premier regard, il lui avait été conquis. La belle-mère Bonaventuri, elle-même, favorisait les rencontres et toute une conspiration s'ourdissait autour de la jeune femme pour la jeter aux bras du jeune prince. On lui avait persuadé que, seul, il pouvait sauver son mari : elle le crut et le perdit.

Francesco s'intéressa donc à Bianca Cappello. Il s'y intéressa même trop, bien au delà de ce qu'exigeait sa sécurité à elle, et jusqu'aux dépens de sa sécurité à lui. Il traversait toute la ville, seul, la nuit, pour l'aller voir, et cela, malgré les conseils paternels du duc Cosme, qui n'avait point besoin de rien risquer de semblable, ayant pour sa part installé sa maîtresse, une certaine Camilla Martelli, dans sa propre villa ducale, auprès de lui. La passion du prince pour Bianca s'alimentait de sa présence et s'exaspérait encore plus de son absence. Quand il quittait Florence, quand il allait chercher en Autriche une archiduchesse, laide, austère et dédaigneuse, pour en faire sa femme, il ne songeait qu'à Bianca Cappello et lui écrivait nombre de vers qui ne sont pas plus mauvais que les autres vers galants de cette époque. Enfin, revenu dans ses États, marié à l'Autrichienne et installé, comme une sorte de régent, dans le Palais Vieux qu'on venait de rajeunir pour la jeune archiduchesse, il prit le mari, Pietro Bonaventuri, à la cour, en lui confiant la charge de la garde-robe et donna au ménage un palais situé Via Maggio sur la rive gauche de l'Arno, palais qu'on voit encore et qui porte encore le nom de Bianca Cappello. C'est de cette époque, à peu près, que date le portrait du Bronzino, au palais Pitti. La figure est encore fine, plutôt triste et, si on la compare à celle peinte par le Titien lorsque Bianca n'avait que vingt ans, plus longue et presque pensive. Elle est au zénith de sa beauté qu'on devine souple et svelte encore et au point décisif de sa vie, romanesque en deçà, historique au delà.

Mais serait-elle historique? Pour qu'elle entrât dans l'histoire, il fallait que son mari en sortît. Il était un obstacle éventuel et, en aucun cas, une sauvegarde. Le prestige de cette femme mariée se réduisait à peu de chose, car la fidélité de l'un n'était pas assez grande pour compenser tout ce qui manquait à la fidélité de l'autre. Parvenu aux honneurs, l'ancien commis avait découvert à tous les yeux sa bassesse d'âme. Il est même un point qui n'a pas été touché par les historiens : c'est celui de savoir si, lorsqu'il ramena de Venise l'insouciante fille des Cappelli, — c'est-à-dire une beauté qui devait éblouir quiconque la verrait, — l'amour était bien le seul démon qui le poussât ou si ce n'était point quelque ambition inavouable. Par son oncle, l'agent secret du duc Cosme, il savait fort bien quels chemins conduisaient au palais. Le train dont il mena les choses, le péril de sa femme dévoilé, l'intervention du jeune prince obtenue, l'aisance qu'il mit à ce qui aurait dû le désespérer, la gloire qu'il se fit de sa honte, la joyeuse vie qu'il mena dès ce moment, tout cela jette le jour le plus fâcheux sur cette aventurière figure. On eût été charmé d'apercevoir la silhouette d'un fou : on tombe sur un calculateur.

Nul ne fut donc très indigné, lorsqu'on apprit, un beau matin d'août, le 25 août 1572, que la veille, dans la nuit, Pietro Bonaventuri, venant du palais Strozzi, où il avait soupé et mené grande fête, et rentrant chez lui, de l'autre côté de l'Arno, juste comme il venait de déboucher par le pont Santa Trinita, avait été assailli et tué par un parti de gens armés, en tête desquels son rival en conquêtes galantes, Roberto de Ricci. On ne s'attarda pas beaucoup à se demander si la femme du mort était pour quelque chose dans ce brusque dénouement d'une situation délicate. Il la gênait fort peu, semblait-il, car la pensée qu'elle voulût en épouser un autre ne traversait l'esprit de personne. L'assassinat était alors un assez ordinaire instrument de veuvage ; mais en ces temps de diagnostics incertains, de malaria permanente, de routes mal sûres et de vendettas compliquées, on ne savait jamais exactement dans quelle mesure la peste, le poison, les brigands ou les sbires collaboraient au dénouement des chaînes conjugales.

Il n'y a pas loin de ce coin de pont où Bonaventuri fut tué jusqu'au palais de Bianca Cappello, encore debout, dans la via Maggio, avec sa porte en forme d'amande et ses grandes fenêtres carrées quadrillées de fer, morne, poussiéreux et endormi comme dans la nuit sinistre du 25 août 1572. Plus endormi peut-être. Elle dut entendre, par le calme de la nuit et les fenêtres ouvertes en été, des cris, des battements de fer, car le misérable se défendit. Puis ce fut fini. Elle était veuve, débarrassée d'un homme qui la déshonorait pour la seconde fois. Et, au bout de cette ruelle ouverte en face de sa maison, comme une fente de rocher, il y avait le palais de son amant, et quelque part, dans les environs de Florence, son amant lui-même en villégiature, attendant le jour où il pourrait lui accorder tout ce qu'elle demanderait.

Ce qu'elle lui demanda, en se jetant à ses pieds, en de longs voiles de deuil, la face bouleversée par l'horreur de la nuit tragique, ce fut : Justice ! justice ! Elle jura qu'elle voulait découvrir et poursuivre les assassins de son mari, quels qu'ils fussent, et les punir. Elle avait sa fille avec elle, la petite Pellegrina, l'enfant bien nommée des deux fugitifs, et ne voulait plus vivre que pour elle, attestant le ciel qu'elle allait retourner dans son pays, — où, d'ailleurs, nul ne se souciait de la revoir. Ce fut un beau spectacle de vertu et d'amour conjugal. La cour y fut prise, du moins en partie, et en ce qu'elle avait de meilleur. La duchesse de Bracciano, la charmante fille d'Éléonore de Tolède, lui écrivait de son lit : « Je vous aime plus qu'une sœur... » Quant au grand-duc, ses sentiments n'avaient pas changé. On a un billet de lui, à peu près de cette époque, accompagnant une petite cire peinte qu'il lui envoyait. Le voici : « Bien-aimée Bianca. — De Pise, je vous envoie mon portrait que m'a fait notre maître Cellini ; en lui prenez mon cœur. — Don Francesco. »

Tout conspirait donc pour que la belle veuve devînt grande-duchesse de Toscane, — tout, sauf la grande-duchesse elle-même. Car il y en avait une, qu'on oubliait un peu, dans cette bagarre. Mais cette personne, encore que mal gracieuse, petite, hautaine et mal faite, étant la sœur de l'Empereur, tenait de la place et, dans le hourvari du XVIe siècle florentin, faisait paraître cette sorte de vertu austère dont on ne sait jamais si, n'étant pas faite de dépit, elle vient bien du ciel plutôt que de l'enfer. Elle s'obstina, six ans encore, non seulement à vivre, mais à donner nombre d'enfants à son mari, beaucoup de filles, dont Marie de Médicis, la future reine de France, et un seul fils. Toutefois, le destin n'a pas une patience éternelle. Un jour, comme elle était encore en état de grossesse avancée, on la laissa choir sur les marches du palais, si heureusement pour les projets du grand-duc, qu'elle mourut sans trop tarder. Son fils unique, le petit prince Filippo, mourut aussi peu d'années après. Les érudits ont, depuis lors, démontré que ces accidents étaient très naturels, mais le peuple florentin, pour habitué qu'il y fût, n'en demeura pas moins fort ébahi que toutes les morts tragiques qui environnaient Bianca Cappello lui fussent toujours profitables. Il lui voua une haine cordiale et l'appela « la Sorcière ».

En revanche, un autre peuple se prit d'amour pour elle. Le jour où il fut possible qu'elle devînt grande-duchesse de Toscane, Venise se souvint qu'elle était Vénitienne. Un décret suprême du Sénat la déclara « vraie et particulière fille de la République » en considération de ses « vertus distinguées ». Trois cent soixante cousins lui naquirent, du jour au lendemain, et se vêtirent de soie cramoisie en signe d'allégresse. On illumina les lagunes, on lui députa des ambassades magnifiques. On ratura sur les registres de l'*Avvogaria* tout ce qui avait trait à sa fuite et à sa condamnation. On ne rendit pas la vie à l'oncle Bonaventuri et aux gondoliers qu'on avait jadis torturés pour leur apprendre à mieux surveiller la jeunesse, mais son père étant encore là, on l'amena à Florence pour y voir couronner la fille qu'il avait jadis solennellement maudite et il en retira beaucoup d'honneur.

Il crut sa fille bien changée : l'était-elle si fort? Cette femme, dont la carrière apparaît comme un prodige d'intrigue et d'ambitieuse industrie, ressemblait tout à fait à celle qui s'était sauvée de Venise avec un jouvenceau sans fortune et peut-être, en ce moment, ne songeait-elle guère plus au fastueux avenir ainsi retrouvé qu'elle n'avait jadis songé à l'avenir fastueux qu'elle abandonnait. Elle devenait une reine comme elle était devenue une paria : — par amour. Regardons tous les portraits qui ont été faits d'elle : nous n'y verrons jamais les attributs de la royauté. Ils figurent seulement sur une des médailles de Pastorino. Rien de solennel, si on la compare à tous ces portraits en pied de grands-ducs et de grandes-duchesses, qui s'échelonnent dans l'interminable tunnel qui va depuis les Uffizi jusqu'au palais Pitti et traversent l'Arno, en sombre file, comme une procession de spectres suspendus dans les airs. Cherchons dans les palais de Florence les traces de ses pas ; nous ne les trouverons guère, mais bien dans les modestes villas des Médicis, habitations fort simples alors qui avoisinent Florence, comme Poggio a Caiano ; c'est qu'elle cachait son bonheur comme les ordinaires parvenues l'affichent. Personne ne joua moins à la souveraine. En possession de son mari, elle oublia tout le reste. Elle avait tenté une substitution audacieuse, simulé des grossesses et présenté, un jour, comme son fils, l'enfant d'une pauvre paysanne de Toscane. Mais ç'avait été pour la cour, et elle n'osa pas soutenir sa supercherie devant l'homme qu'elle aimait [1]. Elle lui avoua tout et il n'en fut

---

[1]. Cette histoire ne serait que comique sans les assassinats qui assuraient toujours, à cette époque, le secret des affaires d'État. En 1575, Bianca Cappello simula une grossesse, et, au mois d'août 1576, fit rechercher, par une suivante dévouée, une certaine Giovanna Conti, les femmes qui seraient sur le point d'accoucher. Elle en fit enlever trois, et garder à vue, avec les soins les plus attentifs, dans diverses maisons de Florence, et visiter par un médecin,

rien. Montaigne, qui s'était trouvé à Florence en 1580, et avait assisté à leur dîner au palais Pitti, fut surpris de voir la grande-duchesse occuper la place d'honneur au-dessus de son mari. « Elle semble bien, dit-il, avoir la suffisance d'avoir enjôlé le prince et de le tenir à sa dévotion longtemps. » Montaigne avait vu juste ; les neuf années qu'ils passèrent ensemble furent aussi fidèles que les quatorze années passées sur deux plans très différents de la vie sociale. La mort seule désormais pouvait les séparer...

Elle ne les sépara pas. La « sorcière » avait dit, maintes fois, qu'entre le dernier soupir de son mari et le sien, il ne s'écoulerait pas des jours, mais seulement des heures. Une fois de plus, son pouvoir magique éclata. Un soir d'automne, à Poggio a Caiano, comme le grand-duc revenait de la chasse et s'attardait auprès d'un petit lac, il prit la fièvre tierce qui grandit vite dans ce corps usé et depuis longtemps empiré par d'épouvantables médecines qu'il se préparait lui-même. Vainement, il appela à son secours le bouc, le crocodile et le hérisson, dont il mêlait ingénument les substances pour s'en composer des remèdes. Au bout de peu de jours, il entra en agonie. Bianca, prise par les fièvres en même temps, ne pouvant être à son chevet et le soigner, dévorée d'inquiétude, envoyait incessam-

---

acquis à sa cause, un nommé Gazzi. Une de ces femmes, une belle campagnarde, ainsi hospitalisée secrètement dans une maison avoisinant la prison des *Stinche*, ayant mis au monde, dans la nuit du 28 au 29 août 1576, un enfant mâle qui parut propre à faire figure d'héritier et de prince, Bianca se prétendit délivrée. Le grand-duc, réveillé dans la nuit, accourut au chevet de sa femme, vit ce superbe bébé qu'on venait d'apporter, ne mit pas en doute que ce ne fût son fils et décida qu'il s'appellerait Antonio. Quant à la vraie mère, après ses couches, elle fut emmenée secrètement à Bologne, et placée comme nourrice dans la maison des Pepoli. Deux ans plus tard, s'en retournant à Bologne après un voyage à Florence, elle fut arrêtée sur la route par des spadassins, arquebusée, et vint mourir à l'hôpital de Bologne, pas si vite, cependant, qu'elle n'eût le temps de raconter toute l'histoire au R. P. Cecchi. Le grand-duc apprit alors la vérité. Pourtant, l'enfant qui n'était ni son fils, ni le fils de sa femme, ni même le fils de sa maîtresse, continua de s'appeler Antonio de Médicis. Il fut légitimé en 1583, et plus tard comblé de faveurs, créé duc de Campestrano et légat du roi d'Espagne en Italie.

ment vers lui. Le frère du grand-duc, Ferdinando, le cardinal, — celui que nous avons vu à l'âge de cinq ou six ans, dans le portrait d'Éléonore de Tolède ; — était là. Brouillé depuis des années avec Francesco et Bianca, réconcilié avec eux depuis quelques jours seulement, héritier présomptif de son frère, il rôdait autour des chambres des malades, — malade lui-même d'impatience et de cupidité. Pellegrina, la fille de Bianca, dressait ses batteries pour arracher à sa mère, quand elle ne serait plus consciente, le legs d'une somme de 30 000 scudi qu'elle savait entre les mains du dépositaire des subsistances. L'archevêque de Florence et les autres dignitaires faisaient harnacher leurs mules et leurs litières, prêts à partir pour la ville, et à y porter la nouvelle de cette mort comme on apporte la nouvelle d'une victoire. Dans ce grand carré de pierres et d'arcades, qu'est la villa de Poggio a Caiano aujourd'hui si calme sous le soleil, et qui a recélé, depuis, tant de plaisants spectacles, se joua, par les chaudes journées de l'automne toscan 1587, une triple tragédie dont on ne saura sans doute jamais toute la bassesse et l'horreur.

Seule, Bianca, qui avait toujours sacrifié sa dignité à son amour, eut, dans le suprême péril, la dignité dont manquaient tous les cœurs sans amour. Se sentant très mal, elle fit appeler son confesseur et lui dit : « Faites mes adieux à mon seigneur Francesco de Médicis, et dites-lui que je lui ai toujours été très fidèle et très aimante ; dites-lui que ma maladie n'est devenue si grande qu'à cause de la sienne et demandez-lui pardon si je l'ai offensé en quelque chose... » L'homme auquel ce message s'adressait, gisait dans une chambre à côté, déjà sans vie. Le bruit, les allées et venues insolites, le piétinement des chevaux et le roulement des véhicules partant pour Florence dans cette fuite éperdue qui suit la mort des rois, les larmes mal retenues de certains visages, la joie mal contenue de certains autres, l'apparition subite dans sa chambre de deux cardinaux :

le cardinal grand-duc son beau-frère et le cardinal archevêque de Florence, tout cela dit assez à la malheureuse agonisante que son seul soutien sur la terre n'était plus :

> S'il vit, je vy, s'il meurt, je ne suis riens :
> Car tant son âme à la mienne est unie,
> Que ses destins seront suivis des miens...

avait-elle dit souvent, à la suite de Ronsard. Le moment était venu de tenir sa parole. Elle la tint. Onze heures ne s'étaient pas écoulées qu'elle expirait, montrant, par cette maîtrise sur ce qui est le moins maîtrisable au monde, qu'il y avait en elle autre chose que l'ambition d'une courtisane, et que sa sorcellerie était faite de son amour.

Il se passa alors une scène telle que, pour la peindre, il eût fallu hâter la naissance d'un Zurbaran ou d'un Valdès Léal. Pellegrina, voyant mourir sa mère, ne perdit ni sa tête ni son temps. Il y avait, là, un homme qui lui était dévoué, le confesseur de la mourante, un certain Père Maranta. Elle lui dicta une déclaration émanée, disait-elle, de la bouche même de Bianca Cappello, par laquelle celle-ci lui laissait tout l'argent alors entre les mains du dépositaire, en outre de 5 500 scudi à son secrétaire et à son échanson. La mourante ne pouvant apposer sa signature à cette déclaration, on pria le médecin, puis l'évêque Abbioso et le Père Maranta lui-même, de signer pour elle, certifiant que c'étaient, là, ses dernières volontés.

« Immédiatement, raconte l'évêque Abbioso, l'acte fut porté à lire à la grande-duchesse, laquelle était soutenue par quelques dames qui, se tenant sur le lit, la tenaient comme assise, et on lui lut le texte, dans la ruelle du lit parce que le bord de devant et la partie des pieds étaient tout entourés d'une foule de gens, ce qui fut cause que je ne pus m'approcher dudit lit. Avant qu'on eût fini de lire, j'entendis des gens présents qui disaient : « Ce n'est plus la peine de lire ; ne voyez-vous pas qu'elle ne sent plus rien et qu'elle est déjà passée ! » D'autres disaient : « Lisez jusqu'à la fin, car elle entend et elle vit ! » et autres paroles semblables. Sur quoi, je m'approchai de force et voulus voir si vraiment elle était vive ou morte, et je la trouvai comme en extase et sans sentiment aucun... »

Ainsi expirèrent, parmi le serpentement des intrigues et le fourmillement des haines, Francesco de Médicis et Bianca Cappello, ce Philémon et cette Baucis de l'assassinat.

De l'assassinat ? En sommes-nous sûrs ? Le grand trait de Bianca Cappello, sa passion dominante, n'est pas un mystère. Ce sont ses traits secondaires : ceux du scrupule ou de l'audace, de la bonne ou de la mauvaise foi, ce sont ses passions auxiliatrices qui demeurent pour nous des énigmes. Et ni le portrait du Bronzino que nous voyons au Pitti, ni celui des Uffizi où la face est plus pleine et plus moutonnière, ni celui qui est aussi aux Uffizi, fait au temps où Bianca était déjà hydropique, où elle est grasse et replète, l'âge commençant à mettre son collier de plis autour du cou, ne nous renseignent pleinement. Il est vrai qu'ils sont tous de mains médiocres, hors celui du Bronzino, qui est de main lassée. Les portraits écrits, les lettres pliées dans les archives ne sont pas plus révélatrices. Un seul trait saute aux yeux, le trait de bienveillance, cette bienveillance universelle qui se concilie fort bien avec la cruauté envers quelques-uns. On voit toujours Bianca préoccupée de gagner les cœurs, de fondre les haines, de réconcilier les ennemis. C'est elle qui, par ses longues instances, a ramené le cardinal à son frère, et l'a installé à Poggio a Caiano, où il devait se trouver à point nommé pour recueillir l'héritage d'un trône[1]. Tous ceux qui

---

[1]. Le cardinal Ferdinando de Médicis était l'héritier présomptif du grand-duc, dont le seul enfant mâle était mort. Il détestait cordialement sa belle-sœur. Celle-ci voulait l'évincer et se le concilier tout à la fois. Au mois de septembre 1586, elle tenta, comme elle avait déjà fait en 1576, de simuler une grossesse et de préparer la venue d'un enfant qu'elle aurait fait passer pour

l'approchèrent, sans qu'elle les ait assassinés, l'ont aimée,

son héritier. Mais elle se sentit surveillée de très près par les agents du cardinal, tout à fait décidé à ne pas laisser s'accomplir une imposture si préjudiciable à ses intérêts. Elle feignit alors de se méprendre entièrement sur les sentiments de son beau-frère, et lui écrivit cette lettre prodigieuse, découverte par Armand Baschet dans l'*Archivio centrale di Stato*, à Florence :

Illustrissime et Révérendissime Monseigneur, mon très honoré beau-frère,

« Le seigneur Prospero, soit qu'il ait été poussé par son désir de voir cette maison prospère en toutes choses, soit qu'on lui ait laissé entendre comme certain que j'étais enceinte, s'est un peu trop avancé en informant Votre Seigneurie Illustrissime de mon état. Aussi ne voudrais-je pas que le plaisir qu'elle me témoigne en éprouver se changeât en déception, si les choses venaient à tourner d'une façon contraire à l'opinion générale. En effet, bien qu'on ait vu et qu'on trouve encore en moi tous les signes de la grossesse, excepté que je ne ressens pas le mouvement de l'enfant, lequel d'ailleurs est devenu assez grand, cependant ce signe me manquant, signe de tous le plus certain, il m'est impossible de vivre sans inquiétude, ou d'en parler sans exprimer des doutes. Et c'est ce que j'ai fait avec le susdit seigneur, afin qu'il vous en rendît compte en se conformant à mes paroles, et qu'il vous invitât à mes couches, si Dieu venait à m'en faire la grâce, bien persuadée que votre très agréable présence, non seulement m'allégerait de toutes peines, mais encore augmenterait encore de beaucoup pour moi, quelque grand qu'il fût, le contentement que tout le monde aurait d'un tel événement. J'ai bien ordonné au seigneur Prospero de vous dire exactement tout cela de ma part, et quelqu'ait été son discours, j'ai grandement goûté les démonstrations de votre contentement et votre prompte détermination à me féliciter d'une si heureuse circonstance. Non pas que j'y aie rien trouvé qui fût nouveau pour moi, car je sais combien vous avez de raisons de désirer un héritier de cette maison, et surtout qu'il naisse de moi, qui vous suis à ce point servante dévouée que je suis tout entrailles pour vous, ainsi que profondément reconnaissante de l'amour que vous me portez. Si donc, par la bénédiction de Notre-Seigneur, les choses viennent à bien tourner, quoiqu'elles ne se passent pas comme pour mes autres grossesses, et que je ne sente pas le mouvement de l'enfant ainsi qu'ont coutume de le sentir les femmes enceintes — alors je suppose que je pourrais être à terme vers le milieu de décembre. Mais s'il en est autrement, car je suis obligée d'avoir des doutes pour les raisons que je viens de dire, et aussi parce que de nouvelles douleurs dans le corps et dans les reins m'ont tenue quatre jours dans de terribles angoisses et auraient pu amener une fausse couche, un des plus grands déplaisirs qui sera pour m'affliger sera de penser à la peine que je sais que Votre Seigneurie Illustrissime ressentira de cette déception. Aujourd'hui, Dieu soit loué, je suis assez bien. De tout ce qui m'arrivera, je la tiendrai avisée, la priant cependant de faire faire des prières pour ma conservation, et de se régaler de quelques prunes que je lui adresse en échange, me persuadant qu'elles lui seront agréables aujourd'hui que la saison en est passée. »

De Florence, le 27 septembre 1586.

« De votre Seigneurie Illustrissime et Révérendissime,
La très affectionnée belle-sœur et servante.

LA GRANDE-DUCHESSE DE FLORENCE.

et rendent témoignage pour elle devant l'histoire. Pourtant le peuple l'a haïe. Alors, devant ce portrait de la salle de Prométhée, on reste incertain...

On sort du palais Pitti, on erre par la ville, on va voir les décors du drame. Les décors n'ont pas bougé. Les pierres sont là, tout est resté en place, comme si la prima donna venait seulement de quitter la scène. Au hasard de la flânerie, il arrive qu'on refait la route que suivit Pietro Bonaventuri, la nuit où, sortant du palais Strozzi pour rentrer chez lui, il fut tué. La route est courte. On gagne le pont Santa Trinita, et, presque en toute saison l'on trouve, à ce coin de parapet où M. Henry Holiday a placé son fameux tableau représentant la rencontre de Dante et de Béatrix, des marchands portant leurs gerbes de fleurs, autour de la statue de l'*Été* qui porte sa gerbe de pierre. Le ciel rayonne derrière les vieilles maisons noires du Borgo San Jacopo ; la foule bruit comme une volière ; les sabots des petits chevaux attelés à de frêles équipages sonnent sur les dalles éperdument : rien n'évoque la moindre image d'un drame quelconque.

De l'autre côté du pont, sur la petite place où se précipita l'attaque des assassins, la vie est plus populaire encore, plus joyeuse : un marchand de marrons découvre sa marchandise fumante, des mulets secouent leurs pompons rouges et leurs plumets blancs, attelés à des sauterelles de bois peint en rouge, pleines de *fiaschi* de *vini* prétendûment *scelti ;* un charretier fait boire son cheval dans une exquise vasque de marbre patinée par le temps, aussi indifférent à ce chef-d'œuvre que peut l'être la bête qui y plonge ses naseaux ; des vendeurs tiennent des branches d'amandiers en fleurs comme des candélabres allumés ; une automobile se coule dans la ruelle étroite et jette sa fumée bleue sur le palais Cappello, emportant peut-être dans sa course les mêmes passions qui l'habitèrent autrefois : — tout s'unit pour nous faire oublier les minutes tragiques de Florence sous son éternel sourire. L'histoire est impuissante à combattre, en nous, cette impression de nature et d'art. Les libelles, les *diarii*, les archives, les correspondances diplomatiques remplies de crimes ne tiennent pas devant les images délicieuses que Ghirlandajo, Botticelli, Filippo Lippi nous ont laissées de la vie florentine. Ces documents sont-ils la vérité, toute la vérité ? Ces images ne sont-elles que mensonges ? Qui peut le dire ?

Devant nous, dans l'ancien couvent dit des *Barbetti*, laïcisé aujourd'hui et consacré à l'enseignement féminin, des jeunes filles entrent, sortent : c'est une école normale où elles vont apprendre tout ce qu'on enseigne de nos jours ; elles sauront tout ce qui se passe et ce qui s'est passé depuis des miliers d'années dans ce vaste monde ; on leur apprendra la physique, la chimie, les effets de rayons qui portent toutes les lettres de l'alphabet ; on leur apprendra la suite de tous les Pharaons qui régnèrent sur l'Égypte, d'où proviennent les tremblements de terre et quand reviendra la comète de Halley — car on nous dit que l'histoire est dorénavant une science et qu'avec les « bonnes méthodes », on ne peut errer ; — mais elles ne sauront jamais si, là, sous les fenêtres de leur école, sur ces dalles où leurs talons sonnent tous les jours, Bianca Cappello a fait ou n'a pas fait assassiner son mari.

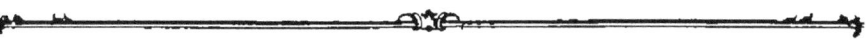

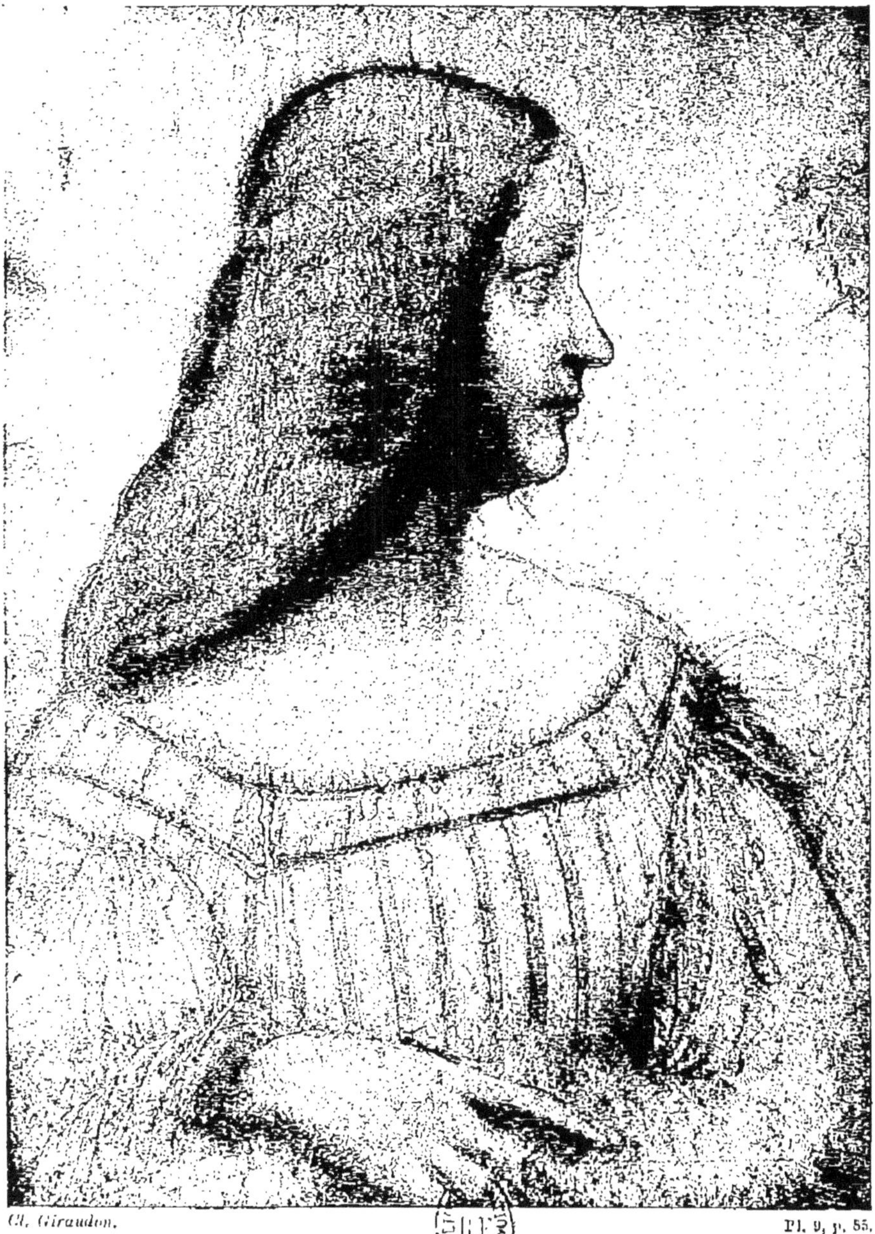

Cl. Giraudon.

Pl. 9, p. 85.

PORTRAIT D'ISABELLE D'ESTE, MARQUISE DE MANTOUE.

Dessin par Léonard de Vinci (au Louvre.)

ISABELLE D'ESTE ET SES ALLÉGORIES

AU LOUVRE

Connaissez-vous la salle où sont les dessins de Léonard de Vinci, au Louvre, entre le pavillon de Beauvais, où sont les meubles Louis XVI et le pavillon Marengo, où est la collection Thiers? Parmi toutes celles que le touriste traverse d'un pas précipité, il en est peu qui lui inspirent une plus grande terreur de s'être égaré sans retour. C'est qu'il est loin des choses peintes, largement encadrées d'or, qui réjouissent sa vue de sujets discernables et fastueux. Il y est toujours seul et ne sait par où passer pour retrouver la foule. Ainsi arrive-t-il, au milieu d'une fête, qu'un salon, à l'écart, reste vide et qu'aussitôt entré, le chercheur d'aventures ressorte, se croyant seul. Mais ici, il n'a pas bien regardé. Il n'est pas seul. Les figures dessinées, il y a quatre cents ans, par Léonard, retiennent quiconque aime à lire les yeux et les lèvres, et au milieu, à la place d'honneur, est un profil de femme qui suffirait à remplir une journée de méditation, comme elle a rempli son siècle : c'est Isabelle d'Este.

C'est un peu de fusain, avec de très légères teintes de pastel et des ombres douces et fumeuses comme exhalées sur une feuille de papier. Tout autour du profil on voit des piqûres d'épingles, qui annoncent que voici un *maschio* ou un cliché, car sûrement l'on n'a point ainsi endommagé cette œuvre, si ce n'est pour la décalquer sur d'autres feuilles par ce moyen primitif. C'est donc, là, non une réplique, mais un original fait d'après nature. La vie saute aux yeux et garantit la ressemblance. Sur un buste posé presque de face mais penché de gauche à droite, la tête se tourne de profil pur, de droite à gauche — et cette légère antithèse suffit à donner l'idée d'une personne vive et instable. Le front droit, un peu bombé, indique nettement que la raison domine : c'est le front de la *housekeeper* idéale, de l'esprit positif, pratique, ordonné. Le nez droit un peu long et par conséquent beau suivant les esthétiques du temps, imperceptiblement tombant, le nez qui hume, combiné avec les lèvres fines, marque une sensualité de gourmet. Le menton, solide sans être proéminent, tient bien ce que le front promet : la décision dans la volonté et la suite. Les bras sont modestement croisés comme ceux de la *Joconde*, l'index de la main droite filant longuement sur le bras gauche. La main longue et tactile est de celles qui aiment à éprouver le bronze, l'ivoire, la soie, les fourrures.

C'est la pose préconisée par Léonard de Vinci dans son chapitre *Comment on doit peindre les femmes*. Un autre de ses préceptes est observé ici : « fuir le plus possible les modes de son temps ». Ce corsage, très décolleté, à simples rayures verticales, ces manches bouffantes et souples, cette chevelure épaisse répandue d'une seule coulée du front aux épaules, ne sont pas d'un temps plus que d'un autre, et l'on serait fort empêché de les dater. C'est sur les portraits médiocres qu'on étudie le mieux l'histoire du costume, et celui-ci est admirable. Il ne peut non plus servir à l'histoire du bijou. Il n'a pas un bijou : c'est bien un portrait voulu par un grand peintre ; ni la vanité, ni la mode n'y ont mis leur griffe. A la vérité, si l'on regarde bien, on aperçoit une coiffure supplémentaire dessinée à coups d'épingle, par-dessus le croquis au fusain : un voile dentelé englobe toute la coupole du front et se relève au-dessus des sourcils en visière de morion, selon une mode parfois en usage chez les nobles mantouanes : *un velo al quale fanno fare una bella punta nella fronte*, dit Vecellio, — peut-être le voile du veuvage, ajouté, après coup, à ce portrait. Mais tout cela n'ôte rien à la simplicité du contour. Ce portrait est bien de Léonard.

Et il ressemble à son modèle, chose plus rare encore, mais dont on ne peut douter. De tous les portraits d'Isabelle d'Este [1], comme c'est le seul qui vive, c'est le seul aussi qui rappelle nettement le profil de sa médaille par Cristoforo Romano. Lorenzo da Pavia, qui la connaissait bien et se connaissait aussi, en art, plus qu'homme du monde, lui écrit le 13 mars 1500 : « Léonard de Vinci est à Venise et m'a montré un portrait de Votre Altesse d'une ressemblance parfaite et si bien fait qu'il n'est pas possible d'être meilleur [2]. » Voilà donc garantie la ressemblance de ce

---

1. Portraits d'Isabelle d'Este, épouse de Gian Francesco Gonzague, quatrième marquis de Mantoue :

Authentiques : 1° Dessin au fusain, rehaussé de pastel, par Léonard de Vinci, fait en 1499 et représentant Isabelle d'Este à l'âge d'environ vingt-cinq ans, de profil droit, salle des dessins de Léonard de Vinci, au Louvre, n° 390.

2° Médaille par Cristoforo Romano faite en 1498, représentant Isabelle d'Este à l'âge de vingt-quatre ans, avec l'inscription *Isabella. Esten. March. Man.*

3° Médaille nuptiale de Gian Francesco Gonzaga et d'Isabelle d'Este, tous deux de profil gauche.

4° Tableau à l'huile par Titien, peint en 1536 d'après un portrait imaginé par Francia (et aujourd'hui perdu), qui avait été fait quelque vingt-cinq ans auparavant, au musée de Vienne.

5° Tableau à l'huile par Rubens, d'après un portrait fait d'après nature par Titien (aujourd'hui perdu) au musée de Vienne.

6° Tableau à l'huile identique au précédent et qui serait l'original du Titien copié par Rubens (à la collection Goldschmidt en 1903).

Présumés avec vraisemblance : 1° Dessin à la sanguine, dit portrait d'Isabelle d'Este, de profil droit, aux *Uffizi*.

2° Figure de femme, de profil droit, agenouillée, mains jointes, à gauche du tableau intitulé la *Beata Osanna* par Bonsignori, à Mantoue.

3° La figure centrale, de face, de la Danse des muses dans le *Parnasse*, par Mantegna, au Louvre, et le dessin fait pour cette figure, à Munich.

Présumés sans vraisemblance : 1° La figure centrale debout, la tête inclinée, et la figure assise tenant un agneau dans la *Cour d'Isabelle d'Este*, par Lorenzo Costa, au Louvre.

2° Figure de femme ressemblant au portrait d'Isabelle d'Este de Léonard de Vinci, attribuée à Beltraffio (collection Alfred Morrison).

2. « E l'e a Venecia Lionardo Vinci el quale m'à mostrato uno retrato de

dessin qu'on traitait comme un cliché photographique et dont on tirait des épreuves[1]. C'est bien le *Maschio* d'Isabelle d'Este, marquise de Mantoue, mais quel est le visage ?

Nul n'est plus digne d'être déchiffré. Belle-sœur de Lucrèce Borgia et de Ludovic le More, femme de François Gonzague, le héros de Fornoue, tante du Connétable de Bourbon qui prit Rome, la Renaissance ne se fait pas sans elle et, dans cette tapisserie bariolée qu'est l'histoire au XVe et au XVIe siècle italien, le fil d'or de sa destinée court partout. De 1490, date de son mariage, à 1539, date de sa mort, elle est la figure vivante de l'Italie, celle vers qui tous les lettrés et les rois étrangers se tournent pour connaître le génie de la race et du pays. Ce que la belle Simonetta avait promis au monde, un quart de siècle auparavant, Isabelle d'Este le tint. Elle fut la Renaissance accomplie, triomphante, avec l'éclat et la saveur d'un fruit mûr. De la belle Simonetta, elle avait plusieurs traits : la grâce et le don de sympathie, mille amis, pas une ennemie, la curiosité et l'entrain universels, l'art de résumer en un geste un siècle, en un mot une philosophie, le regard qui avertit les artistes qu'ils ont un modèle et persuade aux philosophes qu'ils ont un disciple, enfin la beauté qui dispense de tout. Mais elle avait, de plus, un équilibre parfait de santé et d'esprit, qui lui permit de fixer en un tableau définitif ce qui, chez l'autre, n'était qu'une prestigieuse ébauche. Elle dura et elle fonda : ce que n'avait pu et n'aurait peut-être pas su la nymphe de Botticelli. Elle se fit aimer de son mari : elle eut des enfants et se continua en

---

la S. V. che è molto naturale a quela. Sta tanto bene fato, non è possibile melio. »

[1]. Le 7 mars 1501, elle écrit à Fra Pietro da Novellara, occupé à prêcher le Carême, à Santa Croce, à Florence : « Si Léonard, le peintre florentin, est à Florence, nous vous prions de vous informer quelle vie est la sienne... voulez-vous le prier de nous envoyer un autre dessin de notre portrait (*un altro schizo del retrato nostro*) parce que notre illustre seigneur a donné celui qu'il a laissé ici. »

eux. Dans le beau livre que lui a consacré Julia Cartwright, modèle de biographie copieuse et compréhensive, le seul livre, d'ailleurs, que nous possédions sur *la prima donna del mondo*, l'auteur a pu dire, en toute vérité, que c'est, là, « une nature complète de femme »[1].

Enfin, elle a été l'inspiratrice et la propriétaire légitime d'une foule d'œuvres fameuses qui sont au Louvre, et que nous admirons sans savoir que nous les lui devons : le *Parnasse*, *la Sagesse victorieuse des Vices* et la *Vierge de la Victoire*, de Mantegna, le *Combat des Amours et de la Chasteté*, du Pérugin, le *Triomphe de la Poésie*, de Costa. Nous les lui devons deux fois : elle ne les a pas seulement payées, elle les a voulues. Elle a aussi possédé la *Mise au Tombeau* du Titien, et l'*Antiope* du Corrège. Si tous ceux qui l'ont aimée étaient là, quelle foule ! Si tous ceux qui l'ont célébrée, quel bruit ! Ils y seront si nous voulons les appeler. Ils errent dans nos souvenirs, cherchant un point fixe où se rattacher. Les morts sont peut-être plus faciles à réunir que les vivants : ils ont oublié leurs querelles, ils sont coulants sur la question des préséances. Cette petite salle du Louvre leur suffit. Les ombres tiennent peu de place. Là-bas, à Mantoue, l'immense palais où elle a vécu, vide aujourd'hui et désolé, ne leur offrirait pas un meilleur asile. Ils n'y retrouveraient presque rien d'elle. Ici, ils la retrouveront elle-même avec les figures idéales qu'elle suscita et les reflets de ses élégances que le Mincio n'a pas su garder dans le miroir de ses eaux lentes, lumineuses et pestilentielles.

1. Sur Isabelle d'Este, il a été fait beaucoup de recherches parmi lesquelles il faut citer celles de MM. Luzio et Rénier, qui, sur la plupart des points, ont épuisé le sujet; de M. Pedrazzoli, de M. Braghirolli, de M. Ferrato, de M. Stefano Davari ; d'Armand Baschet dans les Archives de Mantoue, *Gazette des Beaux-Arts* (1886) et *Archivio storico italiano* (1886) et de Charles Yriarte : *Gazette des Beaux-Arts* (1888, 1895 et 1896). Mais c'est à un auteur anglais qu'on doit le seul ouvrage d'ensemble publié, jusqu'à ce jour, sur Isabelle d'Este : *Isabella d'Este. Marchioness of Mantua* (1474-1539), *a Study of the Renaissance, by Julia Cartwright* (Mrs. Ady), 2 vol., Londres, 1903, récemment traduit en français par Mme Schlumberger (Hachette et Cie, 1912).

I. — LA VIE SUBIE

Chaque femme a trois vies : une vie subie, une vie voulue, une vie rêvée : les choses qu'elle fait malgré qu'elles ne lui plaisent pas, les choses qu'elle fait parce qu'elles lui plaisent et les choses qui lui plaisent et qu'elle ne fait pas, soit parce qu'elle ne peut, soit parce que, tout en les désirant, elle ne les veut pas. Quand il s'agit d'une femme qui a composé, à son gré, le décor de sa demeure, qui a commandé à des légions d'artistes, qui leur a dicté des chefs-d'œuvre, nous pouvons aisément imaginer quelle fut sa vie rêvée. Mais ce rêve ou cet idéal serait parfois tout à fait inintelligible si nous ne savions de quoi il était la revanche, de quelle nécessité ou de quelle réalité il la libérait ; quelle était, en un mot, sa « vie subie ». Chez Isabelle d'Este, celle-ci est généralement mal connue, tout à fait éclipsée par l'autre et le premier pèlerinage qu'on fait à son palais de Mantoue en suggère, d'ordinaire, l'idée la plus erronée.

Ce pèlerinage est, d'ailleurs, peu fréquent. On ne sait trop pourquoi cette ville si curieuse, si refermée sur le Passé, d'une originalité si âpre, et qui contient l'admirable *Sala degli Sposi*, n'est pas visitée davantage. Peut-être cela tient-il à sa réputation de malaria[1]. De loin en loin, une automobile traverse les marais mantouans comme un boulet, de peur des microbes, et s'arrête sur la vieille place Sordello. D'élégantes mondaines, embrumées de voiles et bourrées de quinine, se hâtent de descendre et, vite, s'en vont, se perdent, deviennent imperceptibles dans les cavités immenses du palais abandonné. Le silence, la solitude, le soleil, le vide, les saisissent et les absorbent. Quand, après des détours sans nombre, dans ce chaos de palais

---

1. Cf. Karl Baedeker. *Northern Italy*. Leipzig, 1913; pp. xxii et 314.

délabrés, sous des lustres que mire l'eau morte des glaces et les frises débordantes de statues ruineuses, après les à-pic de briques rouges plongeant dans les eaux vertes des fossés, les visiteuses sont parvenues aux chambres, ou cellules, d'Isabelle d'Este, si petites, si calmes, si loin de tout, si chichement éclairées, avec le lac qui borne partout la vue, le fil brillant des eaux tendu à l'horizon, elles se croient dans le royaume de l'Immobile et de l'Insensible, et se figurent que les jours vécus ici furent sans ombre et sans heurt, un peu ennuyeux — comme on se figure le Paradis. Parce qu'elles sont venues en auto, qu'elles ont lu le matin, dans les *recentissime* des journaux, les nouvelles de quelque grève ou de quelque drame passionnel, qu'elles ont donné le matin leur adhésion à deux ou trois ligues, qu'elles ont fait trois visites avant de venir et doivent aller prendre le thé à cinquante kilomètres de là, elles s'imaginent, de bonne foi, vivre dans un temps agité et mener une « vie intense »...

La femme qui rêva sous ces caissons bleu et or et qui passa sous cette porte basse, plaquée de marbres multicolores, connut des heures plus difficiles et ses nerfs furent mis à des épreuves plus rudes. Sans doute, les restes d'images qui tapissent cette cellule, ces violes, ces virginals, ces phrases musicales avec leurs notes mystérieuses, marquetées dans un bois précieux, suggèrent une vie calme de dilettante et des songes rares. Mais pour en sentir toute la rareté, il faut se représenter au milieu de quel monde, ce petit monde artificiel était parvenu à vivre et de quelles tempêtes ce *Paradiso* était le refuge.

Il faut se rappeler que ce monde du XVIe siècle, en Italie, était le plus cruel que la terre eût porté depuis des siècles, les secousses qui l'agitaient, les plus brusques, les plus imprévues, les plus violentes qu'on eût depuis longtemps connues, les alliances les plus éphémères, les lendemains les plus incertains. Un virtuose, jouant du violon dans une cage de fauves, telle nous devons, d'abord, nous représenter Isabelle d'Este. Belle-sœur par son frère de Lucrèce Borgia et par sa sœur de Ludovic le More, sœur d'Alfonso d'Este, elle a vécu parmi les renards et les loups de la Renaissance, parmi les tigres mêmes, et elle les a domptés. Avant d'être autre chose, avant d'être une humaniste, une musicienne, une Mécène, une collectionneuse, une touriste, il lui a fallu être, par-dessus tout, une dompteuse de bêtes féroces.

Elle en a dompté de fort diverses. D'abord son mari. Elle s'était mariée, avant d'avoir seize ans, avec un moricaud d'une laideur extraordinaire, non pas d'une de ces laideurs timides qui semblent des fléchissements du type et des diminutions de vie, mais d'une de ces laideurs exubérantes et fougueuses qui étonnent plus qu'elles n'éloignent et parfois attirent par ce qu'elles semblent promettre de furieuse étrangeté. Épaté, mafflu, lippu, poilu, crépu, écarquillé, roulant des yeux blancs dans un masque de nègre et une toison de yack, François Gonzague eût figuré, au naturel, l'homme-chien à condition que l'on supposât qu'il y a des hommes-chiens nègres, et les touristes mal informés qui visitent les musées d'Italie, et savent confusément qu'il y eut, à cette époque, un Ludovic le *More*, ne manquent pas, croyant que « more » veut, ici, dire « africain, » de mettre ce nom sur toutes les figures qu'ils voient de François Gonzague.

Il n'était pourtant nègre d'aucune sorte, étant fils et petit-fils d'une Marguerite de Bavière et d'une Barbara de Brandebourg ; mais qui peut pénétrer les secrets de l'hérédité? On trouverait difficilement dans l'histoire un masque aussi féroce. Nous pouvons à peine en soupçonner quelque chose quand nous regardons au Louvre, au milieu de la grande galerie du bord de l'eau, ce chevalier tout armé, à genoux dans le tableau de Mantegna, *la Vierge de la Victoire*. Car voilà le mari d'Isabelle d'Este : il est même fort ressemblant, mais vu sous un angle adouci, idéalisé, saisi dans une minute de ravissement et d'extase. Pour être plus sûr de sa mine, il faut regarder ses médailles et surtout un certain grand buste attribué à Sperandio, qui se trouve à Mantoue, et qu'on cache soigneusement au rez-de-chaussée du *Museo Patrio*, dans une petite salle de débarras, recevant le jour par la place Dante. Cette tête, qui est un chef-d'œuvre, et dont l'extraordinaire ressemblance nous est certifiée par l'extraordinaire vie, ressemble plus à un masque japonais, fabriqué pour terrifier l'ennemi, qu'à un produit naturel de la race blanche. Émergé de son armure, le marquis Gonzague a cet air férocement joyeux qu'on lui suppose, à la veille de Fornoue, le jour où il paya dix ducats la première tête française coupée par ses stradiots, et baisa sur la bouche l'homme qui la lui apportait.

Tel qu'il était, Isabelle d'Este l'aima et l'aima seul. Elle aimait aussi les idées, et il ne semble pas que son mari en eût beaucoup d'autres que de chasses et de chevaux. Quand on l'allait voir, on le trouvait couché sur un lit somptueux avec trois pages armés de chasse-mouches à son chevet, trois lévriers et un nain vêtu d'or à ses pieds et tout un concile de faucons et de gerfauts à la chaîne gravement assemblés. Autour de lui, couvrant les murs, des portraits de ses chiens et de ses chevaux. Il tirait grande vanité de ses haras qui produisaient une race de chevaux barbes, enviée par toutes les cours. Ses écuries, situées au lieu aujourd'hui occupé par le palais du *T*, contenaient cent cinquante superbes chevaux de bataille ; il n'y avait pas de courses en Italie où ses couleurs ne fussent engagées et peu où elles ne fussent victorieuses. Il triomphait ainsi dans un vaste domaine, sans entreprendre rien sur celui d'Isabelle d'Este. Elle régnait sur un plan où il n'était pas et où il n'avait pas besoin d'être pour, lui aussi, régner. Elle ne le reflétait non plus qu'elle ne lui portait ombrage, et ni son absence, ni sa présence ne la diminuait. Il l'avait épousée par politique, il s'y attacha par amour, il lui resta lié par intérêt. Il ne comprenait pas sa femme, mais il comprenait qu'il ne la comprenait pas — ce qui est beaucoup pour un mari — et à force d'entendre dire qu'elle était un être supérieur par des gens qu'il considérait comme supérieurs à lui-même : le Roi de France, le Doge, le Pape, il finit par en être fier autant et plus que de son écurie.

Mais le dressage ne se fit pas en un jour : bien souvent, des coups de boutoir vinrent avertir la dompteuse qu'il fallait déployer encore quelque adresse, pour mener le fauve où elle voulait. Le premier sujet de querelle, tout trouvé, était les enfants. Elle les poussait aux études littéraires et rayonnait quand elle voyait son fils Federico, dès son bas âge, jouer des comédies d'Apulée avec des petits camarades, sous la direction de l'humaniste Francesco Vigilio. Un jour qu'écrivant à son mari, elle lui rend compte avec une naïve fierté de ces succès, il lui répond brutalement qu'il ne se soucie nullement que son fils ait beaucoup de connaissances littéraires, qu'il ne veut pas du précepteur que sa femme a choisi, et qu'il pense prendre bientôt le gars avec lui « pour en faire un homme ». Il rendait, ainsi, plus difficile à atteindre l'idéal visé par la mère, sans cependant l'empêcher aucunement.

Un autre objet de dissensions ménagères était ses bijoux. Les temps étaient durs, les plaines lombardes trop souvent dévastées par la grêle, l'épidémie, le passage des armées pour fournir tout ce qu'il aurait fallu au luxe de la petite Cour. Un jour, le marquis voulut faire cardinal son frère Sigismondo, celui que nous voyons tout petit, vêtu de blanc, donnant la main au protonotaire, dans la *Sala degli Sposi*, à Mantoue. Pour cela, il lui fallait 7.000 ducats. Où les prendre? Il demanda, sans sourciller, à sa femme d'engager ses derniers bijoux. A leur place, elle lui envoya cette réponse :

Cl. Premi.   Pl. 10, p. 94.
BUSTE DE FRANÇOIS GONZAGUE, MARQUIS DE MANTOUE.
Mari d'Isabelle d'Este (au Museo Patrio, à Mantoue.)

Je suis naturellement prête, toujours, à obéir aux ordres de Votre Excellence, mais peut-être a-t-elle oublié que la plupart de mes bijoux sont déjà en gage à Venise, non seulement ceux qu'elle m'a donnés, mais encore ceux que j'ai apportés en dot à Mantoue et ceux que j'ai achetés depuis mon mariage. Ceci dit, non pour établir une différence entre mon bien et le vôtre, mais pour vous montrer que j'ai déjà tout donné. Il ne me reste plus que quatre bijoux : le grand rubis que vous m'avez offert à la naissance de mon premier enfant, mon gros diamant préféré et les derniers que j'ai reçus de vous. Si je mets ceux-là en gage, je n'aurai plus aucune parure et me verrai forcée de ne porter que du noir, car il serait ridicule de s'habiller de soie et de brocarts de couleur sans bijoux. Votre Excellence comprendra que je n'ai souci, en ce moment, que de son honneur et du mien. C'est pourquoi je la prie et la supplie de ne pas me priver de ces quelques parures : j'aimerais mieux donner ma *camora* brodée de pierreries que me séparer de tous mes bijoux. J'attendrai donc, pour le faire, d'avoir reçu la réponse de Votre Excellence. Mantoue, 27 août 1496.

Ceci n'est rien. Le marquis avait des fantaisies infiniment plus désobligeantes, mais la jeune femme ne s'en avisait que s'il y avait chance de les refréner sans bruit. Mesurant, d'avance, les concessions qu'il pouvait faire, elle ne parlait même pas des autres et mettait sa dignité à ignorer l'inévitable. Quelques années après son mariage, François Gonzague s'engouait d'une certaine Téodora, qui devint sa maîtresse et lui donna deux filles : il la produisait en grande toilette dans un tournoi donné à Brescia en l'honneur de la reine de Chypre, au vu et au su de toute l'Italie. Seule, Isabelle ne le sut pas. Près de dix ans plus tard, elle glissait encore légèrement sur les sujets de querelle et, dans sa curieuse correspondance, c'est à peine si l'on aperçoit, comme à travers les fentes d'une porte, un peu de désordre dans le ménage. En octobre 1506, le marquis tient la campagne auprès de Jules II qu'il aide à reconquérir les Romagnes : on va entrer à Bologne en grande pompe, avec soixante-dix-huit cardinaux, il est sur les dents ; elle lui écrit :

Votre lettre d'excuses pour n'avoir pas déjà écrit m'a remplie de confusion, car c'est moi plutôt qui aurais dû implorer votre pardon pour mon retard. Ce n'est donc pas vous, quand je sais que vous avez à peine le temps de manger ! Mais puisque vous êtes assez bon pour me faire des excuses, vous le serez aussi assez pour excuser mes retards, qui ont été causés par la maladie de Federico et par ma répugnance à vous donner des nouvelles qui vous inquiéteraient. Maintenant, grâce à Dieu, il va parfaitement bien et je puis très joyeusement remplir mon devoir. Le chapeau que vous réclamez sera fait aussitôt que le maître sera arrivé et sera aussi beau et aussi élégant que possible. Si vous me dites quand vous en aurez besoin, je m'efforcerai de faire faire un manteau pour aller avec, s'il y a le temps, mais je vous prie de me le dire tout de suite. Merci pour le vœu que vous faites que je voie votre entrée à Bologne. Ce sera sans doute un spectacle magnifique. Je vais très bien, et, si vous le désirez, j'irai avec joie. Je crois que même une bombe aurait du mal à me faire broncher. Votre Altesse ne doit pas dire que c'est ma faute si je me dispute avec vous, car aussi longtemps que vous m'avez montré quelque amour, personne n'aurait pu me persuader le contraire. Mais je n'ai besoin de l'avertissement de personne pour m'apercevoir que, depuis quelque temps, Votre Excellence m'aime très peu. Mais comme ceci est un sujet désagréable, je couperai court et n'en dirai pas plus. Je suis peinée que Votre Altesse s'oppose à ce que j'appelle notre fils Ercole. Je ne l'aurais pas fait si j'avais pensé que cela vous déplairait. Mais Votre Altesse sait que lorsque vous étiez à Sacchetta, vous disiez qu'il ressemblait beaucoup à mon père, d'heureuse mémoire et qu'alors j'ai dit que, ceci étant, vous ne feriez pas mal de l'appeler Ercole. Vous vous mîtes à rire et ne dites plus rien ; mais si vous m'aviez dit votre pensée, je n'aurais pas fait cette erreur. Mais que j'aie seulement un autre fils et vous pourrez l'appeler Alvise, ou tout ce que vous voudrez et permettre que l'autre soit Ercole pour moi. Mais je suis sûre qu'eussé-je un millier de fils, je ne prendrais pour aucun d'eux toute la peine que je prends pour Federico. Tout de même, que Votre Altesse fasse ce qu'il lui plaira et je ferai ce que vous désirerez. Il y a quelques jours, je suis allée à la nouvelle maison de Votre Excellence, et comme je vous l'ai écrit, déjà, je l'ai trouvée très belle. Vous m'écrivez que je me moque de vous, ce qui n'est pas vrai, car si ces appartements n'étaient pas beaux, je n'en dirais rien ; mais comme l'effet m'en a paru d'une beauté saisissante, je vous ai écrit et je répète qu'ils sont beaux, et d'autant plus à mes yeux que Votre Altesse a suivi l'exemple de mon appartement, quoique, je le confesse, vous l'ayez amélioré. Je ne vous importunerai pas davantage avec des paroles de peu d'importance, mais je me recommande mille fois à Votre Altesse. — De la main d'Isabelle à qui il tarde de vous voir. — Mantoue, 5 octobre 1506.

On saisit là, au vif, combien l'humaniste Floriano Dolfo avait raison lorsqu'il écrivait au marquis Gonzague : « Vous êtes bien au-dessus de tous les hommes d'avoir une femme belle, sage et noble, qui est entièrement discrète et vertueuse et s'est montrée une vraie mère de concorde, toujours désireuse d'accomplir vos désirs, tandis qu'elle feint prudemment de ne voir ni n'entendre celle de vos actions qui pourraient lui être nuisibles ou injurieuses... »

En revanche, elle voit et entend fort bien la moindre chose qui pourrait être nuisible à son mari. Quand il est loin, elle tremble pour lui sans cesse et le lapide de recommandations :

Mon très illustre Seigneur, dans ce pays le bruit court, ou par des lettres de particuliers, ou par la bouche de quelqu'un venant du pays où vous êtes, que Votre Excellence a mal parlé du Valentinois (César Borgia) en présence du Roi Très-Chrétien et de gens appartenant au Pape. Qu'il soit vrai ou faux, ce bruit courant en ce moment arrivera aux oreilles du Valentinois. Celui-ci étant de cette sorte de gens qui n'ont pas de scrupules à conspirer contre ceux de leur propre sang, je suis sûre qu'il n'hésitera, en aucune façon, à conspirer contre votre personne et sachant, pour ma part, à quelle insouciance vous pousse votre bonté naturelle, j'ai interrogé, étant jalouse de votre vie, laquelle j'estime plus que la mienne, Antonio da Bologna et d'autres cavaliers, pour savoir comment vous vivez, et on m'a dit que n'importe qui vous sert à table, et que Alessandro da Baese mange avec vous et que ce sont de simples valets et des pages qui remplissent le rôle d'écuyers tranchants. De sorte que, quand on voudra empoisonner Votre Seigneurie, la chose sera très facile, puisqu'Elle ne se fait nullement garder. C'est pourquoi je vous prie et supplie, quand ce ne serait pas pour vous, que ce soit pour moi et pour notre enfant, de prendre plus de soins de votre personne, en faisant faire à Alessandro l'office d'écuyer tranchant avec le plus grand soin. Et si Alessandro ne le pouvait pas, je vous enverrai ou Antonio ou tout autre que voudra Votre Excellence, car je préfère courir le risque de vous mettre en colère contre moi que celui d'avoir à pleurer ensemble, moi et notre enfant.

Et en post-scriptum de la main de la marquise :

Mon Seigneur, que Votre Seigneurie ne se moque pas de ceci mien,

7

et ne dise que les femmes sont poltronnes et ont toujours peur, car la méchanceté de ces gens-là est encore plus grande que mes craintes et que le courage de Votre Seigneurie... Celle qui désire voir Votre Seigneurie, Isabella, *manu propria*. — Mantoue, 23 juillet 1502.

Malgré ces objurgations, le marquis Gonzague demeura imprudent, car il était brave, et, à peu près seul de son temps, prenait la guerre au sérieux. Cette imprudence lui joua un fort vilain tour. Un jour, combattant contre les Vénitiens, après avoir été longtemps leur capitaine général, il fut surpris dans une ferme, près de Legnago, n'eut que le temps de sauter par la fenêtre, et de se réfugier, sans armes, dans un champ de maïs où, cerné, il dut se rendre. On l'amena en triomphe à Venise et on l'enferma dans le meilleur cachot qu'on put trouver au Palais des Doges, dont on renouvela les barreaux pour le bien tenir.

Il s'agissait de le tirer de là. Isabelle remua ciel et terre, je veux dire le spirituel et le temporel. Les deux faisaient la sourde oreille, et il ne semblait pas que l'on fût très pressé de voir bondir hors de sa cage le fauve que les Vénitiens y avaient enfermé. Il n'inspirait proprement confiance à personne, et pour avoir combattu sous beaucoup de bannières différentes et trahi presque autant de bannières qu'il en avait défendues, nul ne savait au juste si, le délivrant, il allait délivrer un ami ou un adversaire. Si bien que Louis XII et Maximilien, sollicités par la grande marquise, demandèrent, avant de rien entreprendre, qu'elle remît, entre leurs mains, son fils aîné Federico comme otage pour répondre du père. Son fils otage ! Une louve qu'on veut priver de son louveteau ne pousse pas un hurlement plus furieux qu'à cette idée Isabelle d'Este :

Quant au projet touchant notre fils aîné Federico, outre que c'est une chose cruelle et presque inhumaine pour quiconque sait ce que signifie l'amour d'une mère, il y a beaucoup de causes qui la rendent difficile et impossible. Quoique nous soyons tout à fait certaine que sa personne serait en sûreté et protégée par Sa Majesté, comment pourrions-nous permettre qu'il coure le risque de ce long et difficile voyage, mettant de côté l'âge tendre et délicat de l'enfant? Et vous devez comprendre quel réconfort et consolation, dans la présente condition malheureuse de son père, nous trouvons dans la présence de ce cher fils, l'espoir et la joie de tout notre peuple et sujets. Nous priver de lui serait nous priver de la vie même et de tout ce que nous tenons pour bon et précieux. Si vous nous enlevez Federico, enlevez-nous en même temps notre vie et nos biens! Ainsi vous pouvez répondre franchement, une fois pour toutes, que nous souffrirons tout plutôt que nous séparer de notre fils, et ceci vous pouvez le tenir pour notre résolution réfléchie et inébranlable.

Elle vint tout de même à ses fins, mais l'homme qu'elle tira de prison n'était plus le souple chevalier agenouillé au Louvre, devant la *Vierge de la Victoire*. Une année de captivité l'avait affaibli, perclus, aigri. Il avait besoin d'elle sans cesse et geignait dès qu'elle s'échappait de ce triste Castello de Mantoue où elle s'est si copieusement ennuyée. Au commencement de l'année 1513, la grande marquise est à Milan, auprès de son neveu, le duc Maximilien, et en train de s'amuser follement en débrouillant mille écheveaux diplomatiques. Elle lance des modes nouvelles et des projets d'alliance. Quand on la complimente sur sa robe, elle réclame une forteresse.

Les représentants de l'Allemagne et de l'Espagne, le cardinal de Gurk et le vice-roi de Naples sont là, tous deux amoureux fous d'une de ses suivantes, la Brognina : elle en profite pour pousser les affaires de son mari et de son frère. Elle danse et elle négocie. Le marquis, lui, demeuré à Mantoue, malade, quinteux, ne danse pas et n'éprouve pas un grand bienfait de toutes ces négociations. D'autre part, il apprend qu'on jase fort, à Milan, des coquetteries de la Brognina : sa mauvaise humeur prend ce joint pour fuser en éclats de colère, il somme sa femme de revenir. Naturellement elle ne revient pas et, à la place de la belle marquise, il voit arriver cette lettre :

Mon cher Seigneur, je suis attristée, mais à peine surprise d'apprendre que mes explications ne vous ont pas satisfait et je le serais encore plus si j'avais conscience que ce fût par ma faute, quand ce n'est certainement que par ma malchance. Mais puisque la raison qui fit que je n'ai pas immédiatement obéi à Votre Excellence était qu'avec votre propre permission, je désirais venir en aide à mon frère et faire plaisir à mon neveu, il me semble que vous ne deviez pas exprimer tant de mécontentement et je ne peux que déplorer la mauvaise chance qui rend toujours mes actions déplaisantes à vos yeux. Je ne crois certainement pas avoir fait quoi que ce soit, dans ce voyage à Milan, par quoi je mérite de devenir « la fable de la ville ». Je sais que je vous ai acquis beaucoup de nouveaux amis, pour votre bien comme pour le mien, et que je me suis conduite comme je devais le faire et comme j'ai toujours l'habitude de me conduire, car, grâces en soient rendues à Dieu et à moi-même, je n'ai jamais eu besoin ni d'être dirigée par d'autres, ni qu'on me rappelle comment je dois gouverner mes actes. Et quoiqu'en d'autres choses, je ne compte pour rien, Dieu m'a départi cette grâce pour laquelle Votre Excellence me doit une aussi grande reconnaissance que jamais mari a pu en devoir à sa femme, et même si vous m'aimiez et honoriez autant que la chose est possible, vous ne pourriez jamais trop payer ma fidélité. C'est ce qui vous fait dire quelquefois que je suis orgueilleuse, parce que, sachant combien je mérite de vous, et le peu que j'en reçois, je suis tentée, à certains moments, de changer ma nature et d'apparaître différente de ce que je suis. Mais, même si vous deviez toujours me traiter mal, je ne cesserais jamais de faire ce qui est bien et, moins vous me montrez d'amour, plus je vous aimerai toujours parce que, de fait, cet amour est une partie de moi-même, et je suis devenue si jeune votre femme que je ne puis me souvenir d'avoir existé sans lui. Ceci étant, je pense que, sans encourir votre déplaisir, je puis être laissée libre de remettre mon retour à une quinzaine, pour les raisons que j'ai déjà expliquées. Ne soyez pas en colère contre moi, et ne dites pas que vous ne croyez pas que j'ai envie de vous voir, comme je l'ai exprimé dans mes lettres, car si mon désir sur ce point était satisfait, vous me laisseriez vous voir beaucoup plus souvent que je ne le fais, à Mantoue. Je me recommande une fois de plus à Votre Excellence et je vous demande pardon d'une si longue lettre. De quelqu'un qui vous aime autant que soi-même. — A Plaisance, le 12 mars 1513, Isabelle Marquise de Mantoue.

On peut douter qu'une femme moins habile fût venue à bout du terrible condottiere. Mais sous sa rude écorce, il était bien trop fin pour ne pas sentir le prestige et la force qu'Isabelle d'Este apportait à son petit Etat. Quand il sentit sa fin approcher, il le reconnut hautement, dictant à son fils Federico l'éloge de la grande marquise et déclarant qu'il avait toujours trouvé en elle « un *génie merveilleux, capable de toute entreprise, si haute qu'elle fût* ». Isabelle d'Este avait dompté son mari.

Maintenant, ses frères. La famille d'Este, souveraine de Ferrare, étant une famille princière, se composait d'enfants légitimes et d'enfants naturels, ceux-ci presque autant considérés que ceux-là et très souvent mieux doués et plus séduisants. Tel était, du moins, l'avis de la belle Angela Borgia, suivante et parente de Lucrèce, qui, courtisée à la fois par le cardinal Ippolito d'Este et par son frère naturel Giulio, eut, un jour, l'étourderie de dire à Ippolito qu'elle le donnerait bien tout entier, des pieds à la tête, pour les yeux seuls de Giulio. Il n'en fallait pas plus, dans ce temps-là, pour faire d'un cardinal un criminel. Quelques jours après ce madrigal, Giulio revenant d'une partie de chasse à Belriguardo, dans le galant équipage que nous voyons, quand nous visitons Ferrare, aux fresques de la Schiffanoia, était assailli par un parti de *bravi*, jeté à bas de son cheval, immobilisé, et devant le cardinal qui surveillait l'opération, de la pointe effilée d'une épée, on lui fit sauter les yeux hors des orbites.

L'histoire ne dit pas si la belle Angela Borgia en aima davantage Ippolito, mais il est certain que le duc Alfonso d'Este, le chef de la famille, ne lui tint pas une excessive rigueur. Après l'avoir éloigné quelque temps, pour la forme, il le laissa revenir à la Cour. Il faut dire aussi que, grâce à quelque miracle de chirurgie, un des yeux, au moins, de Giulio fut remis en place : il ne perdit donc pas entièrement la vue. Niccolo da Correggio, l'humaniste, qui était leur parent, intervint et une manière de réconciliation eut lieu. Elle ne pouvait être longue. Giulio ne pouvait pardonner à son frère aîné son déni de justice, ni à l'autre sa beauté perdue. Il y avait, là, un troisième frère. Ferrante, tête faible et cœur inquiet, fort aigri du rôle qu'il jouait à

Ferrare et plein de mépris pour le duc, auquel il ne voyait que des aptitudes de forgeron, d'artilleur ou de potier. Lui et Giulio complotèrent la mort d'Alfonso et d'Ippolito, avec l'aide de deux nobles, un certain Boschetti et un certain Roberti, auxquels s'adjoignirent un serviteur de Ferrante nommé Boccacio et un musicien chanteur ordinaire du duc, nommé Gianni.

Il s'agissait de frapper le duc Alfonso et le cardinal Ippolito et de s'emparer du pouvoir qui serait naturellement dévolu à Ferrante. Mais qui frapper le premier ? Giulio voulait que ce fût le cardinal, Ferrante que ce fût le duc. Ils discutèrent, atermoyèrent, attendirent. Les secrets mortels ne demeurent pas longtemps dans les âmes sans transparaître à la surface des visages. Celui des conjurés fut deviné par le cardinal. Aussitôt, Boschetti et Boccacio, arrêtés, mis à la torture, avouèrent et dénoncèrent les deux princes. Ferrante crut pouvoir se fier à la générosité du duc : il alla se jeter à ses pieds, repentant de son crime, mais il avait compté sans la violence du sang d'Este. Alfonso tenait à la main, dans ce moment, un bâton : il en déchargea un coup violent sur la figure de son frère suppliant et l'éborgna dans le sang. Quant à Giulio, moins naïf, à peine le complot éventé, il avait fui à Mantoue auprès de sa demi-sœur, Isabelle d'Este. Qu'on se figure la belle humaniste, dans sa *Grotta*, en train de compulser les derniers envois d'Alde Manuce ou de dicter quelque « histoire » pour le pinceau de Bellini, lorsqu'on lui annonce l'arrivée de ce frère, portant sur son visage les traces de la cruauté d'un autre frère et qu'il faut encore disputer à l'échafaud.

L'entreprise était sans espoir. Alfonso, prévenu de la retraite du coupable, criait qu'on le lui livrât, invoquant la raison d'Etat. Isabelle lutta longtemps. De longues épîtres partirent pour Ferrare à l'adresse de Niccolo da Correggio, qui servait d'intermédiaire officieux entre les deux cours. Elle mit à sauver la tête de son frère presque autant d'obstination qu'à se procurer un buste antique, mais c'était plus difficile :

> Le peuple de Ferrare est un peuple de fer,

disait encore, cinquante ans plus tard, le bon Joachim du Bellay. De quel métal insensible et dur n'était-il pas fait au temps d'Alfonso d'Este !

Niccolo da Correggio arriva bientôt à Mantoue, les mains pleines des preuves de culpabilité. Isabelle céda et livra son frère. Giulio ramené à Ferrare, le procès des conjurés s'ensuivit et les exécutions furent ordonnées. On commença par décapiter Boccacio et Roberti sur la place du palais de la Ragione — l'ancien palais détruit aujourd'hui, dont les créneaux en queue d'aronde ébréchaient le ciel, d'un air méchant. On planta leurs têtes sur la Torre de' Ribelli, et on orna de leurs troncs diverses portes de la ville. Puis, en grande cérémonie, on amena les deux princes au milieu de la cour du palais ducal, où les ambassadeurs et les grands étaient convoqués et placés sur des gradins, selon leur rang, avec ce souci de l'ordre et cette entente du décor qu'Alfonso d'Este apportait à toutes les fêtes. Lorsqu'ils parurent, chacun portant sur son visage les traces de la cruauté fraternelle, entre les pénitents qui tenaient la haute croix et le confesseur tenant le crucifix à la main, en face du bourreau tenant la hache, avec son tablier pendant entre les jambes et devant le greffier lisant l'acte du jugement, la foule, malgré toute l'habitude qu'elle avait de ces spectacles, fut toute remuée. C'est le moment précis que choisit Alfonso d'Este, jusque-là caché derrière une fenêtre, pour paraître et pour donner, au drame savamment agencé, un dénouement inattendu. Il fit grâce et commua la peine de mort prononcée contre ses frères en une prison perpétuelle — ce qui fut regardé comme un beau trait de magnanimité familiale.

En ce temps-là, la perpétuité durait longtemps. Elle dura toujours pour Ferrante qui mourut dans son cachot, trente-quatre ans après, sans que sa captivité ait été relâchée d'un jour. Elle dura plus d'un demi-siècle pour Giulio. Il avait vingt-cinq ans quand il descendit dans la fosse profonde qui est sous le donjon de Ferrare. Il en avait quatre-vingts quand il obtint enfin sa grâce. Les habits solides de ce temps, et qui ne s'étaient guère usés dans la prison, lui tenaient encore au corps : c'étaient ceux mêmes de sa première jeunesse, et les gens de Ferrare voyaient avec stupeur ce vieillard aller le long des rues, costumé comme un damoiseau l'eût été cinquante ans auparavant. Pendant ce temps, des générations avaient passé, et nul ne pouvait dire ce qu'avait été le brillant amant d'Angela Borgia. Des fêtes sans nombre avaient eu lieu dans ce palais d'Este : au-dessus des souterrains où gisaient les deux frères, tout le reste de la famille avait dansé, donné la comédie, discuté des plus subtils problèmes esthétiques, philosophiques et moraux.

Quand on visite Ferrare, dans ce pêle-mêle de bâtisses défaites, refaites, surchargées qu'est le palais d'Este, la seule chose peut-être qu'on trouve intacte, témoin impitoyable de ces premières années du XVIe siècle, c'est ce cul-de-basse-fosse où les deux frères d'Isabelle furent descendus en 1506, au-dessous, semble-t-il, des cachots où avaient été enfermés Ugo et Parisina. Tout le progrès n'a été que de mettre un escalier là où il y avait, autrefois, une échelle. On voit donc encore le lieu où languirent les deux princes, vivants symboles de tout ce qu'il y a de brutal et d'inhumain aux fondations mêmes de cette fête des yeux et de l'esprit que nous appelons la Renaissance. Mais, enfin, ils vivaient. Il est très probable qu'après quelque temps c'est dans une autre partie du donjon qu'ils furent mis : leur longévité exceptionnelle atteste qu'ils ne subissaient point de mauvais traitements, et rien ne prouve, mais tout fait croire que ce peu de vie qui leur restait encore, ils le devaient à Isabelle d'Este.

Elle n'en obtint pas tant pour tous ceux qui lui étaient chers. Quand elle revint à Ferrare en 1508, elle trouva la Cour privée non seulement de ses deux frères Giulio et Ferrante, mais encore de son parent et ami, l'humaniste Niccolo da Correggio et du poète Ercole Strozzi. Le premier était mort de maladie, assez mystérieusement, après avoir déplu à Alfonso d'Este. Le second venait d'être trouvé, un beau matin, percé de vingt-deux coups de poignard, au coin de la via Praisolo, près de sa propre demeure, sous un haut mur qu'on voit encore, à quelques pas du couvent où reposent, maintenant, Alfonso d'Este et Lucrèce Borgia. Oraisons funèbres, épitaphes, condoléances des princes, rien ne manqua au pauvre poète — que d'être vengé. Isabelle, désolée, ne s'informa pas des circonstances de cette mort. Elle ne tenait pas à savoir ce que personne, d'ailleurs, ne tenait à lui dire : qu'Alfonso d'Este aimait la jeune femme de Strozzi, la belle Barbara Torelli et que la belle Barbara n'avait pas voulu être infidèle : voilà pourquoi elle avait attendu, vainement, un matin, avec son nouveau-né dans les bras, le doux poète qui n'était jamais revenu...

Tel fut le frère de la grande marquise, l'homme qu'il lui fallut, toute sa vie, acheminer sinon vers le bien, du moins vers le moindre mal, l'étonnant bombardier qui faisait ses canons avec des statues de Michel-Ange : Alfonso d'Este.

Il ne différait pas, d'ailleurs, très sensiblement de la plupart des princes de son temps. Ludovic le More, son beau-frère, avait les goûts d'art les plus raffinés et les plus courtoises manières, mais on le soupçonnait véhémentement d'avoir fait mourir plusieurs parents pour parvenir au trône. Louis XII, le Roi de France, témoignait à Isabelle infiniment de respect et d'amitié, mais il tenait Ludovic le More, enfermé dans une cave, sans lumière, au donjon de Loches. Elle eut, plus tard, pour gendre un charmant jeune homme Francesco Maria della Rovere ; toutefois il tua, après l'avoir invité à dîner à sa table, son ami Giovanni Andrea et, dans la suite, le cardinal Alidosi, qu'il soupçonnait de trahison. Voilà, au milieu de quels alliés ou amis, il lui fallait philosopher, rêver, faire de la musique.

Enfin, une dernière bête féroce à dompter, était César Borgia. On ne peut dire que la marquise de Mantoue l'ait apprivoisé au point qu'il ne mordît pas tout autour d'elle, mais du moins elle a sauvé de ses crocs Mantoue et son mari. Pendant toute la période dangereuse, où le Valentinois est déchaîné à travers l'Italie, elle l'amuse de babioles et de paroles. Elle le choisit pour parrain à son fils Federico. Il l'appelle « ma commère » et « ma très chère sœur ». Elle se résigne, sans grimaces, au mariage de son frère Alfonso d'Este avec Lucrèce Borgia, divorcée d'un mari, tragiquement veuve d'un autre et chargée par l'opinion publique de tous les péchés d'Israel. Aujourd'hui, il est entendu, après les travaux de la critique moderne, que Lucrèce Borgia a été calomniée, mais les gens du XVIᵉ siècle n'avaient pas lu les travaux de la critique moderne, ils n'étaient pas initiés aux « bonnes méthodes » historiques, ils croyaient ce qu'on racontait communément dans les rues de Rome, et l'entrée de cette femme dans une famille leur faisait justement l'effet d'un cas de peste noire. Isabelle d'Este s'affole bien un peu, au premier moment, demande de tous côtés ce qu'il faut penser de sa future belle-sœur, mais finit par se résigner et donne à la drôlesse un collier de perles qu'elle tient de sa mère bien-aimée.

Pour César, ses présents sont plus singuliers et d'un plus savoureux symbolisme. Aux derniers jours de l'année 1502, le bandit était dans les Romagnes, fort occupé à gagner les bonnes grâces de quelques anciens alliés avec qui, quelque temps, il avait été brouillé : les Orsini (Paolo et Francesco, duc de Gravina), Vitellozzo, Oliverotto, tyran de Fermo, entre autres. Ces condottieri, de nouveau ralliés à sa fortune, venaient de prendre pour son compte Sinigaglia. Il les suivit de près, et, une fois arrivé à Fano, il les fit remercier de leur dévouement à sa cause et les informa qu'il voulait entrer dans la ville conquise, avec ses propres troupes, les priant donc de faire sortir leurs garnisons : — ce qu'ils firent, mettant leur infanterie dans les faubourgs et distribuant leurs gens d'armes dans tout le territoire.

Le lendemain, Paolo Orsini, le duc de Gravina, Vitellozzo et Oliverotto allèrent au-devant de lui : poignées de main, embrassements, caresses. Ils l'accompagnèrent jusqu'à la porte de la ville, où toute son armée était rangée en bataille. Là, ils voulurent prendre congé de lui pour se retirer dans leurs quartiers, qui étaient hors de la place, commençant à trouver singulière l'affluence des troupes qui suivaient le Borgia et qui les cernaient de toutes parts. Mais il les pria d'entrer dans la ville où il avait, disait-il, à conférer avec eux. Il chevauchait entre Vitellozzo et le duc de Gravina, causant et badinant, très en verve, car, dit Guichardin, « il possédait au souverain degré le talent de la parole, soutenu de beaucoup d'esprit et de feu ». Ils n'osèrent trop refuser de le suivre jusqu'au palais de la ville, quoiqu'un mauvais pressentiment les traversât, tout aussitôt chassé par son verbiage. Oliverotto restait en arrière : l'âme damnée de César, Micheletto, le rejoignit, le priant de rejoindre la compagnie pour que la fête fût plus belle. Ils entrent donc tous dans le palais qu'on leur avait préparé.

Après quelques moments d'entretien, César les quitte brusquement, sous prétexte d'aller changer d'habit : des soldats entrent, ligottent Vitellozzo et ses compagnons, pendant qu'au dehors on désarme leurs troupes.

Le lendemain, après une nuit d'angoisse, Oliverotto et Vitellozzo étaient assis sur deux chaises, dos à dos, et étranglés. Les deux Orsini, épargnés, pour l'instant, étaient traînés à la suite de César dans ses pérégrinations, se demandant ce qu'il attendait pour les tuer. Il attendait des nouvelles de Rome, et lorsqu'il sut qu'à Rome aussi les choses s'étaient heureusement passées et les Orsini mis dans l'impuissance de venger leurs proches, il les fit étrangler par Micheletto.

En apprenant cet exploit, Isabelle envoie à César Borgia le présent le mieux approprié à l'homme et au moment : des masques. Elle ne croit pas devoir lui en offrir moins de cent, étant donné tous les personnages qu'il est appelé à jouer et elle les accompagne de ce billet :

> Très illustre Seigneur, votre aimable lettre, nous informant des heureux succès de Votre Excellence, nous a remplis de la joie et du plaisir qui sont le résultat naturel de l'amitié et affection qui existe entre vous et nous-mêmes et au nom de notre Illustre Seigneur comme au nôtre, nous vous félicitons d'avoir échappé au danger, comme de votre prospérité et nous vous remercions de nous en avoir informés et aussi de la promesse que vous nous faites de nous tenir au courant de vos futurs succès. Nous attendons de votre amabilité que vous continuiez, car vous aimant comme nous vous aimons, nous brûlons d'avoir souvent des nouvelles de vos faits et gestes, afin de pouvoir nous réjouir de votre prospérité et prendre part à vos triomphes. Et, pensant que vous prendrez quelque repos et récréation après les fatigues et les peines de cette glorieuse expédition, nous vous envoyons cent masques, par notre serviteur Giovanni. Nous savons bien qu'un si pauvre présent est indigne de vous, mais c'est un gage que si, dans notre pays, nous pouvions trouver un cadeau plus digne de votre grandeur, nous serions heureux de vous l'envoyer. Si ces masques ne sont pas aussi beaux qu'ils devraient être, Votre Excellence devra s'en prendre aux artistes de Ferrare, car, grâce à la loi qui interdisait de porter des masques en public, laquelle loi vient seulement d'être rapportée, cet art du costumier a été presque entièrement perdu. Nous vous prions de les accepter comme un gage de notre sincère sympathie et affection pour Votre Excellence...

César Borgia répond froidement, aussi impénétrable que s'il avait les cent masques, à la fois, sur la figure :

Très illustre et excellente Madame, honorée Commère, très chère sœur, nous avons reçu de Votre Excellence le don de cent masques, qui nous sont extrêmement agréables, non seulement à cause de leur beauté et de leur variété remarquables, mais en raison du moment et du lieu de leur venue, qui ne pouvait être plus opportuns. Il semble, en vérité, que Votre Excellence a prévu l'ordre de notre plan de campagne et notre voyage actuel à Rome. Après avoir pris la cité et la province de Sinigaglia avec toutes ses forteresses, en un seul jour, et justement puni la perfide trahison de nos ennemis, nous avons affranchi, du joug des tyrans, les villes de Castello, Fermo, Cisterna, Montone et Pérouse, et nous les avons remises dans leur ancienne obédience au Saint-Siège. Enfin nous avons enlevé au tyran Pandolfo Petrucci son pouvoir sur Sienne, où il avait déployé une si atroce cruauté. Et ces masques nous sont surtout précieux, parce qu'ils nous apportent une nouvelle preuve de la singulière affection que nous savons que vous et votre illustre Seigneur nous avez déjà montrée en d'autres occasions et que vous prouvez encore par la longue lettre qui les accompagne. Pour tout cela, nous vous remercions infiniment, quoique la grandeur de votre mérite et de votre bonté envers nous ne se puisse reconnaître par des mots, mais demande des actes. Nous porterons les masques avec plaisir et leur parfaite beauté n'aura pas besoin d'autres ornements... De Votre Excellence, le compère et frère cadet, Cæsar duc de Romagne, du camp pontifical d'Aquapendente.

Cet étrange dialogue épistolaire, entre la femme la plus droite de son temps et le bandit le plus fourbe, ne doit pas nous surprendre. Isabelle d'Este était droite, mais elle était aussi, et il ne dépendait pas d'elle qu'elle ne fût pas, une « femme politique ». Or toute la politique italienne, dans ce temps de petits États et de grands artistes, était de soutenir le plus fort ou, comme le dit Napoléon, « de voler au secours de la victoire ». Mais quel serait le plus fort : le Roi ou l'Empereur, le Pape ou la République? Je veux dire : la Sérénissime, car pour les autres, elles avaient assez à faire de se rouler en boule, quand paraissait l'ennemi, et ne songeaient guère à menacer le voisin. Les seuls envahisseurs probables étaient la France ou l'Allemagne, Venise ou la papauté. Et le plus fort une fois connu, ou deviné, le problème était de le servir en se garant de lui, assez pour qu'il ne songeât pas à croquer ses propres amis après s'être fait les dents sur ses adversaires. Les temps étaient étranges. Quand les portes d'une ville s'ouvraient devant un puissant allié, on ne savait jamais s'il allait danser avec le maître de céans ou lui trancher la tête, lui passer au cou le collier de quelque ordre ou le mettre dans une cage de fer. Il fallait se garder, ruser, ménager toutes les issues, ne brûler nul vaisseau, être prêt à se retourner en une heure. On vivait dans le mensonge, comme dans les rigueurs de l'hiver ou de l'été : je ne dis pas sans s'en apercevoir, ni en souffrir, mais sans penser qu'il fût possible de s'y soustraire. Il y a un symbole qui revient constamment parmi les *imprese* des Gonzague, qu'Isabelle avait, sous ses pieds, dans le dallage de la *Grotta*, et qui était figuré en gravure d'or jusque sur l'épée de son mari, emblême de la force. Vous le verrez au Louvre, si vous vous penchez sur la vitrine qui contient la *cinquedea* du marquis Gonzague : une muselière ornée de rubans qui flottent et, au-dessus, la devise qui est le mot d'ordre et le mot de l'énigme de toute vie subie au XVIe siècle : CAUTIUS.

II. — SA VIE VOULUE

La détente, après tant de contrainte, est furieuse. Une fois la *museruola* ôtée et en toute chose qui n'est pas de la politique, sa vraie physionomie, celle de notre portrait du Louvre, éclate. « D'une nature essentiellement avide et impatiente », dit-elle d'elle-même, dès qu'un désir lui est né, il crie, si son hochet ne vient l'éblouir, et l'apaiser. Un jour qu'elle est à Ferrare, chez son père, elle apprend que les travaux de décoration commandés pour son *studiolo*, à Mantoue, n'avancent pas. Luca Liombeni, le peintre, est un lambin. Elle fulmine cette menace : « Sachant par expérience que vous êtes aussi lent à finir votre travail qu'à toute autre chose, nous vous écrivons ceci pour vous rappeler que, pour cette fois, vous devrez changer de nature, et que si notre *studiolo* n'est pas fini à notre retour, nous avons l'intention de vous envoyer au cachot du *Castello*, et ceci n'est pas une plaisanterie... »

Et quelques jours plus tard : « En réponse à votre lettre, nous apprenons avec plaisir que vous faites votre possible pour terminer notre *studiolo* et échapper à la prison. Ci-inclus, une liste des devises que nous désirons faire peindre sur la frise. Nous comptons que vous les arrangerez pour le mieux, de façon qu'elles fassent le meilleur effet possible. Vous pouvez peindre ce que vous voulez à l'intérieur des armoires, pourvu que vous ayez la main heureuse ; sinon, vous les repeindrez à vos frais et vous passerez l'hiver dans le donjon. Vous pourrez aller dès maintenant y passer une nuit pour votre plaisir. Vous y verrez si le logement est à votre goût. Peut-être en reviendrez-vous plus désireux de nous plaire dans l'avenir... »

Ses commissionnaires en toilette sont menés du même train. Un jour, il lui faut aller à Gênes. Elle écrit à son chambellan Alberto da Bologna de lui faire faire, tout de suite, tout de suite, une *camora* de satin gris, avec des manches en velours noir. Il ne lui envoie pas ce qu'elle veut. Une fureur sacrée la saisit : « Il faut que vous ayez perdu non seulement la mémoire, mais la tête et les yeux ! » lui écrit-elle. Ses courriers ou muletiers sillonnent l'Italie, porteurs d'objurgations somptuaires : « Si les bracelets que nous avons commandés, il y a plusieurs mois, ne sont pas arrivés avant la fin de l'été, quand on a les bras nus, ils ne serviront plus de rien », écrit-elle à un correspondant de Venise, quand l'orfèvre est en retard. Il lui faut toujours toute chose, tout de suite, à n'importe quel prix. Quand elle doit aller au mariage de sa sœur Béatrice avec Ludovic le More, elle enjoint à Zorzo Brognolo de « courir toutes les boutiques de Venise pour lui trouver quatre-vingts des plus belles zibelines pour doubler une *sbernia*, et elle ajoute : « Tâchez de me trouver une peau avec l'os de la tête, afin d'en faire un manchon que je puisse tenir à la main. Coûtât-elle dix ducats (valant près de 500 francs de notre monnaie actuelle), pourvu qu'elle soit belle, ce ne sera pas trop cher. Achetez-moi aussi huit mètres du plus beau satin cramoisi que vous pourrez trouver à Venise pour border cette *sbernia*, et pour l'amour de Dieu, faites toute votre diligence habituelle, car rien, je vous assure, ne peut me faire plus grand plaisir ! » On comprend ce que veut dire la devise qu'elle avait fait peindre sur ses carreaux de faïence dans sa *Grotta* : un soleil éclatant, dardant des rayons de feu, avec les mots : *Per un dexir...*

Désir de quoi? De tout. Hors le mal, ou ce qu'elle considère comme le mal et à quoi elle ne pense même pas, il n'y a rien au monde dont elle ne soit avide et jalouse. Elle veut tout voir, tout savoir, tout pouvoir.

D'abord, tout voir. Dès qu'elle le peut, dès que son mari lui donne licence, elle appelle ses dames et ses pages, et en grand équipage, si elle est en fonds, presque seule et *incognito*, si ses bijoux sont au Mont-de-Piété, elle part pour voir quelque chose de nouveau dans le vaste monde : Florence ou Venise, ou Rome, ou Milan, ou Lyon ou la Sainte-Baume. « Maudite passion des voyages que le chef de la maison d'Este a léguée à tous les siens ! » lui écrit Balthazar Castiglione. Elle n'est rebutée ni par les mauvaises routes, ni par les tempêtes, ni par la pénurie d'argent. Les villes lointaines, les lacs, les montagnes, les couvents, les pèlerinages, tout l'attire avec les cérémonies propres à chaque pays, les fêtes, les tournois, les ateliers, les collections, les souverains illustres et leurs cours. Active, remuante, partout à la fois, partout acclamée où elle est et regrettée où elle n'est pas et pleurée quand elle n'est plus. Ce n'est pas une Italienne : c'est l'Italie en marche, et son beau profil, pensif et décidé, broche sur tous les horizons de la péninsule.

Elle voudrait beaucoup plus encore et l'idée de voir les royaumes voisins, les cours d'outre-monts et d'outre-mer la hante. Aussi quelle joie quand une de ces cours vient à elle ! Nous le voyons par ses lettres à sa belle-sœur, Elisabetta Gonzague, duchesse d'Urbino. Cette sage princesse, dont on aperçoit la face longue, pleine, un peu triste, dans la salle de la *Tribune*, aux *Uffizi*, avait exactement ce qu'il fallait pour devenir la meilleure amie d'Isabelle d'Este : les mêmes goûts et point le même caractère. Elle était patiente, réservée, un peu lente, réceptrice plutôt qu'expansive. La correspondance entre les deux belles-sœurs était continuelle et copieuse. Une lettre qu'on écrit, c'est une main qui s'ouvre. Avec les uns, on abat un ou deux doigts, avec d'autres trois doigts, avec un seul, tout au plus, on laisse échapper cette poignée de vérités sur soi-même que la sagesse conseille de ne jamais laisser voir. Isabelle d'Este écrivait à une infinité de gens : avec sa belle-sœur, seulement, elle ouvrait la main tout entière. De retour à Mantoue, après un séjour à Milan, auprès de Louis XII et de sa Cour, elle lui écrit :

> Il y a quelques semaines, j'ai été appelée par mon illustre seigneur à Milan, afin de rendre hommage à Sa Majesté Très Chrétienne et j'y suis arrivée la veille de la fête du *Corpus Christi*. Après dîner et comme je me préparais à aller lui présenter mes respects, je reçus de lui un message me mandant au tournoi, sur la place où devait se tenir la *giostra*. J'allai donc, là, à l'heure dite et je trouvai Sa Majesté qui vint à ma rencontre sur les marches et me reçut avec la plus grande courtoisie. Toutes les dames de Milan étaient présentes et la princesse de Bisignano, de même que toute la baronnie et la noblesse de France et les grands seigneurs d'Italie, le duc de Savoie, les marquis de Mantoue et de Montferrat et tous les gouverneurs des villes du Milanais et les ambassadeurs de toutes les puissances d'Italie. Les seigneurs français sont si nombreux qu'il serait impossible de les nommer tous. Mais je dois mentionner le duc de Bourbon, notre neveu, un grand jeune homme de belle et majestueuse apparence qui ressemble extrêmement de complexion, d'yeux et de traits à sa mère (Chiara de Montpensier, sœur du marquis Gonzague et de la duchesse d'Urbino, à qui est adressée cette lettre). Si la Cour romaine est merveilleuse pour son cérémonial et son ordre, celle de

France n'est pas moins étonnante et extraordinaire pour sa confusion et son désordre, à ce point qu'il est tout à fait impossible de distinguer le rang d'un homme de celui d'un autre ! Elle est aussi certainement remarquable pour sa liberté et son absence d'étiquette. A cette Cour, par exemple, les cardinaux ne sont pas traités avec plus d'honneur que ne sont les simples chapelains à Rome. Personne ne leur cède sa place, ni ne leur témoigne aucun respect particulier, depuis le Roi jusqu'au moindre. Toutefois, Sa Majesté est toujours très courtoise et déférente pour tous ceux qui s'aventurent à l'approcher, et surtout pour les dames, se levant toujours de son siège et ôtant son chapeau pour leur faire honneur. Trois fois, il est venu me rendre visite dans mes appartements. La première fois, lorsque j'étais à dîner avec le seigneur Zoanne Giacomo Trivulzio, il a attendu mon retour plus d'une demi-heure et chaque fois il n'est pas demeuré moins de deux ou de trois heures, conversant sur tous les sujets avec la plus grande amabilité du monde, et je n'ai pas manqué de parler avec éloge de Votre Altesse dans le cours de la conversation. Madame Margherita de San Severino, la comtesse de Musocho et quelquefois la princesse de Bisignano, qui sont très versées dans la connaissance du français, étaient nos interprètes. En dépit d'efforts répétés, je n'ai jamais réussi à trouver Sa Majesté au Castello, excepté le jour où il m'a invitée à un banquet public à la Rocchetta, où la princesse de Bisignano et moi avions l'honneur d'être assises à sa table. Nous avons dansé sans cérémonie avant et après le souper. Sa Majesté a dansé avec moi et elle a obligé à danser aussi, à notre grand amusement et ébaudissement, les cardinaux de Narbonne, de San Severino de Ferrare et de Finale, qui étaient présents au banquet.

Je ne dirai rien des spectacles publics qui ont été donnés sur la Piazza, parce que je sais qu'ils vous auront été décrits, tout au long, par votre ambassadeur. Certainement, j'ai vu des tournois mieux organisés, mais je n'ai jamais vu et je ne pense pas que, dans toute la chrétienté, il soit possible de voir un plus grand nombre et une plus grande diversité de gens. La plupart étaient des nobles, non seulement ceux de Milan, qui doit être la première ou la seconde ville du monde, mais la Cour de France tout entière et la plupart des cours d'Italie étaient réunies là, de sorte que Votre Excellence comprendra quel fier et splendide spectacle c'était. Il y avait beaucoup plus de monde que nous n'aurions pu en voir dans le propre palais du roi de France, parce que les seigneurs qui l'ont suivi, en Italie, ne résident pas à la Cour, et s'ils y sont, par hasard, présents dans quelque cérémonie solennelle, en tout cas, nous n'aurions pas vu toute la population et les nobles de Milan et l'on peut dire de l'Italie tout entière, car les gentilshommes et les citoyens de bien des villes diverses sont venus pour assister à ces spectacles. Oh ! que j'étais heureuse ! et combien j'en jouis encore chaque fois que je me le rappelle ! Pensez seulement ce que ce serait si Votre Seigneurie était ici, et si nous pouvions échanger nos pensées de vive voix ! Je pourrais poursuivre et décrire toutes les visites individuelles que j'ai reçues des seigneurs italiens et français et des dames milanaises, aussi bien que du Roi et des cardinaux, mais tout ceci et le reste, je laisse à Votre Seigneurie le soin de l'imaginer, de peur que je ne vous donne trop de raisons de me jalouser !

Une ambition pourtant restait au cœur de cette pèlerine passionnée, ambition qu'on ne soupçonne guère quand on évoque l'Italie de ce temps ; derrière les vieilles tours souveraines du *Castello*, le désir qui rongeait le cœur de la « prima donna del mondo » était le même qui agite les petites têtes provinciales derrière les rideaux blancs de leurs fenêtres, à la lecture des gazettes : *voir Paris !*

En septembre 1507, elle reçoit de Louis XII et d'Anne de Bretagne une invitation à visiter la cour de France et à servir de marraine au bébé qu'ils attendaient, toute son âme cosmopolite et voyageuse rayonne, et ivre de joie, elle écrit à sa belle-sœur d'Urbino :

> En réponse à votre lettre, je dois reconnaître que vous avez assisté à de grandes choses à Rome et à Urbino, et que vous auriez dû en voir encore plus si Sa Majesté Catholique était venue vous visiter, ou si le sérénissime Roi des Romains avait pu entreprendre son voyage en Italie et si les Diètes n'en avaient pas décidé autrement. Mais comment pourrait-on, le moins du monde, mettre toutes ces choses en balance avec ce qui m'attend dans un avenir prochain, éclipsant de beaucoup tout ce que j'ai vu et fait dans le passé, comme c'est bien connu de Votre Seigneurie ? Voici que le Roi Très Chrétien pense que la reine ne peut pas mettre au monde un fils sans que je sois présente et qu'il m'a par conséquent priée très instamment d'être avec elle pour cet événement, afin que je puisse à la fois honorer cette naissance de ma présence et tenir l'enfant sur les fonts baptismaux ! Quel plus grand honneur au monde pourrait-il y avoir que d'être la commère et la marraine d'un Roi de France ! Oh ! quelles splendeurs, quelles pompes et quelles gloires je vais connaître ! Je visiterai non seulement Paris, la plus florissante Université et la plus populeuse cité de tout l'Univers, mais toute la France, la Bourgogne et les Flandres, et j'irai peut-être jusqu'à Sant'Jago de Galicie. O combien de pays nouveaux et de royaux spectacles je verrai dans ce voyage ! Votre Seigneurie et Madonna Emilia qui connaissent tant de ce pays et de ses mœurs, vous serez capables de l'imaginer.

Mais qu'arrivera-t-il si mon voyage en France a lieu et si la venue de l'Empereur en Italie, qui a été empêchée par tant de Diètes, était abandonnée? Dans ce cas, cette gloire que vous convoitez, c'est moi qui l'aurai! Je ne sais pas si, après cela, vous pourrez prétendre être mon égale et s'il me sera possible d'accepter si aisément que cela votre invitation à Urbino! Lorsque je reviendrai en Italie, je commencerai à me demander si cette terre est bien digne de me porter, si des tapis ne doivent pas être étalés sous mes pieds et un dais envoyé à ma rencontre partout où j'irai! Mais, plaisanterie à part, j'espère réellement partir pour la France dans quelques jours, et je suis occupée à faire mes préparatifs. Lorsque je reviendrai, nous devrons songer à nous rencontrer, car j'en suis aussi désireuse que Votre Altesse peut l'être. — Mantoue, 25 septembre 1507.

Ce n'est pas vanité : c'est curiosité pure, désir d'admirer d'autres visages, d'autres mœurs, d'autres costumes, d'autres faces de la vie. Le désir n'est pas moins vif, ni la joie moins grande, lorsqu'il s'agit des pauvres pêcheurs de Peschiera ou des jardiniers de Sermione, qu'à la première cour de la chrétienté. En excursion avec ses dames et ses pages sur le lac de Garde, on dirait une écolière en vacances. Elle s'enthousiasme de tout : de la vue qu'on a de Lonato, de Sermione, de Peschiera, des ruines romaines, de la grotte de Catulle, des fruits que lui apportent les paysans, des poissons que lui offrent les pêcheurs, s'amuse de tout : des harangues que lui font les notables du pays. « Hier, j'étais à Grignano, dont les habitants m'ont gratifiée de poisson et d'oranges, et aussi d'un long discours en italien, fait par un assommant pédant dans le style le plus fleuri. Que Votre Seigneurie n'imagine pas que ce soit le premier, quoique ce fût certainement le plus extraordinaire de ceux que j'ai eu à subir. A Lonato, j'en ai eu trois : deux en italien, dits par les citoyens, et un en latin récité par un enfant de sept ans! A Sermione, deux encore, du maire de la commune, et un troisième du vicaire. Ici, à Salo, deux de moyenne valeur, ni trop délicieux, ni trop communs, mais plus utiles, en ce qu'ils étaient accompagnés d'un magnifique présent (les *Rittrati*, de Trissino). »

Elle s'amuse de son nain Morgantino assailli par la pluie sur le siège du carrosse et manquant d'être noyé « comme un petit poulet ». Elle s'amuse de la figure que fait une de ses suivantes, désarçonnée par sa mule, « un pied encore à l'étrier, l'autre en l'air », car, dit-elle, « la route serait très ennuyeuse, si de tels accidents stupides n'arrivaient de temps à autre ». Elle s'amuse de la chétive garnison que l'Espagne tient à Rocca di Peschiera : « J'ai chevauché à travers la ville et trouvé le gouverneur du château, un capitaine espagnol, qui m'a courtoisement reçue à la Rocca, où, voyant qu'il avait seulement douze ou quinze hommes de petite taille, j'ai pensé que nous l'aurions, moi et mes dames, aisément fait prisonnier, lui et ses troupes, et qu'ainsi je me serais rendue maîtresse de la place sans beaucoup de récriminations de la part du Roi de France ou de l'Empereur, puisque les Espagnols la détiennent contre tout droit... » Bien des années plus tard, devenue veuve, plus voyageuse que jamais, elle court les rues de Venise, en quête de tout ce qu'on y a construit, peint ou écrit, fatiguant toute sa suite par sa curiosité d'enfant, mettant sur les dents le bon Balthazar Castiglione, poursuivant, ainsi jusque dans ses dernières années, ce qui a le rêve de sa vie : tout voir.

Ensuite, tout savoir. Isabelle d'Este avait une âme écolière. Mariée depuis quatorze ans, plusieurs fois régente, elle se remettait volontiers à l'étude. « J'apprends que vous en êtes encore à étudier la grammaire, lui écrit le frère Francesco Silvestri ; j'espère que quand je reviendrai vous voir, vous en serez à la rhétorique... » Elle prend des leçons de tout, interroge tous les spécialistes, est en correspondance avec tous les voyageurs. Elle reçoit des lettres d'Irlande, de Rhodes, d'Espagne, de Rome : lettres d'humanistes, lettres de chevaliers, lettres de diplomates, lettres de courtisanes, lettres de saintes, lettres de papes, ettres de nains. Ses correspondants, sachant qu'elle écoute tout, la renseignent sur tout : sur les impressions des premiers sauvages ramenés des Indes par Christophe Colomb, sur la pénitence des pèlerins au puits de Saint-Patrick, sur la toilette de Lucrèce Borgia à son mariage, sur les tableaux vivants du triomphe de Jules II, sur les hérésies de Luther, sur les éditions nouvelles d'Alde Manuce, sur les médailles de Caradosso.

Et quel moment fut jamais si propice pour une âme agitée d'une curiosité universelle ! Tout se découvre à la fois. Dans les ateliers travaillent ces trois grands découvreurs du visage humain : Léonard, Raphaël, Michel-Ange ; sur les mers naviguent ces trois grands dessinateurs de continents : Christophe Colomb, Vasco de Gama, Magellan. Le règne d'Isabelle d'Este commence en 1490, et ne finit qu'en 1539. Or, c'est entre 1490 et 1539 que la forme parfaite de l'académie humaine est trouvée. C'est entre 1490 et 1539 qu'on découvre un continent, trois océans nouveaux et que la forme du monde est, pour la première fois, dessinée par le sillage des caravelles. A peine un progrès est-il accompli qu'elle le sait, qu'elle l'acclame, qu'elle veut en voir l'auteur. Dès que les compagnons de Magellan ont débarqué, elle n'a de cesse que l'un d'eux, Pigafetti, ne soit venu décrire toutes ses visions de trois années à travers des mers et des peuples inconnus, dans le petit cercle de ses *camerini*. On lui envoie des dessins des hommes et des chevaux trouvés dans les îles nouvellement découvertes près de la côte de Guinée ; elle s'entoure des plans et des vues de toutes les grandes villes du monde : dans ces petites chambres étroites qu'elle habite, tous les pays, toutes les mœurs, tous les costumes viennent se peindre par quelque trait. Nulle idée n'est dans l'air qu'elle ne la respire, nul bruit ne traverse le monde qu'elle ne le recueille. Les sensibilités frémissantes et réceptrices de son âme sont en éveil, à l'extrême pointe de ce vieux palais, sur le lac, comme les antennes d'un outil magique orientées pour recevoir toutes les vibrations qui traversent le monde.

Tout voir et tout savoir, ne lui suffit pas. Elle veut encore tout pouvoir. Non pour elle, mais pour son mari, pour son frère, pour ses fils. Et, dans l'ambition, elle est aussi violente et aussi tenace que dans la curiosité. Un jour, elle met dans sa tête que son fils Ercole soit cardinal. Il a déjà vingt ans : il n'est que temps de l'habiller de rouge. Elle part donc pour Rome, où elle arrive au lendemain de la bataille de Pavie gagnée par son neveu le connétable de Bourbon. Elle trouve le pape Clément VII fort embarrassé de son personnage. Il était allié des Français; les Français sont battus. Heureuse rencontre ! la peur le rendra souple — et elle demande le chapeau pour son fils.

Le Pape, sans oser refuser, se dérobe. Elle insiste. Il lui envoie du vin, du sucre, de l'huile, de l'orge, des compliments — mais il ne lui envoie pas le chapeau. Elle s'entête : elle s'installe chez les ennemis de Clément VII, sur le Quirinal, au palais Colonna. Le Pape croit la lasser par ses dérobades, elle jure de le lasser par son entêtement. Justement, arrive de Mantoue la nouvelle que son beau-frère, le cardinal Sigismondo Gonzague, est mort... Voilà un chapeau sans tête ! Elle court au Vatican le réclamer pour son fils. Le Pape, forcé dans son retranchement, promet, mais diffère d'agir : il remet à la prochaine promotion de cardinaux. Isabelle ne se contente pas de cet *in petto*. Elle ne partira que nantie.

Deux années passent : elle est toujours là, guettant le moment favorable. Elle tient une cour littéraire et ne s'ennuie pas. Cependant un gros orage s'amasse sur Rome. Charles-Quint, qui a été maintes fois trahi par Clément VII, perd patience et envoie à Rome le connétable de Bourbon avec des ordres sévères. Les Colonna profitent de la circonstance pour se révolter et prendre les armes. Douze mille lansquenets passent les Alpes. Les armées papales s'émiettent, s'évanouissent à l'horizon. On ferme les portes de Rome, on enterre les trésors. Tout le monde se trouve fort mal à son aise. Elle se trouve fort bien au sien, tranquillement établie dans la place, en face du Vatican qu'elle assiège, d'un côté, de ses réclamations, tandis que, de l'autre, son neveu, le connétable de Bourbon et son propre fils Ferrante Gonzague l'assiègent de leurs lances. Tous ses amis lui disent : Partez ! partez ! Elle ne part pas. Elle ne partira pas sans le chapeau. Elle a de quoi le payer et il n'est pas de Pape si obstiné que la trésorière n'ait son heure.

Le moment vient, en effet, où il faut, coûte que coûte, des soldats. Pour avoir des soldats, il faut de l'argent et, pour avoir de l'argent, le Pape n'a plus qu'un moyen, un soixante-quatrième moyen que n'avait point Panurge : faire des cardinaux. Il s'y résigne. Il en fait cinq, à raison de quarante mille ducats chacun. Ercole est nommé : le cardinal Pizzino vient au palais Colonna apporter le chapeau à sa mère. Maintenant, que tout arrive ! Au-dessus des murs paraissent les drapeaux noirs, blancs, rouges. Les lansquenets déferlent, furieux, ventres affamés, besaces ouvertes, prêts pour le pillage et la bamboche. De son palais barricadé, où elle a recueilli des centaines d'êtres mourants de peur, Isabelle entend le canon du château Saint-Ange tiré à toute volée par Benvenuto Cellini. Le connétable de Bourbon est tué. Les troupes déchaînées, hors de la main des chefs, souillent, pillent, brûlent tout. Trente mille Romains sont assassinés ou meurent de la peste. Elle s'en soucie comme d'une fève : elle a le chapeau.

Triomphante, c'est ainsi que Titien l'a représentée dans son portrait fameux qui est au musée de Vienne, plus parée qu'idole ou reine de carte, avec des perles aux oreilles et une rose de brillants piquée au milieu d'un énorme turban, qui, pour s'appeler un *balzo*, n'est pas moins laid que celui de Mme de Stael, puis posée en diagonale, une des fourrures

PORTRAIT D'ISABELLE D'ESTE.
Par le Titien (au Musée de Vienne.)

qu'elle ordonnait d'acheter à n'importe quel prix, raide, engoncée, les manches tombant sur les doigts, les coudes écartés, les mains sur ses genoux, comme une dame de la halle à son carreau, l'air dur et justicier. Assurément, ce portrait ne ressemble nullement à son modèle, mais il ressemble à l'idée qu'on se faisait, au loin, de la souveraine qui avait rallié tous les potentats, arbitré toutes les élégances et triomphé de toutes les factions — selon l'*impresa*, qui ornait ses chambres, ce chiffre fatidique de XXVII où les initiés lisaient : *vinte sette*, c'est-à-dire : factions vaincues.

Car maintenant son prestige déborde de beaucoup Mantoue, Urbino et même Ferrare, et c'est de tous les palais du monde qu'on regarde vers elle comme vers « l'origine et la fontaine de toutes les belles modes en Italie », selon le mot de la reine de Pologne. Dans son courrier, elle trouve constamment des lettres comme celle-ci, de Laura Bentivoglio, lui racontant une visite à Lucrèce Borgia : « Elle m'a fait asseoir et s'est informée de Votre Excellence avec une grâce charmante, me priant de la renseigner sur vos toilettes, et surtout sur vos coiffures. Ensuite, à propos de ses robes espagnoles, elle a dit que si elle avait quelque chose que vous désiriez voir ou avoir, elle vous rendrait se service avec joie, étant très désireuse de plaire à Votre Excellence... » ou bien encore cette lettre de Lucrezia d'Este, en quittant la même belle dame : « Je l'ai trouvée étendue sur son lit, portant une robe de soie noire avec des manches étroites et des jabots aux poignets, et après beaucoup de caresses et de bienvenues affectueuses, elle a demandé quelles étaient les dernières modes de Mantoue, et admiré ma coiffure. J'ai promis de faire quelques toques selon notre mode et de les lui envoyer. Les rosettes que je portais sur mon front lui ont plu aussi et elle m'a priée de les montrer à un joaillier et de les lui faire copier. » Pareillement, François Ier lui fait demander une poupée de cire habillée et coiffée comme elle, à la mode mantouane, pour servir de modèle aux belles dames de Paris.

Elle connaît, sous Louis XII, un triomphe plus grand encore. A force d'entendre parler de l'Italie, la reine de France, la bonne Anne de Bretagne, s'était mis dans la tête d'y venir faire quelques entrées solennelles, d'y montrer ses coiffures, ses haquenées, ses bijoux. Déjà elle préparait ses robes de gala, quand Louis XII l'avertit avec bonhomie qu'elle ne savait à quoi elle courait et qu'il n'était pas très prudent d'aller s'offrir en comparaison dans un pays où il y avait Isabelle d'Este. Sur quoi, la bonne reine, ayant mûrement réfléchi, ne renonça pas à son voyage, mais en modifia la stratégie somptuaire : elle décida qu'elle irait, sans toilette aucune, modestement vêtue de noir, n'affichant aucune prétention pour elle, mais flanquée des quatre plus grandes beautés de sa Cour, Mme de Nevers, Mme de Longueville, la marquise de Montferrat et une Anglaise — simples suivantes dont le succès rejaillirait sur elle et dont l'échec ne l'entamerait point. De fait, le voyage n'eut pas lieu, mais rien que ce changement de front était un aveu, et la grande marquise, qui ne l'ignora point, remporta ce jour-là, sur la France, une victoire moins douteuse que celle de son mari à Fornoue.

C'est en effet, chez elle, sur son terrain, dans sa petite Cour, qu'Isabelle d'Este était incomparable. L'hospitalité, à Mantoue, n'était pas pratiquée comme un devoir, mais comme un sport où se donnaient carrière toutes ses facultés. C'était un grand remue-ménage, à cette époque, quand pointait à l'horizon un hôte de distinction, avec la suite innombrable, indiscrète et affamée qu'il croyait devoir amener à ses hôtes pour leur faire honneur. On mobilisait toutes ses ressources : on se prêtait, d'une cour à l'autre, des tapisseries, de l'argenterie, des serviteurs. On n'épargnait rien pour connaître les goûts de l'hôte qu'il s'agissait d'honorer. « Benedetto, » écrit Isabelle d'Este à son secrétaire, quand Ludovic le More doit venir à Mantoue, « nous avons l'intention de loger le duc, ici, dans nos propres appartements au Castello, en lui donnant la chambre peinte avec l'antichambre, la Camerina du soleil, la chambre de Cassone, notre propre chambre et salle à manger. Et nous pensons que Son Excellence elle-même occupera la chambre du Cassone, que nous draperons de tentures noires et violettes, parce que, quoique nous apprenions qu'il porte toujours le deuil (la femme de Ludovic le More, Béatrice d'Este, était morte quelques années auparavant), nous pensons que cela paraîtra plutôt moins triste et montrera qu'ici du moins, nous avons de bonnes raisons de nous réjouir en cette occasion. Mais j'espère que vous consulterez messire Antonio di Costabili et messire Visconti, touchant les tentures des autres chambres, si vous ne pensez pas à propos d'en parler au duc lui-même, et que vous me ferez savoir leur opinion, car il ne me semble pas convenable que nos chambres soient nues, même si Son Excellence apporte avec elle ses propres tentures. Faites-moi aussi connaître quels sont les vins que le duc boit habituellement et quelle sorte de toilette je ferai le mieux de porter... »

D'ailleurs, elle ne doute pas de son prestige : « Que Votre Seigneurie invite hardiment le Pape à venir à Mantoue, et nous nous arrangerons pour lui faire honneur », écrit-elle à son mari lorsque Jules II est à Pérouse avec toute la cour pontificale, ses soixante-dix-huit cardinaux. Et plus tard, son fils régnant sur Mantoue, c'est sans aucune hésitation qu'elle y invite Charles-Quint. Les deux « moitiés de Dieu » trouvaient chez elle ce que toutes leurs puissances rassemblées n'auraient pu faire : une âme où se reflétait non seulement le meilleur de son temps, mais comme une vague image de ce que serait l'humanité dans des temps meilleurs. Ils trouvaient aussi un admirable trésor d'art, de lettres, une collection où toutes les curiosités étaient satisfaites. Isabelle d'Este le savait, et elle comptait beaucoup sur le prestige de sa *Grotta* pour éblouir jusqu'aux yeux accoutumés aux splendeurs impériales.

Il y a quatre cents ans, comme aujourd'hui, lorsqu'un souverain était reçu par un autre, l'usage voulait qu'on le menât à la chasse, qu'on lui fît passer une revue, et qu'on lui donnât la comédie — verser le sang des bêtes et rire des ridicules humains paraissant alors, comme aujourd'hui, le plus enviable des privilèges royaux. A ce protocole immuable, elle est la première, semble-t-il, qui ait ajouté la visite des musées. Quand le mari avait fourbu ses hôtes à courre le sanglier, au risque de se casser le cou, la femme les menait devant ses allégories mythologiques, soumettait ses symboles à leur sagacité et les obligeait à des efforts intellectuels : son prestige en était considérablement accru.

Ce prestige, chose rare, ne se démentit point un instant durant toute sa longue vie poursuivie à travers tant de périls, sollicitée par tant d'infâmes exemples. Et, chose plus rare encore, il s'exerça toujours pour le bien ou pour le moindre mal. Nous avons vu qu'Isabelle d'Este ne se dérobait pas aux nécessités de la politique au XVIe siècle, mais elle y ajoutait quelque chose dont le XVIe siècle ne lui donnait guère d'exemple : la pitié envers les vaincus, la fidélité au malheur. Elle laissait son mari, capitaine général du Pape, envahir Bologne, et en chasser sa sœur Lucrezia et son beau-frère Annibal Bentivoglio, mais elle les recueillait à Mantoue dans son propre palais et obligeait son mari à les garder, en dépit du Pape furieux. Elle se résignait à féliciter le Borgia de ses victoires, mais elle donnait asile au duc et à la duchesse d'Urbino, que le Borgia venait de chasser de leurs États. Elle ne pouvait empêcher les Français d'entrer dans Milan et de ruiner les Sforza, mais elle recueillait Giovanni Sforza et ses partisans. Léon X était inflexible dans ses résolutions contre

Francesco Maria della Rovere, mais elle était tout aussi entêtée à hospitaliser, chez elle, Francesco Maria della Rovere proscrit. Mantoue devenait, sous son règne, une sorte d'asile sacré pour les exilés et pour les vaincus. Elle allait ainsi jusqu'à l'extrême limite de ce qui était permis alors pour le droit contre la force et pour la fidélité contre la trahison.

Et tout cela sans aucune prétention à la vertu, sans théorie, sans mysticisme. Car nous le voyons par sa correspondance, cette femme, curieuse de tout, n'est pas curieuse de religion, ni de philosophie transcendante. La théologie l'ennuie. Sa conception du devoir est celle d'un tempérament fort, sain, sensible au bonheur et à la peine des autres qui, en faisant le bien, fait ce qui lui plaît le plus, et se déploie le plus à l'aise. Sa vertu est un bénéfice de nature. Elle fait le bien pour le bien, comme d'autres font de l'art pour l'art, comme d'autres aiment pour aimer, sans songer à des récompenses dont l'esprit ne peut se faire une idée, ni à des châtiments que le cœur ne peut comprendre : NEC SPE, NEC METU.

III. — SA VIE RÊVÉE

Il y a, au Louvre, dans la galerie du bord de l'eau, tout auprès de la salle des primitifs italiens, deux tableaux placés au second rang, manifestement sacrifiés et qui, pourtant, intriguent le passant comme deux énigmes. Ce sont des allégories : *le Combat de l'Amour et de la Chasteté* du Pérugin et, en pendant, *la Cour d'Isabelle d'Este*, de Lorenzo Costa. Presque en face, à quelques pas plus loin, sur la paroi opposée, sont les deux fameux panneaux de Mantegna : *la Sagesse victorieuse des Vices* et *le Parnasse*, encadrant *la Vierge de la Victoire*, infiniment plus beaux, mais presque aussi bizarres que les deux premiers. Le passant, qui s'attarde à ces quatre énigmes, éprouve confusément qu'il y a un lien entre elles, une pensée commune. Il ne se trompe pas : ce lien, c'est Isabelle d'Este.

Ces quatre tableaux ont été peints sous sa dictée, ainsi que beaucoup d'autres, pour décorer son petit musée du Palais de Mantoue, qu'elle appelait sa *Grotta*. Elle en a décidé les dimensions, les sujets, la grandeur des figures, l'éclairage exact, la place précise dans un ensemble décoratif et idéographique réglé d'avance. Aucune œuvre, fût-elle du plus grand maître, n'a été admise dans cette *Grotta*, si elle ne concourait pas à l'effet voulu. Ces quatre énigmes sont donc quatre fragments d'une même pensée, et cette pensée est la plus libre, la plus intime de la grande marquise. Ils révèlent non ce qu'elle a trouvé dans la vie, mais ce qu'elle a rêvé d'y mettre, et ce qu'elle n'a mis que dans sa collection.

§ 1. — Ses « inventions » poétiques[1]

Regardons, par exemple, le premier panneau de Mantegna placé à gauche de *la Vierge de la Victoire*. Pour le passant ignorant, c'est une rencontre fort divertissante, parce qu'elle est hétéroclite, mais tout à fait inintelligible. Une femme casquée, sans doute la figurante de quelque fête mythologique, comme on en donnait souvent au XVIe siècle, chasse, d'un parc princier, un tas de mendiants, ribaudes, estropiés, culs-de-jatte, hommes-singes et autres phénomènes de la cour des Miracles, qui s'y étaient introduits indûment, peut-être pour mendier, peut-être pour

---

1. *La Sagesse victorieuse des Vices*, ou *la Vertu qui chasse les Vices*, a été peinte par Mantegna, dans, les dernières années du XVe siècle. *Le Parnasse* ou le *Triomphe de l'Amour*, ou *Vénus avec Vulcain et Orphée*, a été peint en 1497. *La Cour d'Isabelle d'Este*, ou *le Triomphe de la Poésie*, a été peinte par Lorenzo Costa en 1505 et *le Combat de l'Amour et de la Chasteté* par le Pérugin, la même année. Ces cinq tableaux, dus à l' « invention » d'Isabelle d'Este, ont été immédiatement placés dans sa *Grotta* et y sont demeurés jusqu'en 1630, époque à laquelle le cardinal de Richelieu les a achetés et fait transporter au château du Plessis-Richelieu, d'où ils sont venus au Louvre.

voir les rocailles colorées en rose par un feu de Bengale; — ce qui est, en effet, fort curieux. Les pauvres gens ne savent par où fuir et les voilà barbotant à mi-corps dans un bassin, les plus valides portant leurs camarades impotents, dérangeant les nénuphars et les plantains ; leur marmaille les suit, dégringolant du haut des charmilles plus vite qu'elle n'y était grimpée, tandis qu'un arbre étique, entortillé de devises comme un mirliton, lève les bras au ciel devant cet épouvantable bat-l'eau...

Qu'est-ce que tout ceci veut dire? On comprend bien que des gens difformes et peu vêtus n'aient pas dû entrer dans un jardin où les ifs sont si bien taillés, pendant que de belles dames se sont déguisées en divinités de l'Olympe ; toutefois, la brutale façon dont on les mène inspire un peu de pitié. Or ceci, c'est *la Sagesse victorieuse des Vices*, et notre sympathie entière doit aller à cette garde champêtre, qui est Minerve, et les pauvres diables qu'elle bouscule doivent nous inspirer la plus profonde horreur. « La beauté est une chose sainte », dit Bembo, dans le *Cortegiano*, de Balthazar Castiglione, « elle procède de Dieu. Elle est la face plaisante, joyeuse, agréable et désirable du bien, tandis que la laideur est la face obscure, fâcheuse, déplaisante et triste du mal. La beauté extérieure est le vrai signe de la beauté intérieure — comme ès arbres la beauté des fleurs porte témoignage de la bonté des fruits. » Ainsi, d'après les deux grands amis de la marquise, Castiglione et Bembo, les pauvres gens de Mantegna étant laids, sont des vices et bons à tuer.

De même, devant le tableau du Pérugin, devons-nous regarder à plusieurs fois avant de prendre parti : nous pourrions lâcher quelque sottise. En effet, quoi de plus vilain que ces grosses dames dévêtues, égorgeant les gracieux petits enfants qui grimpent après elles pour les embrasser ! Elles brandissent des lances contre ces pauvres mioches, qu'elles ont saisis aux cheveux, et c'est proprement, là, le massacre des Innocents... Pas du tout ! nous dit l'auteur, ces innocents sont des coupables, ce sont les Amours, les amours illégitimes, adultères, pour ne pas dire pire, et ces grosses dames sont les Vertus : c'est Pallas, c'est Diane, c'est tout ce qu'il y a de mieux au monde — sauf la dame du milieu, qui se défend, comme elle peut, avec un grand bâton armé d'un plumeau contre l'arc de sa rivale. Celle-là, c'est Vénus, et ce plumeau une torche insidieuse dont elle cherche à mettre le feu au cœur de l'innocente chasseresse...

Toute cette belle « invention » est d'Isabelle d'Este. Comme le Pérugin n'y comprenait rien, non plus que nous, elle ne lui a pas écrit moins de cinquante-trois lettres, pour la lui bien enfoncer dans la tête. Le malheureux artiste — dont la tête était si dure, si l'on en croit Vasari, — en demeurait stupide... Que faire, quand le courrier de Mantoue lui apportait — en même temps que deux rubans lui indiquant la hauteur et la largeur du panneau à peindre — des injonctions comme celle-ci :

> Mon Invention poétique, que je désire vous voir peindre, est une bataille de la Chasteté contre l'Amour. Pallas semblera avoir vaincu l'Amour : elle a brisé sa flèche d'or et son arc d'argent et les a jetés à ses pieds. D'une main, elle le tient par le bandeau que porte l'aveugle, de l'autre, elle lève la lance et va le frapper. Diane doit avoir la même part dans cette victoire. Vénus aura été à peine effleurée dans quelque partie de son costume : la mitre, la guirlande ou le voile. Pour Diane, la torche de Vénus aura brûlé ses vêtements, mais aucune des deux déesses ne sera blessée...

A force d'y songer, le Pérugin pouvait encore figurer ce rébus, bien que les traits qu'on lui donnât comme les plus significatifs soient si peu visibles, une fois traduits en lignes et en couleurs, que l'œil n'y retrouve pas du tout ce que l'esprit y a voulu mettre. Mais que faire, quand on est un peintre d'*Adorations* et de « Conversations sacrées », si l'on reçoit cet ordre de bataille : « Derrière ces quatre divinités, les chastes nymphes, suivantes de Pallas et de

LE COMBAT DE L'AMOUR ET DE LA CHASTETÉ.
Par le Pérugin (au Louvre.) Allégorie commandée par Isabelle d'Este pour sa *Grotta*.

Diane, devront, dans les modes divers qui vous conviendront, soutenir un rude combat contre la troupe lascive des faunes, des satyres et de mille autres petits amours. » — Comment faire battre tout ce monde ? se demandait-il... Ma foi, je ferai poser un mouvement et je le répéterai chez toutes ces nymphes ! Ainsi fit-il, et devant notre tableau du Louvre, on croit assister à une manœuvre d'assouplissement militaire, lorsque tous les hommes d'un peloton lèvent le même bras pour le même geste, sous l'œil d'un caporal injurieux.

Enfin, se dit le peintre, je me rattraperai sur le paysage. Erreur ! tout est prévu. De même que le stratège a donné le « mouvement » et le « point de direction » et indiqué quelles devaient être les armes, il a désigné le « terrain » :

Afin de donner plus d'expression à la fable et l'orner davantage, olivier, arbuste consacré à Pallas, surgira de terre à côté d'elle ; la chouette, son oiseau symbolique, se posera sur une des branches. Du côté de Vénus fleurira le myrte, qui est son emblème, et pour plus de charme, il faudra que l'œuvre ait pour fond un fleuve ou la mer. Les faunes, les satyres, les amours fendant les flots, portés sur des cygnes ou volant dans les airs, accourront au secours de Cupidon, anxieux de prendre part à cette amoureuse entreprise. Sur les bords du fleuve ou sur le rivage de la mer, apparaîtront Jupiter et les autres dieux ennemis-nés de la Chasteté. Le premier, changé en taureau, enlève la belle Europe, et Mercure, comme un aigle qui convoite sa proie, voltige autour de la nymphe Glaucère qui tient un cyste où sont gravés les attributs de la déesse Pallas. Polyphème, avec son œil unique, court après Galatée, Phébus poursuit la nymphe déjà changée en laurier, Pluton, qui vient d'enlever Proserpine, l'emporte dans son royaume infernal et Neptune va enlever Coronis, mais au moment même, elle est métamorphosée en corneille. Tous ces traits, je vous les envoie figurés sur un petit dessin, et, cela s'ajoutant à mes explications, vous comprendrez mieux ce que je veux. Si vous trouvez que les figures sont trop nombreuses pour le sujet, vous pouvez en diminuer le nombre, pourvu toutefois que le fond ne change point : j'entends Pallas, Diane, Vénus et l'Amour..., *mais il vous est interdit de rien ajouter du vôtre.*

C'est le résultat de ce pensum, que nous avons sous les yeux : c'est le plus mauvais tableau du Pérugin, presque aussi ennuyeux à regarder que sa description l'est à lire. Rien de ridicule comme ces petites marionnettes allégoriques répandues à l'arrière-plan : ces cygnes, ces amours, ces satyres et, toujours, cette malheureuse femme-arbuste, dont les dix doigts s'effilent en branches et palpent l'air par leurs myriades de papilles devenues feuilles au vent...

De quel thème ou « invention » est sortie *la Cour d'Isabelle d'Este*, de Lorenzo Costa, qui est placée en pendant au Pérugin? Nous ne savons, car, sans doute, c'est de vive voix que la marquise a donné ses ordres au peintre. Mais si Lorenzo Costa n'a pas fait une œuvre aussi gauche que le Pérugin, il l'a échappé belle ! Nous comprenons bien qu'une troupe de nobles personnages, pittoresquement déguisés, est venue folâtrer à l'entrée d'un bois taillis et au bord d'un bras de mer, profondément enfoncé parmi les collines. Mais qui dira ce qu'ils font? Qui dira, surtout, la pensée commune qui les réunit? Aucun d'eux ne regarde son voisin. Nul ne s'occupe que de son action propre, qui est, à la vérité, fort singulière.

Une dame, assise, tient dans son giron la tête d'un mouton à qui elle passe un collier de fleurs, sans le regarder. Une autre dame, en face d'elle, est également assise auprès d'un petit taureau, doux comme un mouton, et comme elle, aussi, a tressé une couronne, elle tient au-dessus de la tête bovine cette auréole de fleurs. Au second plan, une troisième couronne apparaît : ce n'est plus une tête de mouton ou de taureau qui va la recevoir, mais bien celle d'une belle dame debout, en grande toilette rouge traînante, avec de ces manches tombantes, immenses et pointues par le bas que Mussati comparait à des boucliers catalans. Il nous semble bien la reconnaître pour être la fameuse marquise de Mantoue. Posant la main droite sur son cœur et relevant de la gauche le devant de sa jupe, elle penche la tête comme une victime sous le couteau du sacrificateur. C'est afin d'entrer plus aisément dans la couronne feuillue que lui tend un petit amour ailé tenu debout sur les genoux d'une autre dame.

Tout autour, s'est formé un cercle de vieux Turcs et de jeunes troubadours. Les uns, debout, jouent de la viole, de la lyre ou du monocorde; les autres, assis, tâchent d'écrire quelque chose sur leurs tablettes, malgré la grande incommodité de leur posture. Pendant qu'ainsi ces gens se divertissent, deux personnages guerriers, placés en grand'garde, à droite et à gauche, au bord du tableau, veillent à ce que nul n'approche : l'un, costumé en soldat romain, a été armé d'une longue hallebarde dont il semble se servir un peu à tort et à travers, car il a cassé une branche d'arbre et coupé la tête d'un chien — ce dont il semble très malheureux… L'autre, une femme armée d'un arc et d'une flèche, surveille ce qui se passe au dehors, prête à intervenir. En contre-bas, à l'arrière-plan, un parti de cavaliers, bardés de fer, en attaque un autre, cependant qu'à quelques pas, des voyageurs causent paisiblement en débarquant d'une nef dont on cargue les voiles. Enfin, sous les bois, entre les fûts des saules, des lauriers ou des palmiers, de lointaines figures se poursuivent ou se joignent en des gestes d'amour.

Tel est l'aspect de cette peinture, qu'on appelle tantôt l'*Incoronazione*, tantôt *le Triomphe de la Poésie*, tantôt *la Cour d'Isabelle d'Este*. Les trois titres se peuvent soutenir; il est probable que les personnages ainsi déguisés sont les familiers de la grande marquise, et que le guerrier romain, à l'avant du tableau, qui manie sa hallebarde comme un râteau, est son ami Castiglione, ce diplomate aux yeux bleus et à la barbe blonde qui remplit de son doux et triste regard tout le Salon Carré… Et au second plan, qui peut bien être ce musicien, coiffé d'un turban et armé d'un monocorde, qui retourne vers nous sa longue barbe pointue pour montrer, du bout de son archet, ce qui arrive à la marquise? C'est la vision prophétique d'un Pietro Bembo, vieilli, devenu vénérable, ayant cessé de jouer et de chanter aux pieds des belles dames de son temps, auquel il suffira d'ôter ce turban et de mettre un chapeau rouge pour en faire un cardinal... Et si le peintre avait serré d'un peu plus près le caractère des jeunes figures : le violoniste qui joue, le nez en l'air, en cherchant sa note dans le ciel, l'historien ou le poète coiffé d'un chaperon à plumes, qui tient son encrier comme une coupe, nous y reconnaîtrions peut-être les familiers de la marquise : les Niccolo da Correggio, les Mario Equicola, les Ercole Strozzi, les Lorenzo da Pavia.

Nous reconnaissons, en tout cas, le lieu idéal où ils vivent : c'est ce pré « garni d'herbe et enrichi de diverses fleurettes variées de couleurs, ces bosquets sombres et remplis d'une révérence solitaire, cette belle fontaine industrieusement cachée en la roche vive », que Pietro Bembo dépeint, comme l'idéal d'un parc, au début de ses *Asolani*. Tout cela n'est pas de la bonne peinture, mais c'est une chose qu'on regarde longtemps : elle transporte la pensée dans une région lointaine, où n'entre plus aucune des réalités de la vie. Le guerrier romain et la Diane chasseresse font bonne garde. Aucun objet n'est plus utile à rien. Aucun geste ne peut aboutir à un résultat raisonnable. Tous les regards, par une merveilleuse chance, vont hors du tableau, et ces âmes, absentes les unes des autres, qui semblent aussi absentes d'elles-mêmes, forment bien une couronne idéale à la femme qui veut régner dans le royaume de la pensée pure.

Tournons-nous maintenant et revenons vers les allégories placées sur la paroi opposée, du côté de la Seine. Nous n'avons pas, non plus, par écrit, l'*invenzione* du *Parnasse*, car Mantegna, l'a peint, étant à Mantoue, sous les yeux de la marquise, et nous en sommes réduits, pour le déchiffrer, à nos propres lumières.

LA COUR D'ISABELLE D'ESTE.
Par Lorenzo Costa (au Louvre.) Allégorie commandée par Isabelle d'Este pour sa *Grotta*.

Au-dessus d'un rocher phénomène, troué, en la forme d'une arche naturelle, un jeune homme cuirassé et une jeune femme nue sont debout, épaule contre épaule, renversant l'un vers l'autre leurs têtes amoureuses. Au-dessous, neuf jeunes pensionnaires dansent une sorte de ronde et leurs dix-huit petits pieds battent du bout le sol, avec infiniment plus d'esprit que n'en ont leurs neuf têtes, selon la mesure que leur donne un pauvre diable de harpiste assis dans un coin. Dans l'autre coin, une rosse lamentable, velue, poilue comme un ours, tachetée comme un paon, ailée comme une volaille, regarde son maître avec un tendre reproche de l'avoir déguisée de façon si ridicule pour la conduire en si belle compagnie. Quelques menus incidents égaient encore cette partie de campagne : un jeune polisson, qu'on a eu le tort d'y amener, souffle les pois de sa sarbacane au nez d'un pauvre troglodyte, sans doute occupé à faire cuire sa soupe sur un petit fourneau et qui se défend, comme il peut, en lui envoyant sa malédiction... Au premier plan, un petit lapin, les oreilles droites, attend que tout ce vacarme ait cessé pour sortir de son trou.

Or, ce rocher, c'est le Parnasse, ces pensionnaires sont les neuf Muses, le pauvre harpiste est Apollon qui joue de la lyre et le cheval velu est Pégase, menée par Mercure, dont le fouet est un caducée... Quant aux deux amoureux perchés sur l'arche phénomène décorée, en cette occasion, comme nos estrades pour bals populaires au 14 juillet, ils figurent Mars et Vénus, tandis qu'il faut voir, dans le malheureux visé par la sarbacane d'un gamin, Vulcain que bafoue Cupidon...

Et c'est, tout de même, délicieux. La grâce infinie des gestes, la cadence parfaite des bras et des jambes, le souple déroulement des écharpes, l'équilibre harmonieux des groupes ont sauvé le ridicule de cette affabulation. Le thème idéographique disparaît, on ne ressent plus que le rythme des formes — et ce rythme est divin. Il divinise une des passions d'Isabelle d'Este et l'un de ses triomphes : la *Danse* — cette musique des gestes, qu'elle apprenait dès l'âge de six ans avec le juif Ambrosio, à onze ans avec le fameux Lorenzo Lavagnolo, qu'elle étudiait dans le *Trattato di Ballo,* ou dans le *Ballerino perfetto,* qu'elle pratiqua presque toute sa vie. Que ce soit ou non son visage, cette figure centrale : la Muse vue de face, les mains passées derrière le dos, c'est sûrement sa passion qui agite tout le groupe divin et lui fait effleurer le sol de ses dix-huit pieds aux pointes frémissantes et tactiles. Jamais, peut-être, par aucun peintre, et non point même par Raphaël, l'« esprit » de la Danse ne fut si spirituellement rendu. Et pourtant, il suffit qu'Isabelle d'Este ait passé par là, pour que l'œuvre soit moins parfaite que les autres œuvres de Mantegna. Qu'on y prenne garde : les faiblesses du peintre coïncident exactement avec les figures symboliques et surérogatoires : elles viennent donc bien des exigences de la souveraine.

Aussi, les peintres, d'un bout à l'autre de la péninsule, s'efforcent d'y échapper. Eperdus de joie, tout d'abord, à l'idée d'être sollicités par une si grande et si savante dame, pour la décoration de sa *Grotta,* dès que ses ordres leur arrivent, les voilà dans la consternation. « Je suis allé chez le Bellini ces jours-ci, lui écrit Pietro Bembo, dans une lettre datée de Venise, le 1er janvier 1506 ; il est parfaitement disposé à servir Votre Seigneurie, à la condition qu'elle envoie les mesures de la toile. Il faut que l'*invenzione* qui se trouve ici, avec son dessin à l'appui, soit accommodée à la fantaisie de l'artiste qui doit l'exécuter. Bellini désire qu'on ne lui donne pas de nombreux points fixes qui contrarient son génie accoutumé ; il dit qu'il a l'habitude de se mouvoir à son aise dans ses œuvres et qu'il se charge de satisfaire ceux qui les regardent... » De fait, ce n'est pas avec les inventions de la marquise qu'il nous satisfera. Il tourne et retourne entre ses doigts, pendant trois ans, l' « invention » d'Isabelle d'Este et finit par déclarer : « Il n'y a rien à faire avec cette histoire ».

Son indignation à elle, contre Bellini, n'est pas moindre, car le vieux maître ne s'avise-t-il pas de lui proposer, à la place de son allégorie, une *Nativité !* — Une *Nativité ?* Qu'a-t-elle à faire d'une *Nativité ?* Que prouve un tel sujet ? En quoi peut-il s'accorder avec la suite de ses allégories ? Elle a un plan, depuis longtemps tracé, et il faut qu'on le suive. Elle ne conçoit pas qu'un artiste ne puisse lui transposer, sur-le-champ, en formes et en couleurs, son idée comme un humaniste la lui traduit en phrases : « Ah ! si les peintres étaient aussi rapides que les poètes ! » soupire-t-elle en recevant un *scenario* qu'elle a demandé à Paride da Ceresara. C'est que, pour elle, le sens seul d'une peinture importe et que le métier est un gêneur qui alourdit, complique, retarde la transcription.

Ce dédain pour le « métier » du peintre ou sa « matière » devait éclater dans une circonstance plus mémorable encore. C'était en 1506. Le pape Jules II était à Bologne, avec toute sa Cour pontificale et faisait mine de venir visiter Mantoue ; il fallait tout préparer pour le recevoir. Le marquis Gonzague, alors auprès de Sa Sainteté, écrit donc à sa femme pour lui rappeler que les fresques de Mantegna, dans la *Sala degli Sposi*, ont grand besoin d'être restaurées et d'aller au plus vite. « Employez à cela Mantegna, dit-il, et ses fils, et s'ils ne peuvent faire le travail, ou ne le veulent, faites-le faire par Francesco Bonsignori. » Mantegna ne pouvait, en effet, pour cette raison qu'il était mort... Mais on étendit, tout de même, des couleurs plus brillantes sur l'œuvre du vieux maître, à la hâte, et ce sacrilège qui déchaînerait, aujourd'hui, l'indignation de toutes les gazettes du monde, fut accompli par Isabelle d'Este avec la plus entière sérénité.

Avouons-le. Cette femme, célébrée dans toutes les histoires de l'Art pour son goût artiste, n'était pas artiste. Elle était de ceux qui cherchent à comprendre ce qu'il ne faut que sentir. Elle aimait les œuvres d'art non pour la vie sensorielle qu'elles développent en nous, mais pour les idées qu'elles y insinuent. Elle considérait les tableaux comme des devises plus animées, comme des armes plus parlantes. C'était pour elle le moyen de mieux réaliser devant ses yeux les images qu'elle se faisait d'une vie idéale : une vie où le vice n'est plus victorieux, où la vertu triomphe, où toutes les bassesses fuient à travers leurs marécages, emportant leurs impotences et cachant leurs laideurs, — bref le contraire de ce qu'elle voyait autour d'elle... Cette vie idéale, chaque époque la place où il lui plaît. Nous la plaçons soit dans l'avenir, — ce que font les sociologues et les idéologues ; — soit dans les pays lointains, — ce que font volontiers les artistes ; — soit dans le passé. Avec tout son siècle, Isabelle d'Este la plaçait dans le passé : dans l'antiquité mythologique, là où les dieux triomphent, sans peine, du mal et de la laideur.

De là, son enthousiasme pour ces formulaires classiques, pour ces allégories surannées, pour ces histoires compliquées, que nous trouvons si froides et si vides, dès que le génie du peintre ne les soutient pas. L'antiquité n'est pas seulement pour elle un trésor de beauté : c'est un idéal de vertu, de vérité, de loyauté, de générosité, — de tout ce qui manque à ses contemporains. Elle ne se figure pas une humanité meilleure vêtue autrement, ni sous une autre affabulation que les Dieux grecs. La mythologie est sa revanche sur la vie. Apollon, avec son harmonie, la venge des libellistes et des semeurs de discordes. Minerve, avec sa sagesse, la venge de Lucrèce Borgia. La Vérité, avec son miroir, la venge de César. Ainsi s'expliquent les choses que les peintres font sous sa dictée. Elle aime la danse : elle commande à Mantegna *le Parnasse*. Elle aime la musique : elle commande à Mantegna, d'abord, puis à

Costa, *le Comus*. Elle aime la poésie et la conversation : elle lui commande ce qu'on a appelé *la Cour d'Isabelle d'Este*. Elle abhorre la fourberie, la brutalité, la luxure, la paresse : elle dicte à Mantegna *la Sagesse victorieuse des Vices* et au Pérugin *le Triomphe de la Chasteté*, puis au Corrège, *Apollon et Marsyas* et *les Vertus armant la jeunesse*, qui faisaient partie également de son *studiolo*... Quand on songe qu'elle dictait ces « inventions poétiques » au milieu des complots qui menaçaient la vie de son mari, de son fils, de son frère, après les pestes qui emportaient le tiers des habitants de Mantoue, sur un sol sans cesse ébranlé par le pas des invasions, sous un ciel sillonné par les foudres du Vatican, on commence à les regarder d'un autre œil et à ne plus les trouver si banales et si froides : elles ont la hautaine élégance d'un bouquet cueilli sous le feu de l'ennemi.

Elles ont, enfin, le charme d'une confidence. Elles ne sont pas faites, comme nos tableaux d'aujourd'hui, pour le grand jour, pour le public, pour l' « exposition », mais pour de toutes petites chambres à elle, bâties par elle, ses *Camerini*, où n'entre que son intimité, qui ne sont guère plus grandes que de grands coffrets bleu et or, serrés dans un coin de l'immense *Reggia*, reliquaires des espoirs secrets et des paradis rêvés. Elle ordonne ses tableaux comme elle ordonne ses devises : ces mystérieuses *imprese* qu'elle met partout : au plafond, comme des constellations ; sur ses robes, figurées en perles, comme des broderies ; sous ses pieds, en des carreaux de faïence. Les artistes trouvent ses thèmes incompréhensibles : il lui suffit qu'elle les comprenne. Ils sont la langue conventionnelle de ses souvenirs, de ses désirs, de ses regrets, comme ces messages de soi-même à soi-même qu'on s'envoie au travers des années, en rangeant les reliques de sa vie, les bibelots de sa chambre, selon un plan et un ordre que nul autre ne peut saisir... Prisonnière de son temps, prisonnière de son monde, rêvant d'horizons de justice et de bonté qu'elle ne peut apercevoir que dans le pays des dieux, elle couvre son boudoir d'inscriptions, de devises, d'images, comme font les prisonniers les murs de leur prison : — inscriptions sans doute moins tristes que celles de son malheureux beau-frère, Ludovic le More, sur les murs du cachot de Loches, mais témoignant, tout de même, d'un immense désir d'expansion et de liberté, coups de griffe de la Chimère, qui étend ses ailes et se heurte à ces parois... Est-ce, là, vraiment le rôle de l'Art? Non, sans doute, mais c'est un rôle encore très haut et très rare. On ne peut qu'admirer une erreur si touchante.

§ 2. — Ses portraits

On juge, par là, de ce que doivent endurer ses portraitistes. Faire le portrait d'une belle dame est toujours une entreprise hasardeuse : elle devient tout à fait désespérée, si cette belle dame se pique de goût et aux naturelles exigences de sa vanité ajoute celles de quelque esthétique. Les plus grands maîtres ne sont pas épargnés plus que les autres, et nul prestige n'impose à leurs clientes. Tant qu'il s'agit de mythologie ou de sainteté, de plafonds ou de retables, de symboles décoratifs ou d'aspects généraux de l'humanité, on les loue volontiers, on s'abandonne aux enthousiasmes de courtoisie : c'est un jeu où l'on ne risque rien, — et que cette *Muse* semble chlorotique ou que ce *Génie* soit goitreux, ou que ce *Penseur* ait l'air d'un imbécile, on n'y regarde pas de trop près. Les compliments montent, s'enflent, l'artiste va aux nues... Mais s'agit-il de portraits, chacun veut sauver sa mise, je veux dire : sa tête. On visite, en détail, les moindres fautes de l'artiste. On le rabat à terre, on lui fait sentir qu'il n'est qu'un fournisseur comme un autre et que « beauté » et « ressemblance » sont choses garanties sur facture.

« *Ah! qu'il est difficile de trouver des peintres qui attrapent bien la ressemblance d'après nature!* » s'écrie Isabelle d'Este, dans une lettre à la comtesse d'Acerra. Notez que cette lettre est datée de 1493, c'est-à-dire du moment où tous les grands maîtres ont le pouce dans la palette : Mantegna, Carpaccio, Pinturicchio, Botticelli, Léonard de Vinci, Ghirlandajo, Bellini... Enfin, on va essayer de Mantegna. Elle écrit à Jacopo d'Atri : « Afin de satisfaire la très illustre madame, comtesse d'Acerra, que nous aimons tendrement, nous avons décidé de faire faire notre portrait par Andrea Mantegna, et nous lui demanderons de vous l'envoyer, afin que vous puissiez l'offrir à la comtesse avant votre départ et nous espérons que vous nous rapporterez son portrait, à elle, comme elle a voulu avoir le nôtre. »

Or Mantegna, c'est le glorieux auteur de la *Sala degli Sposi*, à Mantoue, et des *Eremitani*, à Padoue. C'est lui qui a illuminé les tristes murs du *Castello* et fait, dans le plafond, ce trou bleu, avec de jolies têtes autour, que le Titien déclarera « la plus belle chose qu'il ait jamais vue ». Quand Mantegna paraît dans la noire forteresse, ses longs pinceaux à la main, tout s'égaie, tout s'anime : il semble qu'il tienne une poignée de rayons... Mais sitôt en face de la grande marquise, sa souveraine, il s'effondre, ce n'est plus qu'un ouvrier dont on discute l'ouvrage. Et non seulement on le discute, mais on le refuse tout net. « Nous sommes très chagrinée de ne pouvoir vous envoyer notre portrait, continue Isabelle d'Este, s'adressant toujours à la comtesse d'Acerra, mais le peintre l'a si mal fait qu'il ne nous ressemble pas le moins du monde. Mais nous avons envoyé chercher un artiste étranger qui passe pour bien attraper la ressemblance et dès qu'il sera prêt, nous l'enverrons à Votre Seigneurie [1]... »

---

1. « Perche il pittore ne ha tanto mal facta che non ha alcune de le nostre

Cet artiste étranger n'est autre que Giovanni Santi, d'Urbino, le père de Raphaël. D'ailleurs, il ne réussit pas mieux que l'indigène. « Très illustre Madame et très chère sœur, pour satisfaire Votre Seigneurie et non parce que notre figure est assez belle pour mériter d'être peinte, nous vous envoyons, par Simone da Canossa, un portrait sur panneau, de la main de Zohan de Sancte, peintre de la duchesse d'Urbino, qui a la réputation de faire ressemblant, bien que, d'après ce que nous entendons dire, il paraît que celui-ci pourrait nous ressembler davantage... »

Quelques mois après, c'est Isabelle d'Aragon qui veut avoir le portrait de la marquise. Par qui, cette fois, se faire peindre? Mantoue a échoué, Urbino a échoué. On va s'adresser à Parme. Le peintre Gian Francesco Maineri y met tous ses soins, mais hélas ! sans plus de succès. Le portrait achevé, Isabelle l'envoie à Milan, par le maître de cavalerie Negro ; mais en demandant à Ludovic le More la permission d'offrir ce souvenir à Isabelle d'Aragon, elle ne cache pas son dépit : «Je crains d'ennuyer, non seulement Votre Altesse, mais l'Italie entière avec tous mes portraits, mais je ne pouvais refuser aux instantes prières de la duchesse. J'envoie celui-ci, quoiqu'il ne soit pas très ressemblant, car il me fait un peu plus grosse que je ne suis [1]... »

Ainsi donc, tous les peintres qui ont fait son portrait, d'après nature, ont échoué. Si l'on essayait de la peindre sans la voir?... C'est sa sœur, Lucrezia d'Este mariée à Annibal Bentivoglio, qui a cette belle idée. A Bologne où elle règne, elle entreprend de la réaliser, avec l'aide de Francia. La marquise envoie une esquisse ou dessin, d'après lequel Francia tente de faire son portrait.

simiglie : havemo mandato per uno forestere, quel ha fama de contrafare bene el naturale. »

[1]. « Ritrovadomi questo anchor non mi sia molto simile, per essere uno poco piu grasso che non sono io... »

Lucrezia se tient derrière lui et lui dicte la couleur et l'expression. On essaie deux fois et on échoue. Le peintre finit par se dérober à la tutelle de Lucrezia et il fabrique, d'imagination, une figure qu'on envoie à Isabelle. Cette fois, elle est ravie : « En vérité, vous m'avez faite beaucoup plus belle par votre art que la nature ne m'a jamais faite... Mais les yeux sont trop noirs... » Tous les éloges ne sont que pour en arriver là. Isabelle demande à Lucrezia si le peintre ne pourrait pas les retoucher et les faire plus clairs.

On se figure la stupeur des Bolonais quand ils reçoivent la lettre ! Lucrezia répond : « Le Francia, notre peintre, paraît être au ciel, si grande est sa joie d'apprendre que son portrait a plu à Votre Excellence et plus encore que son art vous a faite plus belle que la nature. Ce serait, dit-il, une grande impertinence de l'art de peindre que de prétendre surpasser la nature ; néanmoins, il n'est nullement fâché de recevoir un si grand compliment d'une telle dame ! Quant à changer les yeux de sombres en clairs, le résultat serait hasardeux et c'est avec grand regret qu'il courrait le risque de gâter ce qui est bon dans le tableau et de troquer un bien certain pour un bien incertain. Il faudrait altérer les ombres du tableau pour aller avec la couleur des yeux, et, alors, le vernir de nouveau, et, si les yeux étaient abimés par cette opération, le tableau perdrait tout son charme. Pourtant, si vous étiez ici pour poser devant lui, il ferait de son mieux pour plaire à Votre Excellence... » — « Moi, poser ! se récrie Isabelle d'Este, jamais ! » Car cette femme qui a recours à tous les maîtres de l'Italie, et emploie tous les moyens pour en avoir son portrait ressemblant, ne veut point s'astreindre au seul qui donnerait chance d'y réussir. En 1511, Lucrezia Bentivoglio voulant lui envoyer Francia à Mantoue et lui demandant de lui accorder quelques heures de pose, elle répond : « Que Votre Seigneurie n'insiste pas davantage ! La dernière fois qu'on a fait notre portrait, nous avons éprouvé un tel ennui de cette nécessité de rester ferme et immobile que jamais cela ne nous arrivera plus... »

Tels étaient les Mécènes de cette grande époque, tel, le concours que les artistes trouvaient en eux. On se demande quelquefois, devant ces admirables portraits des femmes de la Renaissance où tout est réuni : vie, jeunesse et beauté, devant ces lèvres encore fraîches, ce qu'elles diraient si elles s'ouvraient. Ne cherchons pas, nous le savons maintenant : elles diraient des injures à leur portraitiste...

§ 3. — Sa collection

Il arrive fort bien que le même esprit, incapable de concevoir les conditions essentielles de l'art, sache goûter l'œuvre d'art une fois faite et surtout si le temps y a mis son prestige. Tel mauvais conseiller peut être excellent amateur. C'est ce qui advint pour Isabelle d'Este. Elle est la plus ancienne, peut-être, des grandes collectionneuses et sûrement la plus spontanée. Aujourd'hui, on fait une collection pour cent raisons, dont la moindre, peut-être, est le goût de ce qu'on collectionne. De son temps, c'était la raison unique et, bien que la grande marquise ne fût ni la première, ni la seule à rechercher les beaux antiques, on ne peut attribuer sa passion à l'esprit d'imitation, ni de lucre.

Mais aussi, quel temps pour les collectionneurs ! Se figure-t-on les yeux des hommes du XVIe siècle, lorsqu'ils virent lever de terre la moisson de marbres qui remplissent aujourd'hui le Vatican ? Il y a des fêtes qui se renouvellent, mais ce spectacle-là, le monde ne l'a eu qu'une fois. Un peuple de statuaires était au travail, plusieurs générations s'étaient usées à donner à cette pierre et à ce bronze les apparences de la vie, du mouvement, de la force, de grands enroulements de gestes et de plis, un

LE PARNASSE ET LA DANSE DES MUSES.
Par Mantegna (au Louvre.) Allégorie commandée par Isabelle d'Este pour sa *Grotta*.

bel équilibre de lignes et de masses, à faire sentir le jeu des muscles par l'affleurement, la plénitude de la santé, en des attitudes qui fissent honneur au corps humain — sans parler de toutes sortes de procédés à trouver, pour obtenir un bronze d'une seule coulée, pour en détailler les finesses. Et, tout d'un coup, tandis qu'ils cherchaient comme avaient cherché leurs pères et leurs aïeux : les auteurs des choses dures et raides des cathédrales que nous admirons, nous, mais qu'ils n'admiraient point, parce qu'ils voulaient aller plus loin, voici que la chose rêvée sortait de terre — le groupe idéal qu'ils cherchaient jaillissait radieux, jeune, parfait, complet, sans un défaut. L'*Apollon* était déterré dans une ferme de Grotta Ferrata, appartenant au cardinal de la Rovere. Le Dieu fleuve, le *Tibre, avec la louve allaitant Romulus et Rémus* étaient découverts dans les fondements d'une maison, près du couvent des Dominicains, à Santa Maria sopra Minerva. Le *Laocoon* sortait du Tibre sous les yeux de Michel-Ange. Un paysan bêchait son jardin dans le Campo di Fiori : il mettait au jour l'*Hercule tenant l'Enfant avec la peau du lion !* On ne donnait pas un coup de pioche sans mettre à nu un chef-d'œuvre... C'était comme si les morts couchés sous la terre avaient, enfin, pitié des efforts des vivants et poussaient, peu à peu, vers eux l'ouvrage de leurs mains, pour leur dire : Ce que vous cherchez, nous l'avions trouvé : le voilà.

Toutefois, le métier de collectionneur n'était pas sans lutte, ni danger. Il fallait, d'abord, prendre garde aux faux, car si facile qu'il fût de trouver, en fouillant, des antiques, on peut croire qu'il était plus aisé encore d'en fabriquer, ou bien que la fraude a un attrait que n'a pas la découverte, car les faussaires pullulaient. Un jour, l'un d'eux réussit à vendre au cardinal Riario, comme grec, un marbre fraîchement sorti de l'atelier du jeune Michel-Ange. Un autre jour, un antiquaire de Rome, qui s'appelait Raphaël et était d'Urbino, sans avoir riendecommun avec les grand peintre, expédiait à Isabelle d'Este, comme antiques, deux petites figures qui étaient l'œuvre d'un obscur contemporain. Aussi, s'entourait-elle de précautions et mobilisait-elle tous ses amis, pour aller expertiser les objets qu'on lui offrait. Il y a un certain vase antique, disputé en vente publique, sur lequel on aurait pu poser cette fiche :

Vente : LAURENT LE MAGNIFIQUE.
Expert : LÉONARD DE VINCI.
Acquéreur : ISABELLE D'ESTE.

Il n'y a que le prix, 150 ducats, ne valant guère plus de 7000 francs, valeur actuelle, qui ferait sourire de pitié nos amateurs modernes.

Il faut ensuite ne point se laisser devancer. Les Anglais sont, déjà, là, qui, à coups de ducats, enlèvent tout. En avril 1529, après le sac de Rome, le poète Molza, ruiné, obligé de vendre sa bibliothèque, écrit au fils d'Isabelle d'Este, le cardinal Ercole : « Si Votre Excellence n'achète pas ces livres, ils vont partir sûrement pour l'Angleterre, ce qu'à Dieu ne plaise tant qu'est vivant le cardinal de Mantoue ! »

Il faut enfin, quand on a un budget modeste et un mari fastueux et qui fait courir, payer le moins cher possible. Dans la bataille que se livrent les amateurs autour des chefs-d'œuvre, on triomphe de trois façons : par la force, par la ruse et par l'amour. La force, c'est l'or ; la ruse, c'est l'attente et la furtive appropriation dans l'ombre ; l'amour, c'est la persuasion, peu à peu pénétrée au cœur de l'artiste ou du précédent possesseur, que jamais son œuvre ne sera si choyée que par soi, et que le beau n'est beau que dans la maison de celui qui l'aime. Ceux qui gagnent par la force, ce sont les riches ; par la ruse, ce sont les diplomates ; par l'amour, ce sont les artistes. Les premiers sont fiers d'avoir payé très cher, les seconds sont fiers d'avoir payé très peu, les derniers ne sont fiers de rien et sont simplement heureux de la possession de l'objet longtemps convoité.

Comme la nature humaine est complexe et la vanité multiforme, il arrive fort bien que le même amateur soit à la fois riche, avisé et amoureux, et qu'ainsi, il tire gloire aussi bien d'avoir payé un tableau très cher, — ce qui fait honneur à sa bourse — ou très bon marché, — ce qui fait honneur à son flair — et qu'après tout il ne déteste point absolument l'art qu'il prétend aimer. Mais il est bien rare qu'un de ces caractères ne domine pas tout à fait les deux autres et ne les subordonne pas jusqu'à les effacer entièrement. Les marchands, les prêteurs vivent grâce aux premiers ; ce sont les derniers qui font vivre les artistes, parce qu'ils forment cette atmosphère d'adoration et d'extase qui leur permet de respirer.

Isabelle d'Este est de ces derniers. Elle est obligée de compter, et de toutes les armes qu'elle emploie pour conquérir les trésors de ses collections, l'or est certainement la plus faible. Elle brandit la menace à l'occasion, étant à demi souveraine, souvent régente ; mais que peut la menace au loin? Alors, elle se fait toute petite, câline, prometteuse, éloquente, pathétique. Elle a, partout, des correspondants et des pourvoyeurs : à Rome, Cristoforo Romano et Baldassare Castiglione ; à Venise, Zorzo Brognolo, Lorenzo da Pavia et Michele Vianello ; à Bologne, Casio et son propre fils Ercole ; à Florence, Francesco Malatesta et Fra Pietro da Novellera ; à Ferrare, Zoliolo et Calipupi ; en France, parfois le même Zoliolo ; en Grèce, Fra Sabba da Castiglione. Occasionnellement, elle mobilise tous ses amis, dont elle a jusqu'en Irlande. Ce qu'elle a le moins, c'est de l'argent. Mais alors son génie supplée à sa bourse. Elle guette les ventes après décès, après révolutions ou après ruines, suit à pas de loup les armées en retraite, fond sur les cadavres avec une rapidité de gerfaut.

Tout sentiment se tait quand crie son désir. Elle aime beaucoup son beau-frère Ludovic le More, qui a voué un véritable culte à sa sœur Béatrice d'Este, et qui partage ses goûts d'art, de luxe et d'élégance. Elle a fait, pour le maintenir sur le trône de Milan, tout ce qu'une femme pouvait faire et, en 1499, elle vient de le recevoir, à Mantoue, avec les plus grands honneurs, lorsqu'elle apprend sa chute et sa fuite devant les Français. Cette chute est définitive : il n'y a plus à espérer aucun retour de fortune, elle le sait. Aussitôt, elle écrit à Antonio Pallavicini, un de ceux qui ont trahi son beau-frère, afin que, dans le désordre de l'occupation par les troupes françaises et le pillage, il retrouve un certain clavicorde, une merveille, que Lorenzo da Pavia avait fait, quatre ans avant, pour sa sœur Béatrice, et, à force d'adresse, elle finit par le tirer de là, et par le mettre dans sa collection.

De même, après la chute et la fuite des Bentivogli devant Jules II, qui vient d'envahir Bologne, elle pense, tout de suite, à ce qu'elle pourra en tirer. Elle apprend que le Pape a fait raser leur palais, nouvellement décoré par Francia, et que deux bustes de marbre de la plus grande valeur, le buste d'Antonia et celui de Faustina, ont disparu durant le pillage. L'affection qu'elle porte à sa sœur, Lucrezia Bentivoglio, et à son beau-frère, ne lui fait pas perdre de vue les deux bustes. Elle reçoit les fugitifs à Mantoue, mais elle retrouve, par ses agents, la piste des chefs-d'œuvre, les rattrape et les met dans sa *Grotta*. De la sorte, les princes dépossédés n'ont qu'à venir la voir pour jouir, à nouveau, de leurs richesses disparues.

Elle ne guette pas seulement la chute des trônes, mais aussi la mort des artistes. Dès que la nouvelle parvient à Mantoue que Giorgione a rendu le dernier soupir, elle remue tout Venise pour avoir un certain tableau de *la Nuit* « que, dit-on, le peintre a laissé et qui est très beau ». Niccolo da Correggio vient-il à mourir à Ferrare, incontinent elle écrit à son fils Gian Galeazzo pour avoir le manuscrit des œuvres de son père : des poèmes qu'il lui a dédiés, assure-t-elle, longtemps auparavant : « Votre père me l'a montré lors des noces du duc Alfonso avec sa première femme Anna Sforza ; nous étions dans la pièce au-dessus de la chapelle, dans la cour; il m'a montré son livre en trois parties, contenant des Sonnets, *Capitoli* et *Canzoni* avec une épître dédiant chacune de ces parties à moi-même... » Après le sac de Rome, elle ne manque pas de profiter de la tempête pour recueillir quelques épaves. Elle en recueille tant et si bien, qu'on en charge tout un vaisseau, qui, d'ailleurs, est pris par les pirates et ne rendra jamais ses trésors.

Généreuse et dévouée dans l'ordinaire de la vie, elle devient, lorsqu'il s'agit de ses collections, épineuse, ombrageuse et jalouse. Elle ne veut pas que des regards trop nombreux s'y posent et les usent. Elle a un exemplaire des *Strambotti* et *Capitoli* du chanteur Serafino, composé pour elle. Louis Gonzague de Gazzuolo a grande envie de copier un *capitolo* fameux « sur le sommeil » ; elle lui en envoie une copie, mais elle le prie de la tenir sous clef et de ne permettre à personne de la lire, car elle ne veut pas que ces vers tombent dans le domaine public. Elle a un *Eustathium* grec, qu'elle prête à son cousin César d'Aragon, mais en le priant de ne pas permettre à beaucoup de gens de le voir, pour ne pas en diminuer la valeur. Elle veut bien se dévouer aux siens et leur donner tout ce qu'elle a, mais non point un objet de collection — pas une pièce de musée !

Au lendemain de la bataille de Fornoue, où les stradiots ont pillé le camp de Charles VIII, et notamment les admirables tapisseries qui suivaient toujours le Roi, le marquis Gonzague décide d'envoyer ces merveilles à sa belle-sœur Béatrice d'Este, sans doute pour se concilier les bonnes grâces de Ludovic le More. Isabelle, consternée, ne refuse pas de lui obéir, mais ne lui obéit pas non plus, et se dérobe en ces termes :

> Très illustre Seigneur, Votre Excellence a exprimé le désir que j'envoie les quatre pièces de tapisserie qui appartenaient au roi de France, afin que vous en fassiez présent à la duchesse de Milan. Il va sans dire que je vous obéis, mais dans cette occasion, je dois dire que je le fais avec beaucoup de répugnance, car, à mon avis, ces dépouilles royales devraient rester dans notre famille pour perpétuer la mémoire de vos glorieuses actions, desquelles nous n'avons pas, ici, d'autres souvenirs. En les donnant à d'autres, vous semblez abandonner l'honneur de l'entreprise en même temps que ces trophées de la victoire. Je ne vous les envoie pas aujourd'hui, parce qu'il faut pour cela une mule, et aussi parce que j'espère que vous saurez trouver quelque excuse à faire à la duchesse, lui dire, par exemple, que vous m'aviez déjà donné ces tentures. Si je ne les avais pas vues, je n'y tiendrais pas tant; mais comme vous me les avez données en premier lieu et qu'elles ont été acquises au péril de votre vie, je ne m'en séparerai que les larmes aux yeux. Toutefois, comme je l'ai déjà dit, j'obéirai à Votre Excellence, mais j'espère recevoir en réponse quelques explications. Ces draperies auraient mille fois plus de valeur qu'elles n'en ont, si elles avaient été acquises d'une autre façon, je serais heureuse de les abandonner à ma sœur, la duchesse, que j'aime, comme vous le savez, et que j'honore de tout mon cœur. Mais, étant données les circonstances, je dois confesser qu'il est très dur pour moi de m'en séparer. — Mantoue, le 24 juillet 1495.

L'histoire des marbres d'Urbino est plus typique encore. En juin 1502, Isabelle d'Este jouissait des plaisirs de la villégiature dans ses beaux jardins de Porto avec son amie préférée qui était sa belle-sœur, Elisabetta Gonzague duchesse d'Urbino, lorsque, tout d'un coup, le mari de celle-ci, le duc d'Urbino, Guidobaldo, paraît, descend de cheval à demi mort d'épouvante et de fatigue, arrivant à bride abattue de ses États, que César Borgia a envahis et qu'il est en train de piller, n'ayant sauvé, dit-il, que sa vie et sa chemise. Cela vient de se passer en pleine paix, et même en pleine alliance, sans aucune déclaration de guerre, et le jeu a été pour l'envahisseur d'autant plus facile, que Guidobaldo venait de lui prêter, pour lui rendre service, son artillerie. C'est un de ces tours qui ont valu à César Borgia les éloges de Machiavel. Cela ne devait point lui porter bonheur, mais en attendant que la vertu fût vengée et le crime puni, les sujets de Guidobaldo étaient rançonnés, massacrés, et le palais que son père avait rempli de trésors sans nombre : manuscrits, armes, œuvres d'art, était méthodiquement dévalisé. Des files de mulets descendaient la montagne pour porter les fruits de cet heureux coup de main jusqu'au Vatican — car les Papes de ce temps protégeaient les arts.

Dans ces conjonctures, Isabelle d'Este se montre bonne parente et collectionneuse meilleure encore. La parente s'empresse, reçoit fort bien le fugitif, pleure sur ses malheurs, lui donne asile dans son propre palais ; mais la collectionneuse n'hésite pas à profiter de l'aubaine. Elle se rappelle avoir vu, à Urbino, un beau torse antique de *Vénus* et un bel *Amour endormi* qui n'est pas un antique, bien qu'il ait été vendu précédemment comme tel au cardinal Riario, et qui est l'œuvre d'un jeune sculpteur florentin, un certain Buonarotti — et elle les a toujours convoités. Sans perdre une minute, elle écrit à son frère le cardinal Ippolito d'Este, qui est à Rome, pour obtenir de l'usurpateur qu'il lui cède ces deux pièces pour sa collection. Aussitôt, César Borgia, voleur galant et traître serviable, dépêche à Mantoue un homme à lui, avec des mulets portant la *Vénus* et l'*Amour endormi* : en sorte que le duc d'Urbino voit revenir dans le palais où elle lui donne asile, et comme propriété de sa belle-sœur, les deux marbres qui étaient, un mois avant, dans son propre palais, sa propriété...

Jusque-là, le rôle de la collectionneuse peut se confondre avec le rôle de l'amie. Mais un jour vient où il en diffère très nettement. C'est le jour où Guidobaldo étant rentré dans ses États, après la chute des Borgia, et ayant récupéré, à peu près, tous ses trésors, Isabelle se garde bien de lui rendre les deux antiques. Elle a eu la précaution, avant de solliciter le voleur, de s'y faire autoriser par le volé, et elle tient que cet assentiment la dispense à jamais de restituer le fruit du larcin. En sorte qu'en ce temps de tueries et de pillages, on recouvre parfois ce qu'a dérobé un bandit, jamais ce qu'a recueilli un collectionneur.

Ainsi, chaque désastre, chaque tempête apporte son épave à la jolie naufrageuse et, en parcourant sa *Grotta*, le visiteur, un Castiglione ou un Pietro Bembo, peut mentalement dresser le martyrologe de l'Italie. Pour elle, une couronne qui tombe, c'est un collier qui se dénoue et elle se met, s'il le faut, à plat ventre pour retrouver les perles défilées ; un artiste qui meurt, c'est une vente en perspective ; une ville qu'on met à sac, c'est un mulet qui vient chargé d'un trésor... Mais qui pourra lui tenir rigueur ? C'est une collectionneuse. Ruines de familles, ventes forcées, fins de races, pillages de monastères, fuites de rois, voilà ce qu'on trouve à l'origine de tout musée public ou privé. Une collection n'est qu'une chaumière faite des débris de cent palais.

Et la chaumière d'Isabelle d'Este, elle-même, a été détruite et dispersée. Un siècle ne s'était pas écoulé, depuis sa mort, que ses tableaux, assemblés avec tant de peine, étaient déjà vendus par le duc qui régnait alors sur Mantoue, Vincenzo II, au roi Charles Ier d'Angleterre. Celui-ci les goûtait fort et, sur l'inventaire, écrivait de sa main, après chaque objet venu de la collection fameuse : *Mantua piece*. Mais son palais était un asile bien peu sûr : quelques années plus tard, la révolution éclatait en Angleterre, le Roi était décapité, ses collections vendues et les tableaux d'Isabelle d'Este dispersés dans toute l'Europe. Ce qui était resté à Mantoue d'objets précieux n'avait pas eu un sort plus heureux : en 1630, lors du sac de la ville par les lansquenets de Ferdinand II, presque tout avait été pillé, chargé dans des barques sur le Mincio et disparu, émietté, au hasard des rencontres.

On en trouve aujourd'hui des fragments un peu partout :
en France, en Allemagne, en Angleterre, surtout. Au
fond de bien des châteaux du Royaume-Uni, il y a, sans
doute, des restes de la *Grotta*, des portraits d'Isabelle
d'Este ou de ses amis, sous les yeux de possesseurs qui les
ignorent. Les restes de son fameux « service » sont dispersés
dans des collections de Vienne et de Paris. Ses médailles
sont à Vienne et dans des collections privées. Il n'y a qu'un
endroit où on n'en trouve rien : c'est son palais à elle.

§ 4. — Son palais a Mantoue

On nous dit souvent qu'il faut remettre les œuvres
d'art dans le cadre qui les a contenues la première fois.
Renan a écrit, là-dessus, des pages qu'on lit rarement, mais
qu'on cite toujours. Supposons, un instant, que ce soit
possible. Faisons un rêve : le jour est venu où chaque peuple
recouvre les œuvres d'art qu'il a enfantées. Les volets de
l'Adoration reviennent à Gand, les *Panathénées* reviennent
sur l'Acropole, le tombeau de Jules II est rassemblé, les
Vierges de partout remontent sur leurs autels. Il nous est
permis de rendre les tableaux de Mantegna, du Pérugin, de
Costa, du Corrège, faits pour Isabelle d'Este, aux murailles
qu'ils ont dû animer jadis. Nous quittons ce palais du
Louvre, si régulier, si ordonné en son architecture et si plein,
avec ses cours mouvantes de foules, ses fenêtres ouvertes
sur une rivière vivante et les grandes rumeurs cosmopolites
qui y entrent par bouffées — et nous transportons nos
trésors, à travers la plaine lombarde, plus loin que Milan,
plus loin que Brescia, jusqu'à Mantoue. Nous franchissons la ceinture d'eaux mortes qui l'isolent du reste du
monde ; nous voilà, suivant ces rues étroites et sinistres,
bordées d'arcades noires, aux maisons hydropiques tassées
sur leurs colonnades comme des vieilles sur leurs béquilles ;

nous entrons dans ce chaos de châteaux forts, vides, ruinés, silencieux, ces montagnes de briques moisies parmi les eaux vertes des fossés, au bord du lac où traîne le reflet des nuages paresseux... Où allons-nous les mettre?

Les salles que les gardiens montrent avec le plus d'orgueil, la *Salle des Fleuves*, la *Salle des Miroirs*, la *Salle des Marquis*, sont des salles de casinos : on est étonné de ne pas voir des ombres de joueurs autour d'un fantôme de trente-et-quarante. Du haut des corniches, des grappes de statues menacent ruine, quelques-unes, décharnées, laissent voir leur squelette de fer... Rien, ici, n'est du temps, ni de l'idéal d'Isabelle d'Este. Ce n'est pas là qu'on peut mettre *le Parnasse* ou *la Sagesse victorieuse des Vices*... Allons plus loin. Traversons les jardins et les cours intérieures. Rejoignons les plus lointaines chambres du plus lointain de ces palais. Tout est délabré, tout s'effrite, tout croule : cent cinquante ans, les Autrichiens ont campé là-dedans, mangé, bu, fumé, cuisiné, fait litière... Où donc pourrons-nous accrocher nos chefs-d'œuvre? Comment trouver le lieu exact pour lequel on les a conçus et où ils furent placés autrefois?

Cela n'est pas facile. Isabelle d'Este a vécu dans trois appartements distincts de ce palais, et fort éloignés les uns des autres. Pour voir ce qui reste de son premier appartement, celui où elle a passé les trente années de son mariage, c'est-à-dire toute sa jeunesse et plus que sa jeunesse, il faut aller tout au bout des palais, jusqu'au bord du *lago mezzo*, dans le vieux *Castello* sombre, sentinelle avancée de Mantoue vers le Nord. Deux tours carrées, hérissées de mâchicoulis, flanquent ses extrémités l'une à l'Ouest, l'autre à l'Est : dans celle de l'Ouest, on trouve la chambre peinte par Mantegna, la *Sala degli Sposi*, avec ses fresques admirables ; dans celle de l'Est, il n'y a rien ; mais entre les deux, un petit avant-corps s'avance vers le lac comme un cap. On y descend par quelques marches et, tout de suite, une chambre exiguë, voûtée en berceau, retient l'attention. Certes, ce petit réduit, éclairé par une étroite barbacane, ressemble plus à une casemate qu'à un boudoir. Pourtant, on se croit entré dans un coffret précieux; sous la voûte, on voit des restes d'outremer et d'or : toute une décoration, d'une délicatesse infinie, encadre deux motifs alternés, toujours les mêmes : une portée de musique où sont figurées des notes qui ressemblent à des pauses et des gerbes de bandes de parchemin, liées par des rubans dont les bouts flottent au vent. Voilà tout ce qui reste du premier appartement d'Isabelle d'Este, de ce *studiolo* célèbre, où elle vécut de l'année 1490, date de son mariage, jusqu'à l'année 1520, après la mort de son mari, et où elle rassembla ses premiers trésors d'art.

Elle habitait sûrement là, quand elle commanda nos Mantegna, mais où les mettre? Où sont les chambres qui pourraient les contenir? On ne saurait les accrocher dans ce réduit large, ou plutôt étroit, de deux mètres cinquante, qui semble n'être qu'un passage et qui devint un simple passage, en effet. Au bout, là où ce petit avant-corps tombe à pic dans le lac, était autrefois un autre palais petit, bas, carré, bâti du vivant même d'Isabelle d'Este, pour sa belle-fille, la princesse Paléologue, et appelé pour cela la *Palazzina della Paleologa*. Et pour passer du *Castello* ancien à ce nouveau palais, on dut percer ce coffret précieux. Pendant plusieurs siècles, il fut donc réduit au rôle de simple corridor. Puis la *Palazzina della Paleologa* tomba en ruines. On l'a démolie en 1899; la chambre voûtée est donc maintenant dégagée, reçoit directement l'air et la lumière du ciel comme du temps d'Isabelle. Mais tout ce qui faisait le charme de ce *studiolo* n'en a pas moins disparu, et c'est ailleurs qu'il nous faut chercher un asile pour nos tableaux.

Sera-ce la suite des petites chambres, ou *camerini*, où elle est allée en quittant le vieux Castello en 1520 et où elle est morte en 1539? C'est la partie la moins détruite et la moins restaurée des anciens palais. Elle est dans ce qu'on appelle la *Corte Vecchia*, au premier étage, avec vue au levant sur le lac. Entrons-y. Nous la trouvons, telle, à peu près, que l'a quittée Isabelle d'Este, et les soldats ou les locataires successifs qui y ont habité n'ont pu effacer entièrement ses traces... Le vent, seul, habite le reste des palais — et le silence et la solitude : ici, on se sent chez quelqu'un. Ce fut toujours le goût des Italiens de bâtir d'immenses monuments pour ensuite n'y habiter que des alvéoles étroites, et y vivre comme des rats dans un transatlantique ; et aussi sur des sommets d'où la vue peut embrasser le monde, de réduire le jour à des sortes d'embrasures haut perchées et incommodes, qui ne visent guère que le ciel. Nous retrouvons ce goût chez la grande marquise. Ces *camerini* ne sont qu'une suite de cellules, dépendant les unes des autres et tournées vers le lac. D'ailleurs, rien qui évoque les lacs italiens, ni l'Italie même. Des eaux basses, étalées ; de longues lignes de sables sur les eaux; de longues lignes d'arbres bas sur les sables ; de longues rangées de nuages traînant sur tout cela, qui moutonnent parfois dans le ciel bleuâtre : c'est presque un horizon de Hollande, qu'on voit s'enfoncer, libre, ouvert indéfiniment, mais que l'on sait fermé par les rochers et le lac chantés par Virgile et Catulle, là-haut, bien loin vers le Nord... Aussi, rien à voir au dehors, mais tournez-vous à l'intérieur : voici le fameux *Paradiso* entièrement conçu par elle et pour elle, après la mort de son mari. Rarement cellule fut décorée si amoureusement ; jamais on ne vit profiter d'un espace si réduit pour signifier aux yeux et à l'esprit tant de choses.

La porte de communication entre les deux principaux *camerini*, est un poème de marbres de toutes les couleurs : sur les chambranles jaunes, noirs ou rouges sont posés des médaillons de marbre blanc comme des cachets sur des scellés, et dans ces médaillons s'inscrivent des statues en miniature d'une délicatesse infinie. On les attribue à Cristoforo Romano : elles sont dignes des plus grands maîtres. Tous les symbolismes d'Isabelle d'Este se lisent sur ce cadre de porte. Minerve, debout, s'appuie sur sa lance et sur son bouclier, entre une armure dressée sur un tronc d'arbre et un olivier symbolique ; la Musique trône entre des pupitres et des tablatures ; Orphée suspend sa lyre à un arbre ; une figure singulière de femme court en portant des livres sur sa tête et en foulant, du pied, une tête de mort... Deux médaillons d'un marbre violacé, couleur de lilas, plaqués au milieu des chambranles, et un troisième, au front du linteau, semblent remplacer des œuvres volées ou détruites. Mais les délicates marges de marbre blanc, creusées en forme de feuilles de chêne ou d'acanthe, s'enroulent encore autour de ces miroirs vides. Et dans l'épaisseur du mur que franchit la porte, six autres médaillons prolongent, comme des échos, ce que disent les premières figures. Derrière la Musique, un oiseau, un rossignol sans doute, avec l'inscription χαιρε προχνη ; derrière l'Orphée, un singe vêtu d'une collerette avec un miroir ; derrière la Minerve, le hibou ; derrière la mystérieuse figure qui, par le Livre, dompte la Mort, un paon ; enfin, derrière les médaillons vides, un léopard et deux pigeons nous proposent leurs énigmes.

Regardons autour de nous. Les murs sont tapissés de marqueteries d'un beau ton de violon de Crémone, jaune dans les reliefs, noir dans les creux. Voici, peu à peu, visibles, des villes fantastiques, des architectures de palais entassés, des instruments de musique : une viole, un virginal, un luth : à chaque coin, on découvre une pensée présente. Les fibres des bois divers s'arrangent pour figurer une portée de musique, et, sur cette portée, la notation d'un air populaire du XVIe siècle, un air français, dont les premiers mots sont écrits : *Prendes sur moy*, avec le nom du célèbre musicien flamand Okenghem. Ailleurs, sur un petit étendard gonflé comme une voile, on lit aisément : Isab et en dessous : Ella. Il y a plus d' « intentions » et de « décor symbolique » dans ces panneaux que dans un buffet de Gallé.

Quand on lève les yeux vers la voûte, on se sent encore dominé par une pensée mystérieuse. En un écheveau d'or terni sur un fond d'un bleu sombre, les entrelacs, les tiges et les feuilles d'acanthe ou de lauriers, les rubans et les nœuds se déroulent, se mêlent, se rejoignent, s'enroulent, semblent aussi confus que la voûte d'une forêt. Puis, peu à peu, comme dans la nuit étoilée on distingue les figures des constellations, on reconnaît là-dedans des symboles. Voici l'α et l'ω, commencement et fin de tout ; voici les gerbes formées par les cartes du *Lotto*, symboles du hasard qui régit les destinées humaines ; voici un candélabre en triangle, duquel une seule lumière brille encore et qui rappelle, avec les lettres U. T. S., la devise choisie par la marquise aux heures sombres où il ne lui restait plus que l'espérance : *unum in tenebris sufficit* ; voici la portée musicale avec les clefs singulières et les notes mystérieuses que nul n'a jamais pu déchiffrer, et que la marquise aimait tant qu'elle les faisait reproduire, en perles, sur ses robes. On les appelle, d'ordinaire, les *Pauses*, ou les *Silences*. Ce sont en réalité des notes et des sons, mais des notes écrites comme on ne les écrivait plus depuis deux cents ans, et arrangées avec un souci décoratif bien plus apparent que le souci musical. Voici, enfin, le XXVII, qui annonce les sectes vaincues, vinte sette, et partout, sous toutes les formes, la devise qui a dominé toute la vie vécue ici : nec spe, nec metu... nec spe, nec metu... Nous sommes bien chez Isabelle d'Este.

Mais nos tableaux y seront-ils? Y ont-ils jamais été? Yriarte le croyait ; il avait même fait un projet de reconstitution du *Paradiso*, avec l'emplacement présumé de toutes ces œuvres. Mais, manifestement, les panneaux de ces *came-*

rini, aujourd'hui occupés par des décorations sans valeur, ont toujours été trop petits pour contenir nos peintures. Ils ne les ont jamais contenues. Nos Mantegna seraient bien ici, chez elle, mais ils ne seraient pas chez eux. Il faut donc leur trouver un autre asile...

Reprenons notre course à travers le dédale de la Reggia et cherchons le troisième appartement de la marquise, non pas un appartement d'habitation, mais de réception et de collection. Cherchons ce qui put être son musée. Les salles succèdent aux salles, les corridors s'allongent interminablement dans l'ombre, parfois coupés par une baie pleine de soleil et de vent. Le pas sur les dalles va réveiller, bien loin et bien haut sous les voûtes, des échos paresseux, qui se rendorment aussitôt : ce n'est qu'une fausse alerte, la vie ne reviendra plus animer ce gigantesque squelette de pierres et de briques. On se demande quels géants ont construit ces murs, lorsque, brusquement, il faut baisser la tête et se faire tout petit, pour entrer dans une suite de chambres lilliputiennes... Qu'est cela ? Une geôle avec un raffinement de torture pour les prisonniers qu'on voulait mater ? Non, c'est trop orné, trop élégant pour cet usage... Puis on se rappelle ces mots lus dans une lettre de cette époque où sont racontés les divertissements d'Isabelle : « *Alors, entrèrent Morgantino et Delia : ils dansèrent, ils sautèrent ensemble et firent de grandes choses avec leurs petits corps...* » Nous sommes chez les Nains ! C'est là qu'habitait cette race soigneusement entretenue à la Cour de Mantoue et dont on tirait des cadeaux pour les princesses étrangères comme on faisait aux princes des cadeaux de chevaux tirés des haras. « J'ai promis à Mᵐᵉ Renée, il y a quatre ans, écrit Isabelle, de lui envoyer la première des filles de mes nains qui viendrait à naître. La *puttina* a maintenant deux ans et restera sans doute naine, bien qu'on ne puisse espérer qu'elle soit aussi petite que ma Delia. L'enfant peut maintenant marcher seule et sans guide, si la duchesse désire toujours l'avoir. » C'est donc, ici, le petit appartement qu'on avait fait construire à leur taille. Comme il ne pouvait servir de rien à personne, il a été respecté de tous les envahisseurs. C'est la seule chose intacte de l'immense Palais... Mais nous ne saurions y suspendre nos tableaux. Et nous continuons nos recherches, un peu obsédés maintenant par l'image falote de ces êtres artificiels et par la sonorité étrange de ces mots : « *Alors entrèrent Morgantino et Delia...* »

Enfin, au rez-de-chaussée, nous tombons dans une cour pleine d'arbustes et ornée d'un petit temple de marbre, qu'on appelle la *Cour des Quatre Platanes*. Tout le long de ce jardin abandonné, passe une large galerie, et, s'ouvrant sur cette galerie, voici une suite de petites salles où les Autrichiens avaient installé leur Scalcheria (chancellerie) et, au bout de ces salles, nous trouvons une cour ouverte, un *cortile* en ruines, les pavés arrachés, remplacés par de l'herbe, les frises ruinées, des creux dans le mur qui doivent avoir été des niches à statues, où luisent encore quelques restes de mosaïque. Si l'on regarde bien, tout autour de la frise, usée par le vent, cuite par le soleil, noircie par la pluie, disjointe par les lézardes, ébréchée, on finit par retrouver les lettres qu'il faut pour figurer ces mots au début : ISABELLA ESTENSIS... et à la fin : ... FECIT A PARTU VIRGINIS MDXXII. Nous sommes arrivés ! C'est bien, ici, comme l'a dit le poète Toscana :

> Le lieu que le monde a surnommé *la Grotte*.
> Elle cache, en son riche sein,
> Ce que la belle Italie a de plus précieux ;
> C'est la magnanime Isabelle d'Este
> Qui l'a construite et splendidement ornée.
> Cinq chambres la composent, mais deux d'entre elles
> Ont été destinées à abriter les choses de l'Art...

Nous sommes, cette fois, sans aucun doute possible, sur

le sol et sous le ciel où nos tableaux du Louvre vécurent leur jeunesse. Voici les deux chambres décrites par Toscana. Ici, à droite de la fenêre, nous le savons, était l'*Incoronazione* ou Cour d'Isabelle d'Este, de Lorenzo Costa, la *Lotta di Amorini e di Ninfe*, du Pérugin; ici, était le *Parnasse* de Mantegna, qu'on appelait aussi *Venere con Vulcano ed Orfeo*; ici, était la *Virtu che scaccia i Vizii*, de Mantegna, enfin peut-être, ici, et certainement près d'ici, et sûrement dans le même palais, l'*Antiope* du Corrège et la *Mise au Tombeau* du Titien[1].

Si quelque chose des visages demeurait dans les lieux où les âmes ont vécu fortement et si le souvenir suffisait à les matérialiser devant nous, comme un rais de soleil les impondérables corpuscules suspendus dans l'air, nous verrions paraître, ici, la tête pleine de Balthazar Castiglione, du Louvre, la tête osseuse et aiguë de Machiavel, du Bargello, le crâne dénudé et la barbe flottante de Pietro Bembo, le front fuyant de l'Arioste, la ronde frimousse de Niccolo da Correggio, la solennelle coupole du Titien, le divin profil de Léonard, le museau secret de Ludovic le More, la mâchoire prognathe de Charles-Quint... Tout ce qui a aimé, tout ce qui a souffert, tout ce qui, au seuil du XVIe siècle, a deviné une nature plus complexe ou désiré une humanité meilleure, a passé ici, a médité devant les tableaux que nous voyons au Louvre, a regardé danser nos Muses, rêver notre Apollon, dégringoler nos petits Amours aux ailes de libellules, converser nos philosophes, combattre notre Minerve, contre les Vices ou contre Vénus. Ces ébauches d'une vie idéale animèrent ces ruines.

Nous pourrions donc les y suspendre par l'imagination, mais quelle vie y mèneraient-elles? Elles y seraient isolées, dépaysées, perdues. Du temps d'Isabelle d'Este, ces salles étaient pleines, à déborder, de marbres, de bronzes, de ca-

[1] D'après l'inventaire du 2 août 1542, dressé par Odoardo Stivini, notaire. Cf. A. Patricolo. *Guida del Palazzo Ducale*. Mantova, 1908.

mées, de cristaux, de livres précieux, presque tous mythologiques. Tout parlait la langue des Dieux. Les dalles elles-mêmes du Cortile, faites de faïences colorées, étaient de petits tableaux symboliques. On posait le pied, tantôt sur des brandons arrangés en tour de Babel, avec cette mystérieuse inscription : AMUMOC, où les familiers de la maison d'Este savaient lire *amomos*, ou *immaculata*, tantôt sur le gantelet de fer entouré de cette devise : *buena fe non es mudable*, tantôt sur la mèche de brandon allumée et la colombe, avec la devise : *vrai amour ne se change*, tantôt sur le soleil flamboyant et dardant de tous côtés, ses pointes avec la devise : *per un dexir*... On maniait les éditions nouvelles d'Alde Manuce, on caressait des matières ivorines, marmoréennes, ligneuses, cristallines — un régal du toucher. Nous sommes bien dans le lieu géographique, mais toute l'ambiance esthétique a disparu... Quand on lève les yeux sur les parois de la *Scalcheria*, vainement on cherche les manuscrits qui enchantaient l'Arioste ou Bembo, et quand on cherche, du pied, le fameux *pavimento* de faïence, couvert des devises des Gonzague, on ne trouve que du trèfle : il est boulevard Haussmann...[1]

Mais patience ! Le hasard, qui s'amuse à reconstruire comme à détruire, a, peu à peu, rassemblé les plus belles épaves d'Isabelle à Paris et les pousse insensiblement vers le Louvre, comme vers le port. Les mythologies de Mantegna, du Pérugin et de Costa, achetées par le cardinal de Richelieu peu après le sac de Mantoue, à quoi elles avaient échappé, et transportées au château du Plessis sont, de là, venues au Louvre. En 1797, *la Vierge de la Victoire*, enlevée par nos troupes à la chapelle de la Via San Simone, est venue les rejoindre. Les êtres qui entourèrent la grande

---

[1] A l'hôtel Édouard André, aujourd'hui musée Jacquemart-André. — On a, depuis peu, commencé une restauration de ce *Cortile*, mais si exacte que puisse en être la reconstitution, elle ne saurait remplacer la matière même des objets qu'a vus et touchés Isabelle d'Este et qui ont entièrement disparu.

marquise, qui firent partie de sa « collection d'âmes » se rapprochent aussi. Le portrait de son ami Balthazar Castiglione, par Raphaël, est au Salon Carré, à la place de *la Joconde*. Celui de son fils, Federico, par le Titien, n'en est pas loin, occupé à mirer une belle dame entre deux miroirs. Le portrait présumé d'une de ses admiratrices, la belle Lucrezia Crivelli, maîtresse de Ludovic le More, est dans la salle du bord de l'eau, sous le pseudonyme de *Belle Ferronnière*. Le buste de sa sœur Béatrice d'Este, par Cristoforo Romano, est au rez-de chaussée, dans la salle du bord de l'eau, dite « de Michel-Ange ». La voici enfin, elle-même, dans ce Paris qu'elle a tant désiré voir, dans ce Louvre dont elle a si souvent entendu parler, respirant cette atmosphère de sociabilité sans lequelle il semble qu'elle ne pouvait vivre. La seconde vie qu'un portrait donne à son modèle est quelquefois celle qu'il a rêvée...

LA VIERGE DE LA VICTOIRE.
Par Mantegna (au Louvre.)

LA VIERGE DE LA VICTOIRE

AU LOUVRE

I. — LA LIGUE

Il y avait, une fois, à Mantoue, un pauvre juif — je veux dire un juif qui était riche, mais qui n'était aimé de personne, ce qui est la pauvreté suprême — nommé

Portrait authentique contenu dans ce tableau :
Gian Francesco Gonzague, quatrième marquis de Mantoue, capitaine général des armées de la Seigneurie de Venise, représenté, à l'âge de vingt-neuf ans, armé, à genoux.
Portrait présumé contenu dans ce tableau :
Osanna dei Andreasi, dite *La Beata Osanna*, sœur dominicaine, parente des Gonzague, morte en odeur de sainteté en 1505 et béatifiée en 1515 par Léon X, représentée en sainte Élisabeth, à genoux.
Autres portraits authentiques du marquis Gian Francesco Gonzague :
1º Par Mantegna, à l'âge de sept ans, le petit garçon habillé de gris violet avec des aiguillettes blanches, en haut-de-chausses mi-partie rouge et blanc et bleu, dans la fresque *Le Retour du Cardinal*, représentant Ludovico Gonzague, et ses fils et petits-fils, debout, à la *Sala degli Sposi*, au Castello Vecchio, à Mantoue.
2º Par Sperandio di Bartolomeo de' Savelli, à l'âge de vingt-neuf ans, médaille de bronze frappée en même temps que le tableau de la *Vierge de la Victoire* a été peint. Buste de profil gauche avec un petit bonnet et une cuirasse — inscription : *Franciscus. Gonzaga. Mantuæ. marchio. ac. veneti. exerc. imp.* Au revers, la même figure à cheval, inscription : *ob. restitutam. Italiæ. libertatem. — Opus. Sperandei.*
3º Par Bartolomeo Melioli. Plus jeune. Médaille de bronze. Buste de profil droit, avec un petit bonnet, des cheveux longs et une cuirasse. Inscription : *D. Franciscus. Gon. D. Fred. III. M. Mantuæ. F. Spes. Pub. Salus. Q. P. redivi-* Au revers, une femme, la main droite appuyée à une haste, la main gauche tenant une muselière sur laquelle est l'inscription : *cautius*, à ses pieds l'eau et le feu. Inscription : *Adolescentiæ. augustae. meliolus. dicavit.*
4º Par Ruberto, jeune, médaille peut-être de 1484. Buste de profil gauche, avec un bonnet et une armure, avec l'inscription : *Franciscus. marchio man-*

Daniele Norsa. C'était un banquier et qui faisait bien ses affaires. Cete fois-là, c'était en l'année 1495, il avait pris fantaisie de venir habiter une maison située au commencement de la via San Simone, aujourd'hui via Domenico Fernelli, dans le nord de la ville, non loin des marécages qu'on a desséchés depuis et transformés en une place, la piazza Virgiliana. Il y avait bien un obstacle à ce qu'un juif habitât cette maison : sur le mur on voyait une antique Madone peinte à fresque, et les mœurs du temps n'autorisaient point, pour la sainte Vierge, une telle promiscuité. Aussi notre homme avait-il pris ses précautions : il avait demandé à l'évêque la permission, moyennant finance, de faire enlever la Madone, ce qui était sage, mais ayant payé, il se croyait à l'abri de tout péril, ce qui ne l'était pas.

Voici qu'un beau jour de mai, la veille de l'Ascension, une procession, passant devant sa maison, avisa, sur le mur, à la place de la Madone accoutumée, des images peu édifiantes et une inscription des plus profanes que des gens malintentionnés venaient d'y charbonner. On ne douta pas que ce ne fût le fait du juif. « Sacrilège ; sacrilège !... » On entend, d'ici, tout ce que la foule put dire. La procession s'arrêta, et une grêle de pierres s'abattit sur les fenêtres du banquier. On put craindre, un moment, que la maison ne fût mise à sac par la multitude des fidèles animés d'une généreuse

---

tuæ. III. Au revers, un combat de cavaliers romains avec l'inscription : *Faveat. fortis. — epo. — io. Fr. ruberto opus.*

5° Par Talpa, à vingt-neuf ans environ, buste de profil gauche, barbu, chevelu, coiffé de la barrette avec l'inscription : *Franciscus. Gon. man. mar. III.* Au revers, Curtius se jetant dans le gouffre, avec l'inscription : *universæ. Italiae. liberatori. Bartulus. Talpa.*

6° Par un inconnu, vers l'âge de trente ans. Grand buste de terre, tête nue, cheveux longs, cuirasse très ornementée, où sont figurés l'aigle de l'Empire, puis une figure tenant un temple avec l'inscription : *Jani Templum*, et le *crogiolo*, ou creuset allégorique. Au *Museo Patrio*, à Mantoue.

7° Par Bonsignori. Tableau à l'huile, mi-corps, en cuirasse, nu-tête, avec le bâton de commandement (Collection Bressanelli, à Mantoue).

8° La médaille nuptiale de François Gonzague et d'Isabelle d'Este (Au *Munzkabinett* du Musée de Berlin).

9° La statuette équestre, en bronze, attribuée à Sperandio (Au Louvre).

envie de venger leur Madone et peut-être aussi du désir d'éloigner un créancier importun. Il fallut l'arrivée de la police pour le sauver.

Cela fit un gros émoi dans la ville. On avait peu de distractions dans Mantoue à la fin du XVe siècle, et on ne laissait point passer de telles histoires, sans en tirer tout ce qu'elles pouvaient donner de gloses et de récriminations. Justement, l'État était privé de son chef, le marquis Gonzague, alors occupé en Lombardie à rassembler les troupes de la Ligue contre les Français. La ville était gouvernée par Isabelle d'Este, et l'on ne savait encore comment cette jeune femme de vingt et un ans conduirait son peuple. On envoya donc des courriers au marquis pour lui raconter l'affaire, avec des plaintes de tous les partis, de Daniele Norsa, entre autres, et, la distance aidant, on grossit tellement ce fait-divers qu'on eût réussi à en faire une petite révolution, si la marquise n'y avait pris garde. Blessée au vif qu'on oubliât qu'elle était là et qu'elle était régente, elle coupa court à toutes ces intrigues.

« Les inventeurs de ces méchants racontars, écrit-elle à son mari le 30 juin 1495, montrent tant de malignité qu'ils ne se sont pas fait scrupule d'aller troubler votre repos d'esprit, tandis que vous êtes occupé du salut de l'Italie, ce qu'ils n'auraient pas dû faire, quand même ils n'auraient pas eu de considération pour mon honneur ou pour celui de mes conseillers. Je prie Votre Altesse de se tenir l'esprit en repos et de s'appliquer uniquement à son entreprise militaire, car pour les choses de l'État, avec l'aide de ces magnifiques seigneurs et magistrats, je les gouvernerai de telle sorte que vous n'en souffrirez aucun dommage, et que tout le possible sera fait pour le bien de vos sujets. Et si quelqu'un vous entretient, par lettre ou de vive voix, de désordres dont je ne vous aurai pas averti, vous pouvez être sûr que c'est une bourde, car comme je donne audience, non seulement aux fonctionnaires, mais à tous ceux de vos sujets qui ont à me parler, tant qu'ils le veulent, aucun trouble ne peut se produire sans que j'en sois avertie. »

L' « entreprise militaire » dont il est question, ici, valait en effet qu'on s'y « appliquât uniquement ». C'était la plus importante qu'on eût tentée en Italie, depuis deux siècles, et de longs temps devaient se passer sans qu'on en vît une semblable. Le 31 mars précédent, à Venise, une ligue s'était conclue entre les trois États les plus puissants d'Italie : Rome, Venise et Milan, aidés du roi des Romains (Maximilien) et du roi d'Espagne, et bientôt rejoints par la plupart des petits États, afin d'exterminer les Français. En langage diplomatique, cela s'appelait « défendre la Chrétienté contre le Turc »; mais, ici, le Turc, c'était Charles VIII, alors à Naples avec toute son armée et fort empêché de sa conquête. Les Français étaient parvenus, tellement ils étaient insupportables, à réconcilier, pour se débarrasser d'eux, tous les États d'Italie, ce qui paraissait impossible. Chacun des Confédérés s'était engagé à fournir 8 000 chevaux et 4 000 fantassins, ou l'équivalent en argent, pour la libération du territoire. Naturellement, le compte n'y fut pas, mais on peut évaluer à 25 000 hommes, au moins, les premières troupes de la ligue, dont les quatre cinquièmes étaient effectivement fournis par Venise.

A ces forces qui allaient grossir encore de jour en jour, il fallait un chef. La Seigneurie de Venise choisit le jeune François Gonzague, marquis de Mantoue, homme rompu à tous les exercices du corps et aux roueries de la guerre, adoré de ses hommes, le seul d'ailleurs, à pouvoir tenir en main la terrible cavalerie irrégulière employée par la République sous le nom de Stradiots. Ce fut un beau jour, à Mantoue, quand arriva la nouvelle que la Sérénissime République confirmait officiellement le marquis Gonzague dans ses fonctions de chef suprême des Confédérés. Cela signifiait gloire, alliances et aussi profit, car les émoluments de « gouverneur de camp », plus tard, « capitaine général », étaient considérables, le butin possible, et tout cela devait revenir, en dons, dépenses somptuaires, pensions, au petit État. On peut donc imaginer de quels yeux et de quel cœur les Mantouans suivaient leur chef dans la guerre de condottière où il s'engageait.

Dans ces sortes de guerres, les victoires étaient nombreuses mais les batailles étaient rares. Arcs de triomphe dressés avec infiniment de goût au retour des combattants, *Te Deum* chantés, médailles frappées avec du laurier et du latin laudatif, cela se trouve à chaque pas qu'on fait dans l'histoire ; mais deux armées qui s'assaillent, se pénètrent, se mordent jusqu'à ce que l'une d'elles ait laissé, sur le pré, quelque 10 ou 20 pour 100 de son effectif, c'est un spectacle barbare qui gâte rarement un paysage italien du XVᵉ ou du XVIᵉ siècle. C'est même proprement une merveille que dans un pays où l'on se tuait si fort en temps de paix, on se tuât si peu en temps de guerre, et qu'ainsi les mères ne fussent rassurées sur le sort de leurs fils que lorsqu'ils étaient au feu. On partait en roulant des pensées féroces, mais il semble que le grand air, la vue des champs et des bois, la chevauchée sur l'herbe humide du matin, l'épanouissement de la nature — tout ce qu'on voit au second plan des *Batailles* de Paolo Uccello ou des marches triomphantes de Benozzo Gozzoli — vînt épanouir les cœurs de ces hommes farouches et sensibles, aussi peu capables de résister à un soudain ressentiment, dans leurs querelles privées, que de le prolonger parmi les labeurs d'une campagne et la vue claire des dangers...

On se défiait, on escarmouchait, on chapardait, on jouait au *scartino* et l'on se payait sur les habitants du retard des soldes toujours lentes à venir. Parfois, une de ces escarmouches dégénérait, sans que l'on sût pourquoi, en un hourvari général. Il en résultait, pendant quelques heures, des gestes, de la poussière et du bruit. Le soir venu, chacun regagnait ses cantonnements, au flambeau, et les chefs des deux partis s'avançant, l'un vers l'autre, se félicitaient mutuellement d'être sortis de la bagarre sans accident. Il n'y avait de poussée un peu sérieuse que si les troupes flairaient chez l'adversaire quelque riche butin, ou si l'on se trouvait en présence d'étrangers, comme les Français et les Suisses, qui, faute de connaître les règles du jeu, poussaient droit devant eux et tuaient à tort et à travers.

C'était justement ce qu'il y avait à craindre, en cet été de 1495, pour l'armée de la ligue. Comme elle s'assemblait dans le Parmesan, sous les ordres de Gonzague, on apprit que les Français, ayant quitté Naples le 20 mai et résolu de rentrer en France, s'approchaient par les montagnes. Ils arrivaient lentement, mais ils arrivaient. On les avait vus à Lucques le 24 juin, à Pontremoli le 29 ; ils avaient déjà franchi le pas de la Cisa ; ils descendaient donc dans la plaine et les pointes de leur avant-garde, commandée par le maréchal de Gyé, paraissaient déjà sur les pentes qui dominent Fornovo, ou Fornoue, au débouché de la vallée du Taro. C'était de leur part une résolution extraordinaire, et bien que toute l'armée italienne se fût établie là, pour leur barrer la route, c'était le dernier chemin par où l'on supposait qu'ils dussent passer. On s'y était installé pour qu'ils n'eussent point l'idée d'y venir, ni d'envahir le Parmesan et le Milanais, mais non pas pour se battre. Charles VIII, pensait-on, allait choisir pour rentrer en France la route la plus facile : Gênes et le bord de la mer. Puisqu'il fonçait sur l'obstacle, il fallait lui faire obstacle, en effet, et pour cela tirer l'épée, ce qui ne laissait pas que d'être hasardeux et d'inquiéter grandement la ligue.

Sans doute, les Français étaient peu nombreux : 9 000 tout au plus et peut-être point tous en état de combattre, ayant égrené leur armée, sur leur passage, dans toutes les places fortes où ils laissaient garnison. C'était peu de chose auprès des trente et quelques mille hommes que comptait maintenant l'armée de la ligue et des renforts qu'elle recevait chaque jour. De plus, « les Barbares » étaient incommodés par l'énorme bagage et la population de non-combattants, conducteurs de mules, « valets de sommiers », vivandiers, ribauds et ribaudes qu'ils traînaient après eux. Mais c'étaient de rudes troupes. Leurs hommes d'armes chargeaient avec furie, leurs Suisses n'avaient point l'habitude de lâcher pied, leurs archers écossais, bien que peu nombreux, étaient redoutables et l'on n'entendait pas sans frémir le son de harpe que rendaient leurs armes en se détendant. Enfin, leur artillerie, la première du monde, sans en excepter celle du duc de Ferrare, semait la terreur. On se racontait qu'après avoir déchargé leurs coulevrines, il n'était point rare de les voir les recharger dans la même bataille, en tirer un second coup et plusieurs autres encore avant la fin de la journée, ce qui, au XVe siècle, tenait de la sorcellerie. Jusqu'à leur petit nombre qui achevait de troubler les esprits, car, pensait-on, pour qu'une si grande infériorité ne les empêchât pas de venir droit au danger, il fallait qu'ils se fussent, par quelque pacte diabolique, assurés contre tout événement.

Aussi les Mantouans se vouaient-ils à tous les saints du Paradis et spécialement aux saints militaires, saint Georges et l'archange saint Michel, et aux patrons de leur cité saint André et saint Longin, et envoyaient-ils force reliques aux combattants. Il y avait alors, dans un monastère de Mantoue, une religieuse, parente et amie des Gonzague, nommée Osanna dei Andrasi, femme de grande vertu et de bon conseil, un peu sorcière, qui passait pour avoir l'oreille des saints. Elle se mit à prier, nuit et jour, pour le salut du condottière. C'était surtout la Madone qu'elle priait. On comprend donc l'émoi de la foule quand on crut la Madone insultée par le juif Norsa : ce n'était pas le moment de se brouiller avec le ciel.

Les Français, de leur côté, n'étaient guère plus rassurés.

Jusque-là, leur campagne d'Italie n'avait été qu'une promenade militaire. On les avertissait bien que, maintenant, toutes les puissances se levaient et s'unissaient contre eux, mais ils n'en voulaient rien croire. La chose était tellement invraisemblable, en effet, que leur ambassadeur à Venise, le sieur d'Argenton (Philippe de Commynes), l'avait vue s'accomplir, sous ses yeux, sans la tenir pour possible et avait jeté sa barrette à terre, de colère, en l'apprenant. Mais lorsqu'en descendant les dernières pentes des Apennins, sur Fornoue, ils virent, tout d'un coup, la plaine toute blanchie par les tentes et les pavillons des Confédérés, ils commencèrent à soupçonner que le retour ne serait point si aisé que la venue. La vallée où ils débouchaient, le val di Taro, était fort étroite, un quart de lieue environ : les ennemis la barraient entièrement à huit kilomètres plus bas (sauf sur la rive gauche du Taro, aisément commandée par la rive droite), et, vers la plaine, il n'y avait pas d'autre issue. Pour percer ce barrage épais maintenant de 40 000 hommes, ils n'étaient que 9 000 en état de combattre. Ils arrivaient exténués par le passage des montagnes sous une chaleur torride, et à demi mourants de faim, ayant manqué de vivres depuis qu'ils étaient entrés dans la Lunigiana. Les Suisses, particulièrement, étaient fourbus. Par point d'honneur, ils n'avaient pas voulu abandonner la grosse artillerie, quatorze grandes couleuvrines, qu'aucune bête de trait n'eût pu convoyer dans la montagne : ils s'y étaient donc attelés, à raison de plusieurs cents hommes par pièce, les avaient hissées sur les sommets, redescendues en les retenant, sur les pentes, sans en gâter une seule, exploit que le *Vergier d'honneur* célèbre comme « exécrable peine, merveilleux travail et très pénétrant ennuy, attendu la façon de procéder, le lieu estrange et la chaleur grande et terrible que lors se faisait... »

L'honneur était sauf, mais la faim pressait, le ciel où se

préparait un orage accablait et l'on était fort mal à son aise. Prendre un autre chemin, il ne fallait pas y songer. Passer par le Tortonese eût été plus dangereux encore, revenir en arrière eût été une honte et d'ailleurs, en arrière, il n'y avait rien à manger. En avant, on voyait s'étendre la riche Lombardie, le grenier de l'Europe, où l'on se referait. On pensait vaguement à négocier. Si les Italiens avaient bien voulu laisser passer le Roi et lui donner, pour de l'argent, du pain et du fourrage, il aurait tenu présentement les lauriers pour végétaux inutiles et surérogatoires. En sorte que, des deux armées en présence, l'une eût bien voulu n'être pas contrainte à se défendre et l'autre n'être pas obligée d'attaquer...

Pourtant, au contact, les choses changèrent. Les premières escarmouches entre avant-postes furent favorables aux Italiens et leur donnèrent du cœur. Le marquis Gonzague avait, parmi ses troupes de cavalerie légère, des espèces de Cosaques, à demi sauvages recrutés par Venise en Dalmatie et en Albanie, qu'on appelait des *stradiots*, admirables centaures, fourrageurs intrépides, grands coupeurs de têtes, couchant sur la dure, ne demandant guère à manger, sinon pour leurs montures dont ils avaient grand soin, toujours prêts à chanter pouilles à l'ennemi. Dès qu'il sut les premiers Français descendus au village de Fornovo, au pied de la montagne, il lâcha contre eux ses stradiots. Ceux-ci n'en firent qu'une bouchée et revinrent avec des têtes de Français ou de Suisses au bout de leurs lances, ce qui leur fut grand profit, car ces têtes leur étaient payées, comme pièces de gibier, par le trésorier payeur de Venise, selon le tarif établi d'un ducat, soit 8 fr. 60 environ par tête, ce qui vaudrait aujourd'hui de 45 à 50 francs de notre monnaie, et grand honneur, car c'était le premier succès qu'on remportait sur l'envahisseur.

On n'imagine pas à quel point toute l'armée en fut exaltée et Mantoue avec elle. Isabelle d'Este en complimentait son mari, dès le 2 juillet, en ces termes : « Maintenant que j'ai appris votre succès sur l'ennemi, je ne veux pas perdre un instant pour vous en féliciter, et j'espère que Dieu vous donnera d'autres victoires. Je vous remercie plus que je ne saurais dire pour votre lettre, et je vous prie de prendre garde à vous, car je suis toujours inquiète quand je pense que vous êtes en campagne, bien que je sache que c'est là où vous avez toujours ambitionné d'être. Je me recommande à Votre Altesse mille et mille fois. De celle qui vous aime et à qui il tarde de voir Votre Altesse. — ISABELLE *manu propria*. » Et, pour le garder mieux qu'il ne se gardait lui-même, elle lui faisait tenir, par le courrier suivant, un *Agnus Dei*, enchâssé dans une petite croix d'or, en lui recommandant « de le porter au cou », « avec la pensée et l'espoir », dit-elle, « que Votre Altesse devra, par la vertu de la croix et du bois qui y est contenu, en même temps que par la dévotion qu'elle a envers la Sainte Vierge, se conserver saine et sauve... » Et elle faisait mettre en prières pour son mari tout le clergé de sa capitale.

Entre temps, les courriers se succédaient sur la route de Mantoue, porteurs de nouvelles de plus en plus glorieuses. A la vérité, Gonzague n'avait jamais eu peur. Dès le 21 juin, écrivant à Isabelle d'Este, il lui avait décrit son armée comme « la plus belle et la plus puissante qu'on eût vue depuis longtemps en Italie » et comme « suffisante, non seulement pour résister aux Français, mais pour les exterminer à jamais [1] ». Mais après les premiers raids de ses stradiots, c'est un délire. Le 2 juillet, il récrit à sa femme : « *Illustrissima conjux amantissima*. Les ennemis sont tellement épouvantés que c'est incroyable ! » Il lui annonce que les gens de son frère Alfonso d'Este sont arrivés le matin même et ajoute : « C'est pourquoi nous vous enga-

[1]. « Questo solo exercito non solamente sarà sufficiente a resistare alli franzosi ma ad exterminarli perpetuamente. »

geons à vous tenir contente et à dormir tranquille, espérant fermement que Notre Seigneur Dieu mettra en nos mains une glorieuse victoire dans l'entreprise d'où dépend le salut public de toute l'Italie... » et il date bravement sa lettre, comme si c'était déjà chose faite, de l'armée victorieuse : *Ex castris victricibus sanctissime et serenissime Lige in valle Taro prope Glarolam.* »

Elle l'eût été, en effet, si elle avait manœuvré un peu. Les Français descendaient de la montagne par petits paquets, leur avant-garde à 30 kilomètres en avant du Roi, le reste échelonné en une file interminable, cahotée, descendante et remontante, au gré du sol, empêtrée dans les précipices, exténuée, rendue. Pendant trois jours, le maréchal de Gyé, arrivé le premier, fut seul à Fornoue, n'ayant que 160 hommes d'armes et 800 Suisses pour faire face à l'armée italienne, « en l'air », comme on dit. Mais les Français ayant commis cette faute énorme, les Italiens commirent la faute encore plus grande de ne pas les attaquer, chacun des deux partis accumulant le plus qu'il pouvait de maladresses, afin, sans doute, que le ciel et les saints, qu'on invoquait des deux côtés, eussent tout l'honneur de l'affaire. Les 40 000 hommes de la ligue regardèrent descendre, peu à peu, l'armée française, comme ils regardaient couler le Taro, et la laissèrent se concentrer commodément à Fornoue, se ravitailler et se ranger en bataille, selon la belle ordonnance de l'époque : avant-garde, « bataille » et arrière-garde. On eût dit des gens au spectacle, qui n'ont rien à faire sur la scène et ne songent pas à y monter. D'ailleurs, ils se croyaient maintenant assurés du succès, vu le petit nombre des soldats de Charles VIII et sachant qu'il traînait à sa suite un riche bagage, leur plus grande peur était qu'il ne l'amenât pas tout entier dans le traquenard où il se jetait étourdiment ; ils craignaient fort qu'en attaquant l'armée française avant qu'elle fût tout entière sous leur main, on effrayât les

« sommiers » et toutes leurs richesses et qu'on les vît s'égailler par les sentiers des montagnes où l'on ne pourrait les rejoindre. Ils se bornèrent donc à montrer leurs stradiots qui épouvantèrent les Suisses. Les Français leur répondirent en tirant des coups de « faucon » qui épouvantèrent les stradiots. Et après cette exhibition de leurs croquemitaines respectifs, ils pensèrent qu'il était temps de causer.

Ce fut Charles VIII qui dit les premiers mots. Le 3 juillet, le marquis Gonzague écrit à Isabelle d'Este : « Hier soir, le roi de France m'a mandé un trompette qui, au nom de Sa Majesté, m'a demandé le passage libre et des vivres, contre argent, ayant l'intention de passer comme ami (*como amico*) ; à laquelle requête nous n'avons pas donné de réponse, ayant l'intention de nous entendre, d'abord, avec la très illustre Seigneurie de Venise... » Venise était loin, et l'on saisit, ici, tout l'embarras du condottière, qui n'était qu'un chef militaire aux gages d'un pouvoir politique, lorsqu'il se trouvait en face d'un chef politique et militaire à la fois. La partie n'était pas égale. Charles VIII pouvait à la fois combattre et négocier, Gonzague ne pouvait que combattre. Et il n'osait le faire, quel que fût le cas, malgré l'assurance qu'il avait du succès, parce qu'il ne savait au juste, et nul ne savait ce que voulait Venise : la destruction des Français ou leur alliance, la protection du Milanais ou l'envahissement de quelque autre partie de l'Italie? S'il n'eût tenu qu'à lui, peut-être eût-il été chercher l'ennemi jusque sur l'autre versant des Apennins, au lieu de l'attendre sur le Taro, et, l'attaquant dans les défilés de la Magra, l'eût-il facilement écrasé. Mais Venise lui avait formellement interdit de risquer un seul homme de l'autre côté des Apennins. D'autre part, toute la région de Parme était travaillée par des sympathies françaises. Le camp de la ligue était déjà situé à 13 kilomètres de cette ville. En le reportant plus loin, il courait le danger de voir se soulever tout le Parmesan derrière lui. C'est ainsi que la politique liait les mains au soldat et qu'il paraissait mauvais stratégiste lorsqu'il était surtout mandataire obéissant.

D'ailleurs, toute désobéissance était impossible : Gonzague était flanqué de deux *provéditeurs*, sortes de commissaires généraux de la République, à la fois intendants et trésoriers-payeurs, mais surtout espions, qui surveillaient de fort près ses moindres mouvements et en rendaient compte à la Seigneurie : Luca Pisani et Marco Trévisan. C'est à eux que le sieur d'Argenton (Philippe de Commynes), qui les connaissait personnellement, adressait les ouvertures du roi de France, passant ainsi par-dessus la tête de Gonzague et touchant les cordes qu'il fallait pour les émouvoir. Mais il était bien tard pour traiter. L'épée de l'Italie était tirée : ne pas s'en servir eût été une honte. Si Venise n'avait pas dit qu'on exterminât les Français, elle n'avait pas dit non plus qu'on les laissât passer. Et l'occasion était unique d'en purger la péninsule. « Les ennemis, écrit Gonzague à Isabelle d'Este le 3 juillet, sont dans un lieu distant d'ici d'environ huit milles, où ils doivent être, pensons-nous, en grand défaut de vivres, car ce sont, là, lieux très stériles et qu'ils ont eux-mêmes mis au pillage et abîmés. S'ils veulent venir là où nous sommes, fussent-ils trois fois plus nombreux, ils ne pourront venir sans le plus manifeste danger et sans courir à leur ruine ; le retour en arrière leur est dangereux et à grande honte et les autres chemins sont difficiles et quant à rester, là, sans bouger, nous ne croyons pas qu'ils le puissent longtemps... » Le Roi était « échec et mat ».

II. — LA BATAILLE

Il eût dû se déclarer tel, en effet, s'il eût été un roi de buis tourné ou d'ébène et si le jeu de la guerre ressemblait, en tout, au noble jeu d'échecs. Mais il n'y songea même pas.

Le 6 juillet, au matin, qui était un lundi, après une nuit d'éclairs et de tonnerre tels qu'il semblât, dit le témoin, « que le ciel et la terre fendissent », Gonzague vit les Français se mettre en mouvement, quitter leur camp de Fornoue et, au lieu de venir à lui, le forcer dans les retranchements qu'il avait édifiés à Giarola, passer le torrent du Taro, par le gué de Bernini et défiler tranquillement de l'autre, côté de la rivière. Ils passaient avec lenteur et majesté, enseignes déployées, comme gens qui processionnent. Au-dessus des hautes herbes bordant la rivière, on voyait leurs têtes et leurs lances.

D'abord passèrent les hommes d'armes du maréchal de Gyé et du fameux Trivulce, l'ennemi mortel de Ludovic le More, troupe superbe à voir avec ses hautes lances, ses immenses panaches et son essaim d'écuyers, puis les bandes suisses, 3 000 hommes d'élite, flanqués des arbalétriers gascons et de 300 archers de la garde qui avaient mis pied à terre pour ajuster, s'il le fallait, avec toute la sûreté possible, puis l'artillerie légère : les fauconneaux, et grosse : les quatorze coulevrines transportées par-dessus l'Apennin, le tourment et la gloire de l'armée. C'était l'avant-garde.

Ensuite, passèrent, à quelque distance, les gens du comte de Foix, du grand bâtard de Bourbon et de la Maison du Roi, le Roi lui-même, avec ce que l'on appelait les « gentilshommes de vingt écus » et un certain nombre de fantassins ; enfin, à quelque distance encore, parurent les hommes d'armes du duc d'Orléans, menés par Robinet, seigneur de Frammeselles, ceux de M. de Guise et du seigneur de la Trémoïlle, et les archers écossais fermant la marche. Parallèlement et tout à fait dissimulés par cette procession, les bagages en longue file, avec les valets de sommiers, suivaient les coteaux parallèles au Taro et tâchaient de se faufiler, eux aussi, vers le Nord. Tout ce monde s'écoulait dans le même sens que le Taro, vers le village de Felegara et plus loin vers celui de Medesano, semblant vouloir gagner la route de Plaisance, comme si nul n'était là pour l'en empêcher. Gonzague comprit que, s'il tardait plus longtemps, l'ennemi lui échappait. Il était déjà deux heures de l'après-midi environ. Depuis le matin, Commynes l'amusait en lui dépêchant trompettes sur trompettes avec de nouvelles offres de paix. Il n'était que temps de couper court et, malgré son oncle Rodolfo Gonzague qui plaidait pour les Français et un des provéditeurs qui hésitait encore à compromettre Venise, il résolut d'attaquer.

Il avait été mauvais stratège : il fut bon tacticien. Démêlant, sans peine, que toute la force française était portée à l'avant-garde, et que cette colonne cheminant dans l'étroit couloir entre les collines où elle ne pouvait se déployer et le torrent qu'elle ne pouvait franchir, était incapable de revenir sur elle-même de façon que la tête portât secours à la queue, il résolut de lancer ses meilleures troupes sur l'arrière-garde, et ainsi de froisser le faible du fer ennemi, avec le fort du sien, tandis que quelques centaines de lances occuperaient l'avant-garde par une attaque simultanée. Aucun plan ne pouvait être meilleur.

Pour l'exécuter, il partagea ses troupes de première ligne en deux colonnes, dont l'une passa le Taro bien en avant de l'avant-garde française, pour l'attendre et l'arrêter, et l'autre bien en arrière de l'arrière-garde française, pour la poursuivre et la culbuter. La première, qu'il confia au comte de Caiazzo, chef des gens du duc de Milan, les *ducheschi*, se composait de 600 lances et de 2 000 Suisses. Ils passèrent la rivière près du camp italien, au gué d'Oppiano, et se portèrent au-devant des Français. Ils laissaient sur la rive droite du Taro, en aval d'Oppiano, une réserve, la cinquième escadre, sous les ordres de Pian de Melito et de Galeazzo Pallavicini, réserve qui devait les appuyer en cas de besoin. Gonzague se réserva à lui-même l'attaque de l'arrière-garde où il savait que se trouvait le Roi.

Il remonta donc le Taro, avec son oncle Rodolfo Gonzague, à la tête du premier escadron et trois autres Gonzague, avec Bernardino Fortebracci à la tête du second escadron d'hommes d'armes, suivi de près par ses 1 500 stradiots et à quelque distance par 4 000 hommes de pied. Il arriva dans Fornoue que les Français avaient quitté le matin, passa le torrent au gué de Bernini et marcha à l'ennemi dont on voyait le dos à 1 000 mètres de là, s'en allant, cahin-caha, trébuchant sur le sol cailouteux de la grève, ne demandant qu'à cheminer en paix. Il laissa sur la rive droite en amont d'Oppiano une réserve composée de sa cinquième escadre sous les ordres d'Antoine de Montefeltro, un bâtard du grand condottière. Celui-là attendait, face au torrent, que Rodolfo Gonzague, l'oncle du marquis, lui fît dire de marcher.

Les Français, en voyant venir Gonzague, se disjoignirent. Leur avant-garde continua d'avancer en descendant le Taro, tandis que l'arrière-garde s'arrêta, fit face à la rivière et attendit. Le Roi lui-même, prévenu de ce qui se passait, cessa d'armer des chevaliers, à quoi il s'amusait depuis un moment, et, tournant le dos à son avant-garde, retourna sur ses pas pour rejoindre l'arrière-garde et, fendant la presse des hommes d'armes, grâce à ses capitaines qui lui faisaient place en criant : « Passez, Sire, passez ! » il s'avança jusqu'au front, devant même son enseigne, prêt à payer de sa personne. Cette journée avait transformé Charles VIII. On ne reconnaissait plus le jeune homme chétif, timide et indécis, qu'on avait vu à la Cour et dans les conseils : le danger, le destin, le devoir et peut-être aussi les belles proportions de son cheval, *Savoie*, lui faisaient un piédestal subit.

Cependant, Gonzague avançait toujours avec les siens, en rangs serrés, lentement à cause des gros cailloux de la grève, qui roulaient sous les pieds des chevaux, rendus plus glissants encore par la pluie qui n'avait pas cessé de tomber et parmi les arbustes foisonnant dans l'ancien lit du torrent. Quand il fut à cent pas des Français, avec toute sa maison autour de lui, ses deux compagnies bien en main, confiant en la solidité de sa monture et la bonté de sa cause, sentant le cœur de toute l'Italie battre, en ce moment, avec le sien, il commanda la charge. Les deux compagnies s'enlevèrent au petit galop, les lances s'abaissèrent, les coudes pointèrent en arrière et toute cette masse pesante et sonore s'abattit sur les Français comme une trombe d'acier.

Si rude que fût le choc, la ligue française ne plia pas. Le peu de gens d'armes qui s'y trouvait sachant le Roi en jeu et avec lui la fortune de la France, se cramponnait au sol qu'il tenait. Les archers écossais, rangés près d'eux, résistaient avec ce sang-froid qui les rendait redoutables à toute l'Europe. Les deux partis se pénétrèrent et il y eut un instant de corps à corps. Les Français n'avaient pas lâché pied, mais leurs rangs s'étaient entr'ouverts devant les gens du marquis et sur leur droite, du côté de la colline, les stradiots les avaient entièrement débordés. Des clameurs s'élevaient derrière le camp de Charles VIII, là où cheminaient ses bagages et où l'on avait, déjà, dressé provisoirement ses tentes. Ces cris perceptibles à travers le crépitement des coups, le soprano aigu des trompettes et le fracas du tonnerre, annonçaient que les Français étaient tournés.

A ce moment, le marquis crut bien avoir bataille gagnée. Il voyait, à quelques pas de lui, le roi de France, à peine séparé des Italiens par un rideau de combattants, fort mal gardé, bien reconnaissable à ses immenses panaches blancs et violets, à sa jaquette violette et blanche semée de « croisettes de Jherusalem », flottante par-dessus son armure, et à son cheval noir qui bondissait de tous côtés. Toute la noblesse mantouane poussa vers cette proie magnifique et qu'elle croyait déjà saisir. Déjà, pointaient sur lui des lances pour le démonter, lorsque Mathieu de Bourbon, « le grand bâtard » qu'il venait d'élire, l'instant d'avant, pour son « frère d'armes », se jeta devant lui, reçut les coups, fut emporté par sa monture au milieu des Italiens, revint, tournoya, fixa autour de lui un essaim d'ennemis, succomba enfin, fut pris et emmené au camp des Italiens et, par cette diversion, sauva son maître.

En même temps, la maison du Roi, placée à sa gauche, prenait la cavalerie mantouane en écharpe, y pénétrait comme un coin, la fendait, la faisait éclater en morceaux, la rejetait sur le Taro. Gonzague, heurté ainsi sur son flanc droit, refoulé dans le désordre de ses troupes, faisait des efforts surhumains pour maintenir sa ligne de bataille. Trois fois, son cheval s'abattit sous lui : trois fois remonté sur une nouvelle bête, grâce au dévouement de ses écuyers, il chargea. « Depuis Hector de Troie, dit un témoin écrivant à Isabelle d'Este, personne n'a fait plus que lui ; je crois qu'il a tué dix hommes de sa main, et je pense que vous avez dû dire quelque prière pour qu'il s'en soit tiré vivant. » Partout, on voyait sa bannière blanche, carrée, voltiger au-dessus de la houle des plumaches et sous la haute futaie des lances. Cela dura un quart d'heure. Mais insensiblement, ses compagnies dégarnies, ses gentilshommes démontés, le meilleur de son avant-garde tombant pièce par pièce, il dut songer à se replier sur ses réserves et à faire avancer de nouvelles troupes.

Il regarda autour de lui. Où étaient ses stradiots? Ses stradiots avaient, dès le premier choc, débordé la droite des Français le long de la colline et, de la sorte, ils rendaient la victoire certaine, lorsque, pour leur plus grande joie et pour le malheur des Confédérés, ils avaient aperçu les sommiers portant les trésors du Roi. Ils avaient tué quelque quatre-vingts ou cent conducteurs ou valets qui leur résistaient, consciencieusement pillé le bagage, puis s'en retournaient par des sentiers détournés, estimant la bataille finie, puisque le butin était à eux... Où étaient les 4 000 fantassins qui suivaient? Ils étaient encore de l'autre côté du torrent, soit parce qu'ils n'avaient pas pu le franchir, car il grossissait de minute en minute, soit qu'ils n'en eussent pas grande envie... Que faisait Montefeltro avec sa réserve? Montefeltro piétinait sur la grève, de l'autre côté du Taro, attendant l'ordre que devait lui envoyer Rodolfo Gonzague et que Rodolfo Gonzague ne lui envoyait point pour cette raison qu'il était mort, tombé un des premiers en chargeant les Français...

Ainsi, bien que la plupart de ses troupes fussent encore intactes, Gonzague se voyait forcé de reculer, rien ne venant à son secours, les siens fuyant de tous côtés, les uns retournant à Fornovo, d'où ils venaient, les autres coupant au plus court pour rentrer au camp, passant le Taro par tous les gués possibles et même au hasard, vivement poursuivis par la noblesse française qui laissa, là, son Roi tout seul, pour donner « la chasse » aux fuyards. Le sol était jonché de lances jetées pour fuir plus vite. On voyait de tous côtés les valets accourus autour des hommes d'armes démontés, industrieusement occupés à les assommer en brisant, avec leurs petites hachettes, les visières des casques. Un quart d'heure avait suffi pour renverser ainsi toutes choses et, dans l'universelle déroute où il se sentait enveloppé, Gonzague, n'espérant plus rien des secours humains, se tourna vers la Madone et lui fit vœu d'un beau monument, s'il sortait de là, sain et sauf.

Il en sortit, mais dans une débâcle plus grande encore qu'il ne se l'était imaginé. Car les choses ne s'étaient pas mieux passées à l'autre bout de la bataille qu'au sien. Caiazzo, chargé d'enfoncer, ou tout au moins d'occuper l'avant-garde française, n'avait pu persuader à ses hommes d'aborder l'ennemi. Quand il s'était trouvé en présence des rudes bandes suisses d'Engelbert de Clèves et des hommes d'armes du maréchal de Gyé, au moment de croiser les lances, son escadron s'était rompu de lui-même, comme sous la pression de l'air comprimé. Sa réserve, massée sur l'autre rive, n'avait pas bougé, tenue en laisse par les provéditeurs de Venise qui ne voulaient pas tout risquer d'un coup. Et tout ce monde rentrait précipitamment au camp de Giarola, sans compter les milliers de gens qu'on voyait courir sur la route de Parme, sur le chemin de Fornoue, et dont quelques-uns allèrent même jusqu'à Reggio, fuyant par toutes les routes, dans toutes les directions, en éventail. Cette peur était gratuite : nul ne les poursuivait, pas un Français n'osait passer le Taro et le corps du maréchal de Gyé demeurait immobile sur l'autre rive, comme une armée de statues. Mais les paniques les moins justifiées sont les plus irrémédiables. Et en rentrant au camp, Gonzague vit qu'on chargeait déjà les tentes sur les mulets et que les réserves mêmes allaient battre en retraite. « A un moment, écrira-t-il plus tard, nous avons envisagé la ruine de l'Italie entière ; nous tremblons encore quand nous y pensons !... »

Heureusement, quelqu'un, qui connaissait les Français et leurs transes, vint à point pour rassurer les Confédérés. C'était un Orsini, le comte de Pitigliano, que Charles VIII avait pris à Nola et qui le suivait, prisonnier sur parole. Il venait de fausser compagnie à ses vainqueurs, de rejoindre, à toute bride, ses compatriotes, en criant son nom « Pitigliano ! Pitigliano ! » pour qu'on le reconnût et il les suppliait de ne pas se croire battus, mais de faire tête. Grâce à lui, Gonzague raffermit son monde, arrêta la retraite qui commençait. Pendant ce temps, au contraire, les Italiens qui servaient dans l'armée de Charles VIII, Trivulce, le Florentin Secco, Camillo Vitelli, devinant la panique des Confédérés, suppliaient le Roi de passer le Taro et de transformer son succès en une victoire complète. En sorte que chacun des deux partis était poussé à l'action par ceux qui connaissaient le mieux l'autre. Mais, s'il est vrai qu'en guerre le plus brave est celui qui a le moins peur, personne ne fut le plus brave ce soir-là. D'aucun des deux côtés, on ne se résolut à rien. Le Roi alla coucher en une ferme entre Felegara et Medesano. Gonzague passa toute la nuit presque en face, à Giarola. Son armée était bien réduite : il avait perdu trois mille hommes environ, dont trois cents hommes d'armes, entre autres soixante gentilshommes mantouans, et, parmi eux, son propre oncle Rodolfo Gonzague, la « Colonne de l'armée », Giovanni Maria Gonzague et Guidone Gonzague. C'était la plus sanglante bataille qu'on eût vue, en Italie, depuis deux cents ans. Et les fuyards étaient bien plus nombreux encore. Cependant, il resta debout toute la nuit, rétablissant ses effectifs, maintenant ses positions, montrant le sang-froid, la ténacité d'un véritable chef. De l'autre côté du Taro, brillaient des lumières et résonnaient des tambourins : les Français veillaient et n'avaient pas désarmé...

Le lendemain se passa en conciliabules. Ce fut un grand soulagement au camp italien, quand on vit venir, passant le gué, un trompette qui apportait un sauf-conduit du Roi aux chefs confédérés, s'ils voulaient aller reprendre, de vive voix, les négociations. Bientôt parurent, au-dessus des hautes herbes, de l'autre côté du torrent, les têtes d'un petit groupe de seigneurs français, d'où se détacha enfin, après bien des allées et des venues du trompette, le sieur d'Argenton, Philippe de Commynes. Gonzague, Caiazzo et les deux provéditeurs le reçurent sur la grève, à quelque distance du torrent dont le fracas, sans cesse grandissant, empêchait de s'entendre, et l'on se fit mille politesses. On se félicita fort de sa réciproque bravoure. On se recommanda mutuellement les prisonniers qu'on s'était faits, soin superflu, car les Italiens n'en avaient fait qu'un de marque : le bâtard de Bourbon, et les Français n'en avaient pas fait du tout, ayant tué tout ce qui leur tombait sous la main. Le marquis était très inquiet de savoir si le Roi l'eût fait tuer, s'il avait été pris en la bataille. « Je lui dis que non, raconte Commynes, mais faict bonne chère... » On gagna la nuit en de semblables entretiens, se promettant de les continuer le lendemain, dès le matin. Le lendemain, qui était le mercredi 8 juillet, les Italiens attendirent, en vain, le plus fin causeur et chroniqueur de leur temps. Il ne parut pas. Enfin, vers midi, ne voyant ni n'entendant rien du côté de Medesano, ils se hasardèrent, quelques-uns, à aller à la découverte, mais si loin qu'on allât, on ne découvrit rien. Les Français avaient décampé...

Était-on victorieux? L'ennemi fuyait, bien heureusement, mais en continuant sa route vers le but qu'il s'était proposé et après avoir infligé des pertes sanglantes à ceux qui avaient tenté de la lui barrer. Le marquis ne savait trop comment baptiser cette action militaire. Il écrivit à Isabelle d'Este :

> La bataille d'hier, comme vous l'aurez appris du messager, fut très rudement disputée, et nous avons perdu beaucoup de nos hommes, entre autres le seigneur Rodolfo et messire Giovanni Maria avec un grand contingent de notre propre compagnie, mais certainement beaucoup plus encore chez l'ennemi ont été tués. Et ce que nous avons fait, personnellement, est connu de tous, de telle sorte que je n'ai pas besoin d'en parler ici, et je vous dirai seulement que nous nous sommes trouvés dans une position telle que Dieu seul, on peut le dire, pouvait nous en tirer. La cause principale du désordre fut la désobéissance des stradiots, lesquels ne pensèrent à autre chose qu'à piller et dont, quand on eut besoin d'eux, pas un ne parut. Grâce à Dieu, nous et l'armée avons été sauvés, mais beaucoup ont fui, sans être poursuivis par qui que ce fût, et, parmi eux, la plupart des hommes de pied, de sorte qu'il reste peu de ceux-ci. Tout cela m'a causé le plus grand chagrin que j'aie jamais eu et si, par malheur, nos ennemis s'étaient retournés contre nous, nous étions entièrement détruits. Quelques Français nobles ont été faits prisonniers par notre troupe, entre autres le comte de Pigliano et M. le bâtard de Bourbon. Les ennemis sont partis ce matin et ont gagné les collines dans la direction de Borgo San Donnino et de Plaisance. Nous allons surveiller leur marche et voir ce que nous allons faire. Si tout le monde avait combattu

comme nous, la victoire aurait été plus complète et pas un Français n'aurait échappé. Adieu. »

Cette lettre n'est ni d'un vainqueur, ni d'un sot. Quand il l'écrivit, le marquis Gonzague doutait fort qu'il eût remporté une grande victoire. Il ne l'apprit que par les lettres, les félicitations, les éloges enthousiastes qu'il reçut de Venise, de Mantoue, de Rome, de toute l'Italie et par les honneurs qui lui furent décernés. D'aussi puissants seigneurs que le Doge lui assurant qu'il avait délivré l'Italie et lui donnant, avec le titre de capitaine général des armées de la République, un supplément de 2 000 ducats par an avec une pension de 1 000 ducats pour Isabelle d'Este, les meilleurs poètes du temps mettant son éloge au concours et le comparant à Annibal et à Scipion, il finit par se ranger à l'opinion commune. Il commanda donc à Sperandio la médaille fameuse qui le représente, tourné de profil gauche, avec un petit bonnet et une cuirasse et au revers, à cheval, tel qu'il était à Fornoue, au milieu de ses hommes d'armes, tourné vers un écuyer avec l'inscription : OB RESTITUTAM ITALIÆ LIBERTATEM ; et à Talpa, la médaille où est figuré Curtius se jetant dans le gouffre avec l'inscription : UNIVERSÆ ITALIÆ LIBERATORI. Il s'avouait vainqueur.

L'était-il en effet ? Tout dépend de la définition qu'on donne du mot « victoire ». Au point de vue tactique, une armée est victorieuse, quand elle a rempli le but qu'elle s'était proposé. Or le but, ici, des Français était de passer en Lombardie, ils y ont passé : la victoire tactique leur appartient donc, et c'est avec raison que l'histoire en a ainsi décidé. Mais il y a d'autres points de vue que le point de vue tactique, et j'en aperçois trois, pour ma part, selon lesquels on pourrait donner la victoire à l'Italie. D'abord, il ne faut pas oublier qu'au XVe siècle, pour les bandes mercenaires dont se composent les armées, le but suprême de la guerre est le pillage. La véritable victoire est la victoire où l'on pille.

Or, à Fornoue, c'est le camp français et non pas le camp italien qui a été pillé. Les stradiots se sont rendus maîtres des trésors du Roi. Quand on parvint à les faire dégorger dans la tente du marquis, on vit apparaître un butin merveilleux : deux drapeaux, plusieurs pavillons avec leurs tapisseries, le morion et l'épée de parade de Charles VIII, son paroissien avec une prière en français qu'on disait de Charlemagne, les sceaux royaux tout en or, puis les reliques les plus précieuses du Roi : son autel portatif, un morceau de la vraie croix, une épine de la couronne de Jésus-Christ, un morceau du manteau de la Vierge, un os de saint Denis, à quoi il avait grande dévotion et qui était sur l'autel quand on disait la messe : enfin, avec toutes ces choses sacrées, une très profane à laquelle il ne tenait pas moins : le cahier des portraits des courtisanes qui lui avaient plu, dans les diverses villes d'Italie : *retracti di damiselle del re*. Ce cahier fut, avec quatre tapisseries et un tronçon de lance brisée, la part du marquis dans tout ce butin. C'étaient des dépouilles à la fois artistiques et royales : elles faisaient honneur à son goût et à son épée. Au point de vue populaire, les Italiens étaient donc bien les vainqueurs.

Il y a, ensuite, le point de vue chevaleresque ou « jouteur ». Pour les chevaliers, la guerre était moins une opération manœuvrière qu'un tournoi, compliqué, à la vérité, de prises et de rançons. Or, dans un tournoi, celui qui s'en allait, quittait la lice après une rencontre, sans vouloir s'exposer à une autre, passait plutôt pour battu. C'était le cas des Français. Le jour du combat, ils s'étaient montrés admirables, mais le lendemain avait été moins brillant et le surlendemain ne l'avait plus été du tout. « Et puis nous tournions le dox aux ennemys et prenions le chemin de sauveté, qui est chose bien espouventable pour un ost », avoue Commynes. Ils avaient levé le camp, subrepticement, la nuit, après avoir entendu la messe, et leur défilé hâtif, « par chemyn bossu et boys », pour n'être pas une déroute, ressemblait plus à une retraite qu'à une marche en avant. Ils laissaient, entre les mains des Confédérés, non seulement leurs reliques et leurs trésors, pour 200 000 ducats, dit-on, mais aussi un de leurs meilleurs chevaliers, le Bâtard de Bourbon. Dans son désir d'être libre, celui-ci offrait une rançon de 10 000 *scudi*, dont il portait avec lui 4 000, cachés dans sa selle. En un mot, ils cédaient la place. Les Italiens étaient donc fondés à se croire en possession d'une certaine victoire.

Enfin, à défaut de toute autre, ils en avaient remporté une sur eux-mêmes. Ils avaient un instant oublié leurs querelles : ils s'étaient unis. Cet instant n'avait pas été long ; le peu qu'il avait duré, l'union n'avait pas été parfaite. Les récriminations qui suivirent des Milanais contre les Vénitiens, des Vénitiens contre le duc de Milan, et bien d'autres encore, ne le prouvent que trop. Pourtant, dans cette journée du 6 juillet 1495, parmi les milliers d'Italiens, en armes, assemblés contre l'envahisseur, il y eut, sans doute, assez de volontés concordantes, enthousiastes et naïves pour dessiner, sur le fond sombre du XVe siècle, en traits malhabiles, comme des enfants qui s'essaient, une vague image de ce que serait un jour le visage unifié de la patrie. Pendant cet instant, l'Italie exista, plus de trois siècles et demi avant sa naissance officielle, sur les registres de l'état civil européen.

III. — L'EX-VOTO

Gonzague sortait donc de Fornoue avec les honneurs de la guerre. Il lui fallait maintenant payer ses dettes. Il en avait une envers la Madone, dont la main protectrice s'était visiblement étendue sur lui dans la mêlée. Sans mener une vie très édifiante, il était dévot : il ne songeait donc pas à renier sa dette envers la bonne Vierge, mais, déjà, il méditait de s'en acquitter sans qu'il lui en coûtât rien. Il se souvint alors de ce Daniele Norsa, dont on avait assailli la maison lors de la fête de l'Ascension, parce qu'on l'avait cru coupable d'impiété envers la Madone et pensa être agréable au ciel en s'y prenant de telle sorte que l'accomplissement de son vœu fût en même temps le châtiment du mécréant. Après avoir consulté, là-dessus, sa femme et son frère Sigismondo, le protonotaire, il décida que ce monument serait un grand tableau d'autel à la gloire de la Vierge, qu'on le ferait peindre par Mantegna et payer par le juif. On y verrait la Madone triomphante, le marquis à ses pieds en armure de bataille et toute sa famille rassemblée. On fixa le prix à 110 ducats, un peu moins de 1 000 francs, en valant à peu près 5 à 6 000 d'aujourd'hui, que le juif dut verser incontinent, non pas entre les mains du peintre, qui aurait pu en faire mauvais usage, mais dans celles du protonotaire qui se chargeait de surveiller les travaux.

Puis chacun s'ingéniant à rendre la fête plus belle, un frère des Eremitani soutint qu'à un ex-voto semblable il fallait un cadre digne de lui et proposa qu'on bâtît, pour y loger le tableau nouveau, une nouvelle église, ou tout au moins une chapelle, qui serait la « chapelle de la Victoire ». Et sur quel emplacement la bâtir sinon sur celui de la maison du banquier Norsa, là même où avait été commis le sacrilège ? Cette idée parut à Gonzague très ingénieuse. Elle satisfaisait, en lui, de multiples aspirations. Du même coup, il payait sa dette à la Vierge sans bourse délier, il faisait plaisir à son vieux peintre, et il ornait sa capitale d'un monument à la gloire de l'Italie et de l'Église et à la confusion des Français et des Juifs.

Mantegna, bien qu'il ne fût plus jeune, se mit avec ardeur à l'ouvrage. Bernardo Ghisolfo l'architecte, aussi, de telle sorte qu'avant qu'une année fût écoulée, tout était prêt pour commémorer la victoire. Le 6 juillet 1496, jour anniversaire de la bataille du Taro, on vit se dérouler, dans Mantoue, une procession esthétique et pieuse à la fois, rappelant l'ovation que Florence avait faite, jadis, à la Madone de Cimabue. Dans la rue où habitait Mantegna, en face du palais San Sebastiano, on avait construit une estrade où l'on avait exposé aux regards et à l'admiration de la foule notre tableau du Louvre fraîchement peint, alors dans tout l'éclat de ses vives couleurs. Tout autour, juchés sur ce tréteau, des enfants costumés à la manière des anges, avec des ailes au dos, ou comme des apôtres, chantaient des cantiques.

Puis, quand tous les notables et le clergé furent rassemblés, on mit le chef-d'œuvre sur un chariot et l'on partit pour la nouvelle église. Il y a loin du palais San Sebastiano où était la maison de Mantegna, c'est-à-dire à l'extrémité Sud de la ville, jusqu'à la via San Simone (aujourd'hui via Domenico Fernelli) où l'on venait d'édifier la chapelle de la Victoire, tout au Nord de Mantoue. C'était toute la ville à traverser. Nul ne manquait à la fête que le héros, le marquis Gonzague, alors occupé à guerroyer, de nouveau, dans le royaume de Naples. Mais la marquise ne manqua pas de lui en rendre compte.

« La figure de Notre-Dame, lui écrit-elle, qu'Andrea Mantegna a peinte, a été transportée de sa maison, en procession, vendredi dernier, qui était le 6 de ce mois, à la nouvelle chapelle de *Santa Maria della Vittoria*, en commémoration de la bataille de l'an passé et de vos actions d'éclat, et au milieu d'une plus grande foule que je n'en ai jamais vue à aucune procession dans cette ville. Mon confesseur, Fra Pietro, a fait un beau discours à la grand'messe et a prononcé des paroles appropriées à la circonstance, implorant la glorieuse Vierge Marie pour qu'elle garde Votre Excellence de tout mal et vous ramène victorieux à la maison. A cause de mon présent état de santé (elle était grosse de sa seconde fille) je n'ai pu suivre à pied la procession, mais je suis allée au Borgo pour la voir passer, et je suis revenue au Castello par la nouvelle chapelle qui est bien ornée. Et le chemin était rempli de monde... »

Ce que la marquise ne dit pas, c'est que, déjà, les habitants honoraient cette Madone comme une divinité tutélaire; déjà, ils faisaient brûler, autour d'elle, des cierges et des torches. Ils voyaient dans ce chevalier un victorieux et dans cette victoire un miracle. Ils ne se trompaient qu'à demi : c'est un miracle de l'art.

Regardez-la. Rien des contingences, des mesquineries, des bassesses de tout cette histoire n'y a pénétré. On dirait que le peintre, enfermé dans son atelier de San Sebastiano, n'en a rien su, ou qu'il a transposé chaque laideur en une équivalence de beauté, sur le plan divin, aussi naturellement et avec aussi peu d'effort que le ver à soie fait son fil de la grossière feuille du mûrier. C'est la vision radieuse d'une humanité parfaite, d'un équilibre sans fin, désormais affranchi de toute inquiétude et de tout combat. Sous un berceau de feuilles et de fruits que picorent des oiseaux des îles, la Vierge trône, comme sous le pavillon central d'une exposition d'horticulture : à ses pieds en un bas-relief de marbre, on voit figurer le misérable petit arbre où s'enroulait le serpent tentateur, l'arbre de la pauvre science du bien et du mal ; au-dessus de sa tête, dans le Paradis retrouvé, la nature lui fait un arc-en-ciel de tous les fruits qui ne sont pas défendus. Les deux bouts de son manteau sont relevés, à sa droite et à sa gauche, par deux géants saint Michel et saint Georges pareillement jeunes, pareillement abondants en chevelure, vêtus pareillement d'armures pseudo-romaines, avec un dédain de l'exactitude archéologique bien naturel chez des archanges. Ils abaissent tous deux leurs paupières sur un chevalier à genoux, en extase, mains jointes, qui lève son nez épaté et sa face lippue vers la Vierge, de façon à découvrir le blanc de ses yeux de nègre. Et l'Enfant Jésus, debout dans le giron de sa mère, le bénit.

C'est François Gonzague. Il est vu dans sa carapace d'acier à demi recouverte par une riche cotte d'armes et jupon à gros plis, brodés, qui ne cachent cependant rien d'essentiel à la tenue de combat : ni la passe-garde dressée sur l'épaule droite, ni le faucre projeté sur le sein droit, ni les cubitoires articulés à oreillons bilobés qui emboîtent le coude, ni les cuissots, ni les oreillons des genouillères d'acier, ni le bout de la jupe de mailles visible sous l'armure, ni les jambières, ni les talons rehaussant dans l'ombre les étoiles d'or de leurs éperons. Au repos, on sent ce corps souple et râblé qui se détendra, la prière finie, comme un ressort d'acier et frappera dur. Dans ce sourire extasié qui découvre des dents de loup, on devine l'âme naïve et violente, tendue, en cette minute, vers l'infini, hors d'elle-même, qui retombera, quand le corps se relèvera, au pouvoir des passions brutales et des Dieux d'Enbas...

Vis-à-vis, écroulée sur ses genoux, plus bas encore et dans une posture plus humble, la nonne qui pria pour lui, durant la bataille, cette Osanna dei Andrasi, qui est le bon génie des Gonzague et qui sera béatifiée, vingt ans plus tard, par Léon X. Elle a le costume adopté par les peintres de ce temps pour les vieilles femmes de la Bible : ce voile blanc cachant les cheveux, couvrant le cou, et, autour de la tête, cette étoffe jaune roulée en manière de turban, désignent sainte Elisabeth, patronne d'Isabelle d'Este. Les lèvres entr'ouvertes continuent la prière commencée, tandis que les doigts égrènent le chapelet. Au-dessus d'elle, est saint Jean-Baptiste enfant, patron de Jean-François Gonzague. Et derrière tout ce monde, derrière les saints militaires, deux personnages sacrifiés, deux vieux barbus, dont on ne voit que les têtes, sont les deux saints patrons de Mantoue : saint André tient une fine gaule qui est une croix, et saint Longin en tient une autre, qui est une lance — la lance dont il a percé le flanc du Christ, semblable à ces « bordonnasses » peintes en rouge qu'on a ramassées, par fagots, sur le champ de bataille de Fornoue. Saint André hausse son regard par-dessus le manteau de la Vierge et tâche de voir quelque chose de la scène, mais saint Longin manifestement s'en désintéresse et regarde hors du tableau. Je le soupçonne, ayant le type sémite très accusé, d'être le portrait de Daniele Norsa, qui pense à ses 110 ducats. Il a, dans toute cette fête, l'air modeste, effacé, de celui qui la paie.

Pour faire honneur à la Madone, on a groupé autour d'elle, dans cet étroit espace, tout ce que, à la fin du XVe siècle, on connaissait de plus beau. On a tiré des profondeurs de la mer une touffe rouge de corail mâle, qui retombe au-dessus de sa tête, comme une suspension. On a tiré des profondeurs de la terre de la griotte œil-de-perdrix et du sarrancolin pour lui servir de piédestal. On a tiré des profondeurs du ciel des oiseaux parleurs et des archanges combatifs. Tous les « règnes » de la nature ont été mis à contribution, et de l'art aussi. On a fait venir de Venise, pour suspendre à la voûte de feuillages, un immense chapelet de ces grosses perles fausses qu'on appelait *jocalia de cristallo*. On a même dévalisé les tombeaux : le tabouret où sont posés les pieds de la Vierge est emprunté au tombeau de Marsuppini par Desiderio da Settignano, qui est dans l'église Santa Croce, à Florence. Les îles les plus lointaines, récemment découvertes par Christophe Colomb, ont fourni, pour percher dans le feuillage, un ara et un cacatoès. On a, sans doute, fait venir, de Porto, le jardinier d'Isabelle d'Este, l'homme d'Italie le plus habile à tailler le buis, pour ordonner cette arcature végétale, comme il a ordonné les arcades végétales du jardin où la *Vertu chasse les Vices*, qui est d'un côté de la *Vierge*, et peut-être l'arcade rocailleuse du *Parnasse*, qui est de l'autre. Il l'a chargée des plus énormes spécimens de l'horticulture intensive et les enfants eux-mêmes qui couraient dans les rues de Mantoue, après la *Madonna* en marche, devaient comprendre les félicités de ce paradis juteux, pulpeux, savoureux, gastronomique.

Nous touchons, ici, à l'un des caractères les plus définis des Primitifs et qui en font le plus grand charme. Mantegna n'était plus un primitif, mais c'était encore un préraphaélite ou un « prérenaissant ». Il avait, déjà, la science consommée du dessin et ses raccourcis en font foi ; mais il conservait, des Primitifs, le goût de réunir, sans aucune raison et pour la seule joie des yeux, toutes les espèces de beauté, tous les objets pittoresques qu'il savait reproduire. Et, comme les Primitifs aussi, il en savait reproduire beaucoup. C'est plus tard que le peintre s'est consacré, celui-ci, au nu, celui-là au paysage, cet autre aux toilettes ou aux natures mortes, — en un mot s'est « spécialisé ». Au moment où Mantegna peignait, le même artiste réunissait, en lui, tous les genres.

Il y a, dans ce tableau, un anatomiste : la figure de Gonzague, la main droite de la Vierge, les deux enfants, la Beata Osanna sont des triomphes du raccourci, ce saut périlleux des peintres. Il y a, là, un décorateur : ce berceau de feuillages, ce trône, ces armures d'anges en témoignent suffisamment ; — et il y a un peintre de nature morte, habile à veiner le marbre, à gonfler les fruits, à faire luire dans l'ombre le miroir des cuirasses, à allumer les globules du cristal, à tisser les étoffes, à les casser, à les chiffonner, à y faire tomber et ricocher la lumière. Il y a un couturier expert à composer des modes inédites pour les anges : voyez son saint Michel, qu'il habille d'une cuirasse en haut, d'une robe en bas, selon l'étrange compromis inventé, de nos jours, pour les princesses allemandes, colonelles honoraires de quelque régiment. Il y a un luministe, attentif aux moindres reflets : voyez la lumière sous-jacente, dorée, reflétée par le marbre tout le long du soleret vert-bouteille et sur la chaussure de fer articulée, et il y a un coloriste ingénieux à rompre ses teintes : voyez comme l'écharpe qui flotte autour de l'épée change de ton et rougit davantage à mesure qu'elle descend dans l'ombre.

Le coloriste, au surplus, se voit partout. Cette peinture qui entre dans l'œil comme une ciselure aux arêtes lumineuses avec le dur éclat du métal, n'en est pas moins d'une exquise harmonie, et cette harmonie, faite de tons de grenade et de vert-bouteille, d'ors sombres et sourds, de vifs accents rouges et de tons indiscernables, rosâtres et violacés, blanchissants ou jaunissants à peine, offre d'un bout à l'autre, des somptuosités de vitrail.

Il y a, enfin, ici un physionomiste profond et subtil. Avant toute chose, en abordant ce tableau, nous avons vu ceci : un chevalier protégé par une Madone, et sur quelque point que se soit portée ensuite notre attention, elle a été invinciblement ramenée vers ceci : la main protectrice de la Vierge. Tout y tend, toutes les lignes y montent ou y retombent. Tous les regards convergent vers cette main. Or, on suit les yeux qui sont dans un tableau comme on suit les yeux d'une foule dans la rue, et l'on regarde ce qu'ils regardent, malgré soi, par une pente magnétique invincible.

Le génie de l'artiste a été d'utiliser cette loi physiologique pour exalter un sentiment moral, en faisant que le point magnétique du tableau fût, en même temps, le point capital de toute l'histoire, de tout le drame, de toute la commémoration. Ce fût, peut-être, de sa part tout à fait inconscient, mais une loi inconsciemment observée n'en produit pas moins son effet, et, en cette circonstance, l'effet est précis, impérieux, décisif.

Si ce tableau est là, sur cet autel, si cet arc de triomphe est dressé, si ce peuple adore, si les saints patrons de Mantoue sont apparus, c'est que cette main s'est étendue sur cette tête, au jour du danger.

Et cette tête, elle-même, à demi sauvage, quel art profond et subtil ne fallait-il pas, pour en faire ce qu'elle est là ! Certes, on la reconnaît et le peintre ne se serait pas risqué à mépriser la ressemblance, quand tout un peuple, qui connaissait le modèle, était là, pour en juger. Et nous savons que le peuple en fut ravi : chacun en défilant devant le tableau, célébrait la fidélité du portraitiste. Mais il a su trouver l'angle exact par où les défauts de ce masque s'atténuaient le mieux, et aussi l'expression qui pouvait le transfigurer en un radieux visage. Les mille êtres qui sont en nous, différents et contradictoires, n'apparaissent pas tous en même temps ; il en est qui n'apparaissent qu'une fois dans toute notre vie : tel, peut-être, le mystique chez Gonzague. Pendant un instant, l'ivresse du péril conjuré, des siens retrouvés après la tourmente, a pu appeler, au bord de ce visage, l'âme adorante que nous voyons là... Ce ne fut, vraisemblablement, qu'une minute, mais le peintre avait le droit de la saisir. Il y avait, peut-être, longtemps qu'il la guettait. Mantegna avait soixante-cinq ans quand il peignit ce tableau. Il y avait donc trente-deux ans qu'il regardait les Gonzague, grand-père, père, fils et petit-fils, de profil, de face, de trois quarts, assis, debout, avec leurs femmes, leurs chiens, leurs chevaux et leurs nains. L'épreuve était moins périlleuse pour lui que pour d'autres. Pourtant, sans une profonde science physionomiste, en eût-il triomphé ?

Et toute cette science, qui est si grande comme chez les

Primitifs, est, comme chez les Primitifs aussi, toute pénétrée de fantaisie. C'est l'œil et la main de Meissonier, mais c'est l'âme de Shakspeare. Et les deux aspects de cet art sont juxtaposés, crûment, sans transition, sans précaution, sans excuse, — toujours comme chez les Primitifs. Ainsi, l'armure fort exactement reproduite de Gonzague est juxtaposée à l'extraordinaire costume mi-romain, mi-archangélique de saint Michel. Les proportions fort justes des personnages humains contrastent avec les proportions gigantesques des deux saints militaires et les mains démesurément petites de l'archange. Les gestes sont parfaitement simples et raisonnables, mesurés et effectifs, infiniment plus qu'ils ne seront chez les successeurs de Mantegna : il n'y a, là, aucune attitude de pompe ou d'ostentation. Mais ils se déploient dans un décor tout à fait déraisonnable, sous une collection pomologique artificielle, en vue d'oiseaux exotiques et qu'on ne voyait guère en liberté. Bien mieux, les manches de la Vierge sont soumises aux lois ordinaires de la pesanteur et lui retombent jusque sur la main, si elle l'abaisse, tandis qu'à côté l'écharpe de saint Michel ne l'est pas et flotte autour de sa grande épée sans souci de la vraisemblance. Si l'ennui, en Art comme ailleurs, « naît de l'uniformité », c'est pour cela, sans doute, que les Primitifs, souvent absurdes et toujours imparfaits, ne sont jamais ennuyeux : ils ne sont jamais égaux en deux choses.

Aussi, *la Vierge de la Victoire* est-elle, de tous les chefs-d'œuvre de Mantegna, celui qu'on peut regarder sans cesse sans se lasser, sans se reprendre, comme on regardait *la Joconde*, comme on regarde la plupart des œuvres de Vinci. Les gestes concordent, les volontés s'unissent, les couleurs s'harmonisent comme pour durer une éternité. La paix qui y règne s'insinue dans l'âme, le rythme qui le soutient ordonne la pensée. C'est un lieu où l'on aimerait vivre.

Une seule chose lui manque : son cadre de pierres, ce monument auquel nos troupes l'ont arraché pendant l'occupation de Mantoue, en 1797, son piédestal national et historique, sa patrie. Là-bas, dans les plaines lombardes, en bordure d'une rue déserte de Mantoue, la *Chapelle*, privée de sa *Victoire*, de sa *Vierge* et de son chevalier, désaffectée, coupée à mi-hauteur par un plancher, sa grande porte à demi obstruée et convertie en une baie vitrée, n'est plus qu'un atelier et un dépôt de marbres. Sur le seuil, un vieux sculpteur fume sa pipe. Elle est encore bien distincte des maisons environnantes, formant à elle seule un petit îlot, sur la via Domenico Fernelli, entre l'église des Saint-Simon et Saint-Jude et le reste de la rue. La place qu'occupait, il y a cent seize ans, le chef-d'œuvre de Mantegna est encore visible, tout encombrée qu'elle soit de monuments funéraires. Le cadre tient encore au sol, montre le trou béant du tableau arraché...

On pourrait donc l'y remettre. Il y revivrait de sa vie cachée, édifiante et consolatrice de tableau d'autel. Il recevrait moins de visites qu'au Louvre, mais plus d'hommages, moins de passants, mais plus de pèlerins. Peut-être même, parfois, quelque vieille femme, ne sachant point qui est Mantegna, ni ce que fut Fornoue, apercevrait dans ce tableau ce que les critiques et les historiens, dans leurs savantes controverses, oublient d'y voir : une Madone, une divine protectrice, et, sans y penser, reproduisant au naturel une des figures qui l'environnent, s'agenouillerait devant elle et dirait un *Ave Maria*...

Telle est l'histoire de cette Vierge, peinte en souvenir d'une victoire qui n'a pas été remportée, en expiation d'un sacrilège qui n'a pas été commis, et aux frais de quelqu'un qui ne croyait pas en elle. Mais qu'importe la naissance d'un chef-d'œuvre? Sa vie seule importe et la vie qu'il nous suggère. D'une injustice envers un pauvre juif et de la vantardise d'un chef battu, est sortie une vision si belle qu'elle inclinera toujours les âmes pensives à pratiquer la justice et à aimer l'humilité.

PORTRAIT DE BALTHAZAR CASTIGLIONE.

Par Raphaël (au Louvre Salon Carré.)

BALTHAZAR CASTIGLIONE

AU LOUVRE

I. — Un portrait

Il y a quelque quatre cents ans, durant l'hiver de 1519, les humanistes de l'Italie se passaient, de main en main, une sorte de poème en latin, qui venait d'être composé par l'un d'eux, sous la forme d'une lettre adressée par une femme à son mari. Il s'agit de nouveaux époux : la femme est seule à la maison, à Mantoue, avec son nouveau-né ; le mari est à Rome, en ambassade auprès du Pape, occupé de mille affaires dont elle n'a cure. Elle se plaint de son absence et languit après son retour. Seul, son portrait, peint par Raphaël, lui remplace l'absent :

Sola tuos vultus referens Raphaelis imago
Picta manu curas allevat usque meas...

Et elle rit à ce portrait, elle s'adresse à lui comme s'il était vivant, elle lui parle tant et si bien qu'il lui semble qu'il sourit lui aussi, qu'il répond ; elle lui amène l'enfant qui le reconnaît et le salue :

Agnoscit, balboque patrem puer ore salutat.
Hoc solor longos decipioque dies.

Cette épître était grandement admirée. Tout le monde en connaissait l'auteur, Balthazar Castiglione, et savait qu'il s'agissait de lui-même, de sa femme et de son enfant, âgé de deux ans. On goûtait fort la prudence de ce mari, déjà mûr, qui prenait soin de rédiger les plaintes que son absence devait inspirer à sa jeune femme. On en savourait le bon parfum de latinité. On saisissait, aussi, fort bien, l'allusion au portrait de Raphaël. Peint depuis quatre ans seulement, ce portrait était déjà célèbre. Il l'est encore. C'est lui qui a remplacé la *Joconde* [1].

Je ne sais pourquoi on l'a choisi, mais on ne pouvait pas mieux choisir. Au premier abord, on éprouve bien un certain malaise à voir, au milieu du Salon Carré, à la place du sourire accoutumé — le plus féminin de tous les sourires —

---

1. Avant d'arriver à cette place d'honneur, au milieu du Salon Carré, il a beaucoup voyagé. Peint à Rome, pendant l'automne de 1515, il est allé, en 1524, avec Castiglione, en Espagne. Castiglione étant mort à Tolède en 1529, il est revenu à Mantoue où il était encore, dans la famille du modèle, au commencement du XVIIe siècle. Là, on le perd de vue un certain nombre d'années : aucun historien ne peut justifier de l'emploi de son temps. On ne le retrouve qu'après 1630, à Amsterdam, dans l'atelier du peintre Van Asselin, sans qu'on sache comment il y est venu : mais c'est bien lui et non un autre : il y est admiré et copié par Rembrandt et par Rubens. En 1639, il est vendu aux enchères et passe dans la collection d'un seigneur espagnol, Don Alfonso de Lopez, qui le paie 3.500 florins, environ 20.500 francs de notre monnaie. Peu après, ce seigneur étant tombé en disgrâce et ayant dû vendre tout son avoir, notre portrait est acheté par le cardinal de Mazarin, et à la mort du cardinal, en 1661, Louis XIV le prend pour 3.000 livres, environ 9.750 francs. Enfin le voilà au Louvre où il faut espérer que son histoire est finie, pour la même raison qu'on espère que celle de la *Joconde* ne l'est pas.

Autres portraits de Balthazar Castiglione :

Authentiques : 1° Peinture à l'huile d'après un portrait fait par Raphaël, en 1519. En buste, nu-tête, de trois quarts, la poitrine coupée par une inscription commençant par *Baldasar de Castiliono*... et finissant par ANN. MDXXIX. (Au Palais Corsini, à Rome.)

2° Peinture à l'huile. De face, habillé de noir, avec un chapeau et des gants, un rideau et un paysage au fond. Attribué au Parmesan et supposé de 1524. (Collection du marquis de Lansdowne, à Bowood.)

3° Médaille de profil droit. Tête nue, cou découvert, drapé à l'antique, avec l'inscription BALTHAZAR CASTILION, *Gr. F.* Au revers, Apollon sur un char, attelé de deux chevaux au galop guidés par des génies ailés, passe derrière le globe du monde où l'on voit figurée l'Italie, avec l'inscription : TENEBRARUM ET LUCIS.

Présumés avec ressemblance : 1° La tête d'homme, de trois quarts, barbu, coiffé d'un serre-tête, et tenant un globe terrestre, qui figure Zoroastre, tourné vers la tête de Raphaël, à l'extrémité droite de *l'École d'Athènes*, peinte en 1510 par Raphaël (au Vatican).

2° Le guerrier romain debout, tête nue, armé d'une lance, au premier plan du tableau : *la Cour d'Isabelle d'Este* ou *le Triomphe de la Poésie*, par Lorenzo Costa (au Louvre).

cet homme amplement barbu, le crâne serré dans un bicoquet, et auréolé d'une immense barrette noire, ou toque rebrassée, qui vous regarde paisiblement de ses gros yeux bleus. On savait bien qu'on ne verrait plus *la Joconde*, mais il semblait que le lieu où elle a été si longtemps fût un peu consacré, et qu'un homme ne dût pas s'y carrer à son aise. MM. les conservateurs du Louvre eussent peut-être mieux fait de laisser la place vide — comme Burne Jones, dans sa mosaïque fameuse du *Christ entouré d'anges*, qui est à l'église américaine de Saint-Paul, à Rome, a laissé vide la place du plus grand d'entre eux, à la droite de Dieu, pour le jour où *il* reviendra... Mais puisqu'on y a mis quelqu'un, c'est bien Balthazar Castiglione qu'il fallait mettre. Il y a, dans son regard et dans son vague sourire, quelque chose qui attire comme dans l'autre, mais qui rassure. C'est l'homme accompli de la Renaissance, comme *la Joconde* en est la femme rêvée : l'histoire à la place de la légende.

Le premier émoi passé, on est conquis par cette physionomie grande ouverte, ces yeux de bon chien fidèle, cette bouche fermée et pourtant bien parlante, ce maintien quiet, modeste, réservé, l'entière bonne foi de cette figure et aussi de cette peinture. Rien pour l'effet : pas de pose, pas d'éclat, pas de prouesse visible du pinceau. Presque tout est de la même couleur, je veux dire de deux ou trois couleurs voisines et froides, et les intervalles entre les valeurs sont imperceptibles. La palette de Raphaël, en cette occasion, c'est le vocabulaire des gens du XVIIe siècle, vocabulaire restreint, mais où chaque mot étant mis à sa place, les moindres nuances de la pensée sont rendues. Il n'y a de rougeâtre ou de coloré, en clair, que ce qui vit : la chair, la barbe, les yeux. A peine, le feu d'un bijou couve faiblement en deux endroits, parmi les charbons de la barrette et les cendres de la fourrure. Vu dans ce Salon Carré, en compagnie des Giorgione, des Titien, des Véronèse, c'est l'hiver de la couleur, après ses automnes dorés. Et malgré cette pauvreté, jamais le coloriste n'a été si grand. C'est peut-être le chef-d'œuvre de Raphaël.

En même temps, l'homme représenté, ici, est l'auteur du livre que tout le XVIe siècle a considéré comme un chef-d'œuvre : le *Cortegiano*, et il a fait, de sa vie elle-même, un chef-d'œuvre de l'art le plus subtil et le plus délicat : l'art d'agir harmonieusement avec son temps, d'accorder son solo avec le grand accompagnement des voix humaines de son siècle. Toute la Renaissance n'a travaillé, n'a rêvé, n'a souffert que pour produire un Castiglione. Vittoria Colonna, que nous voyons juste en face de lui, dans les *Noces de Cana*, tout au bout de la table, appuyée sur le coude gauche et mâchant son cure-dent, le lui a écrit en termes décisifs : « Je ne m'étonne pas que vous ayez peint un parfait homme de cour, car vous n'aviez qu'à tenir un miroir devant vous et à dire ce que vous y voyiez... » Et Charles-Quint, à côté d'elle, qui tourne son profil gauche vers un serviteur, à l'angle du balustre, annonçait ainsi à ses courtisans la mort du modèle de Raphaël : « Je vous dis qu'est mort un des meilleurs chevaliers du monde ! » Enfin, ce François Ier, dont voici le grand profil, peint par le Titien, tourné vers la toile immense de Véronèse, rencontrant Balthazar Castiglione au lendemain de la bataille de Marignan, lui demandait de finir son *Cortegiano*, pour le donner, en exemple, aux générations futures. Si jamais un temps a tenu dans un livre, un livre dans un homme, un homme dans un portrait, c'est ici.

Et c'est ici qu'on peut le mieux le saisir, au centre de toutes ses vivantes affinités. Le hasard l'entoure des figures qu'il a connues et qui l'ont aimé. En face de lui, sous le pseudonyme des *Noces de Cana*, la grande fête de la Renaissance, qu'il n'a pas connue, mais dont il a donné le signal. Tous les gens qui sont là, sauf peut-être le négrillon qui tend une coupe à Alfonso d'Avalos, ont lu son livre, de quelque nation qu'ils soient, car au moment où ce tableau a été peint par Véronèse, en 1562, le *Cortegiano* a déjà eu soixante éditions : il a été traduit en espagnol, en français, en latin, en anglais, et le nom de Castiglione, prononcé parmi le brouhaha des conversations, le cliquetis des coupes, les coups sourds du tranchoir et le bruissement des archets, serait salué d'une acclamation unanime.

A côté de lui, cette allégorie mystérieuse, incompréhensible, chaude, dans un monde de volupté triste, où toutes les mains étreignent quelque chose que les yeux ne regardent pas, doit charmer son esprit mythologique. Vous connaissez cette fantaisie du Titien. Un chevalier en sombre armure, grave comme un magicien durant une incantation, pose la main sur le sein d'une femme qui médite. Un enfant apporte un fagot de bois mort qu'il est allé chercher dans la forêt et qu'il étreint avec peine de ses doigts écartés. La belle dame pensive tient un objet translucide et noir : une boule de cristal, s'il faut en croire la forme qu'ont prise les mains pour le contenir ; une autre figure féminine s'agenouille, pâmée dans un geste de prière. Et des bras nus se tendent au-dessus, soulevant une corbeille, des fruits, des fleurs.

Tout ce rébus qui intrigue, inspire, désespère les commentateurs du Titien, est sans doute une des allégories savantes où se plaît son humanisme. Et ce chevalier mystérieux passe pour un de ses amis, Alfonso d'Avalos, le héros de Pavie. Un peu plus loin, il y a beaucoup de chances pour que ce seigneur amoureux, qui multiplie les beautés de sa maîtresse, en la mettant entre deux miroirs, soit son maître le marquis Federico Gonzague[1], à qui, non sans à propos, il

---

1. C'est à M. Louis Hourticq (*Revue de l'Art ancien et moderne*, 10 août 1912) qu'on doit cette identification, ou, du moins, cette hypothèse, qui est très vraisemblable. Dans une étude ingénieuse et brillante sur quelques œuvres du Titien au Louvre, il refuse de voir, dans le groupe fameux du *Salon Carré*, Alphonse d'Este et Laura Dianti et donne de bonnes raisons d'y recon-

écrivait un jour : « L'ambassadeur de France, Saint-Marceau, a été dire au Pape que Votre Excellence est jeune et inexpérimentée et adonnée aux plaisirs... »

Le voilà, donc, au milieu des figures familières de sa vie, ressuscitées comme lui par les plus grands maîtres de la Renaissance, qu'il a tous aimés, eux aussi, et admirés, sans distinction d'école : « Des choses bien diverses peuvent plaire également à nos yeux, tellement il est difficile de dire lesquelles plaisent le plus, dit-il, dans le *Cortegiano*. Voici, que, dans la peinture, sont très excellents Léonard de Vinci, Mantegna, Raphaël, George de Castelfranco (Giorgione); néanmoins, tous sont très différents les uns des autres, de sorte qu'il ne semble pas, qu'à aucun d'eux, il manque quoi que ce soit dans sa manière, puisqu'on reconnaît que chacun est parfait dans son style... »

Enfin, c'est une chance pour lui que de revivre par la main de Raphaël. Des artistes qu'il vient de citer, c'est assurément celui qui pouvait le mieux le comprendre et nous le faire comprendre. Le divin Léonard n'y eût pas été propre du tout. Léonard, c'est le rêve inquiet, l'art qui change et qui se cherche, l'esprit nouveau qui brise les cadres, ouvre les ailes ; c'est l'âme qui doute et se perd dans le mystère. Raphaël, c'est l'art fixé, la perfection simple dans des limites franchement acceptées, l'art qui ne cherche rien, qui ne promet rien — qui tient. Regardez ce portrait : la pensée n'est sollicitée par rien d'autre que par son objet immédiat, le fond est fermé. L'homme qui fit cela ne douta point de la peinture. Il ne l'eût jamais quittée pour s'en aller inventer des engins de guerre, d'hydraulique ou d'aviation. Il serait curieux de savoir ce que Castiglione pense de l'auteur de cette *Joconde* qu'il remplace ; — mais nous le savons ! Ecoutons-le : « *Un autre, des premiers peintres du monde méprise cet art où il est*

naître Federico Gonzague, le fils d'Isabelle d'Este, et sa maîtresse Isabella Boschetti.

très singulier et s'applique à étudier la philosophie, dans laquelle il a de si étranges conceptions et de si nouvelles chimères que, même avec toute sa peinture, il ne saurait les représenter [1] !... » Ce mot mesure toute la distance qui sépare Castiglione de Léonard.

De Raphaël, au contraire, tout le rapproche. D'abord, la vie. Balthazar Castiglione, quoique Mantouan de naissance, a passé les plus belles années de sa jeunesse à la cour d'Urbino, près du duc Guidobaldo et d'Elisabetta Gonzague, et il y a vu grandir le jeune maître et guetté son premier essor. Il l'a retrouvé à Rome, et tous les deux, jeunes, beaux, aimables, sociables, fous de l'antiquité, liés par les souvenirs des premiers succès, les voilà qui courent la ville éternelle, déterrant les marbres, relevant le plan de la cité impériale, scrutant Vitruve. Ensemble, ils rédigent un rapport à Léon X sur les mesures à prendre pour sauver ce qui reste de la Rome antique. Sans cesse aux côtés du peintre, l'humaniste le conseille, l'éclaire et, lorsqu'il n'est pas là, le peintre éprouve qu'il lui manque un peu de lumière. C'est à lui qu'il adresse la lettre fameuse, tant de fois citée, sur une « certaine idée » qu'il a dans l'esprit touchant la beauté : « Je vous dirai que si je veux peindre une belle femme, il faut que j'en voie plusieurs et que je vous aie près de moi pour choisir la plus belle... » Lorsque Raphaël le quitte pour toujours, Castiglione a l'impression d'un immense vide. La première fois qu'il revient à Rome, après la mort de son ami, il écrit à sa mère, le 20 juillet 1520 : « Je vais bien, mais il ne me semble pas que je sois à Rome, puisque mon pauvre Raphaël n'y est plus... »

Ce n'est pas seulement la vie qui les rapproche : ce sont les idées. En ce temps-là, comme aujourd'hui, il y avait une

---

1. « Un' altro de' primi pittori del mondo sprezza quell' arte dove è rarissimo, ed essi posto ad imparar filosofia ; nella quale ha cosi strani concetti e nove chimere, che esso con tutta la sua pittura non sapria depingerle. »
Il Cortegiano, libro secondo, XXXIX.

lutte sourde entre ces deux ennemis-nés, le portraitiste et le modèle, chacun poursuivant un but différent et ayant cependant besoin de l'autre pour y atteindre. Chez Raphaël et Castiglione, le but était le même : donner l'image de l'équilibre, du naturel, de la mesure dans un être beau, sain, vigoureux, et cela sans effort. Nous ne savons ce qui put se dire, il y a quatre cents ans, durant les heures de pose, dans le palais du *Borgo Nuovo*, par les chaudes après-midi de septembre où l'on fit ce portrait ; la porte était si sévèrement consignée que l'ambassadeur de Ferrare, lui-même, ne pouvait pénétrer. Mais le livre est là, comme le portrait lui-même, bien vivant quoiqu'on n'ait pas cru devoir le traduire en français depuis longtemps. Il faut lire le *Cortegiano* de Castiglione devant le *Castiglione* de Raphaël : c'est la même pensée en deux langues.

Il n'a pu y avoir désaccord sur le costume. « Il me plaît qu'il tire toujours un peu plus sur le grave et le sombre que sur le gai, car il me semble qu'une plus grande grâce est donnée aux vêtements par la couleur *noire* que par aucune autre, et si ce n'est pas le noir, qu'au moins il tire sur le sombre : j'entends le vêtement ordinaire, car il n'y a pas de doute que par-dessus les armures, siéent mieux les couleurs ouvertes, claires, gaies, et aussi les vêtements joyeux, dentelés, pompeux et superbes, mêmement dans les spectacles publics, fêtes, jeux, mascarades et choses semblables, parce que les choses mi-partie portent, en elles, une certaine vivacité, et ardeur, qui s'harmonisent bien avec les luttes et les jeux, mais, pour le reste, je voudrais que le costume témoignât de cette gravité que garde si fort la nation espagnole, car les choses extérieures portent témoignage des intérieures... » Ainsi parle l'humaniste, et même à la guerre, tiraillé entre mille soucis, occupé à batailler contre Bayard du côté de Lodi, il mande à sa mère de lui envoyer un « vêtement de *damas noir bordé de martre* ». Raphaël n'a pas eu besoin d'aller chercher, bien loin, la plus parfaite de ses harmonies en noir, en gris et en blanc; la tenue habituelle de son modèle la lui fournissait.

Il n'y a pas eu désaccord, non plus, sur la pose : « Il me semble que les manières des Espagnols s'accordent davantage avec les Italiens que celles des Français, parce que cette *gravité tranquille*, qui est le propre des Espagnols, me paraît nous convenir à nous autres beaucoup mieux que la prompte vivacité qui se voit chez les Français, dans presque tous leurs mouvements... » Voilà ce qu'écrit le modèle : voyez ce qu'a fait le peintre. Il a donné, ici, le plus parfait exemple du calme et de la sérénité statiques. C'est la pose rentrée ou concentrée, toutes les lignes ramenant l'œil au centre de la toile, aucune ne l'égarant au dehors. Elle a frappé Rubens : il en a fait un croquis qui nous a été conservé, croquis hâtif, notation immédiate où rien n'est visible que cette dynamique des masses rabattant l'attention sur le principal de l'objet. Ce balancement des lignes, qui est un enchantement pour l'œil, cet équilibre entre la suspension des choses dans l'espace, suivant l'effort de l'homme, et leur chute suivant la loi de gravitation, qui s'accorde si bien avec certains instincts physiologistes encore mal définis, en nous; — tout cela est dû au génie naturel du peintre.

Car il est évident qu'il y a réussi sans système, sans contrainte, presque sans y penser. Ressemblance de plus avec son modèle : « Je trouve, dit Castiglione, une règle tout à fait universelle, qui me paraît valoir en toutes les choses humaines, qui se disent ou qui se font, plus qu'aucune autre : c'est de fuir le plus qu'il se peut, et comme l'écueil le plus âpre et le plus périlleux, l'*affectation*, et pour employer, peut-être, une expression nouvelle, d'user en toutes choses d'une certaine désinvolture (*sprezzatura*) qui cache l'art et prouve que ce qu'on fait ou dit vient sans fatigue et presque sans y penser. De là, je crois que dérive aussi la grâce, parce que des choses rares et bien faites chacun sait la difficulté ; alors la facilité à les faire excite un grand émerveillement et, au contraire, forcer son talent et, comme on dit, « tirer par les cheveux » est extrêmement disgracieux et ôte sa valeur à toute chose, si grande qu'elle soit. Ainsi, l'on peut dire que *ceci est de l'art vrai, qui ne semble pas être de l'art...* » Et, pour qu'on l'entende bien, il donne l'exemple précis : « Dans la peinture, par exemple, une seule ligne tracée sans effort, un seul coup de pinceau facilement donné, de façon qu'il semble que la main, sans être guidée par aucune étude ni aucun art, s'en va d'elle-même à son but, selon l'intention du peintre, découvrent clairement l'excellence de l'artiste. »

C'est la définition, même, de Raphaël dans ses portraits, à ses plus beaux moments et notamment dans ce portrait. Cette facilité, cette tranquillité de l'artiste créant son œuvre comme la nature fait la sienne, cette *sprezzatura*, que Castiglione met au-dessus de tout, a trouvé ici son prototype. Si vous comparez cette tête à toutes celles qui l'entourent, dans ce Salon Carré, et qui sont presque toutes admirables, vous sentirez la différence. Dans les autres, on sent une intention, une volonté, quelque chose d'effectué ou de conquis, une victoire éclatante sur la matière due au génie de l'homme. Ici, l'artiste a disparu pour nous laisser seuls avec son modèle, auquel il semble qu'il n'a rien donné, — que la vie.

Consultons-le donc comme nous ferions une figure vivante. Oublions l'art, pour chercher l'homme. Ce front large, ces pommettes saillantes, ces yeux écartés — l'œil droit un peu tiré vers la droite — cette bouche parfaite, presque sensuelle, le crâne élevé un peu en son milieu — ce qui est attesté par ses autres portraits — et chauve — ce qui est dissimulé dans celui-ci — ce nez droit, ce teint clair, tout concourt à nous faire croire que nous avons devant les yeux un total exemplaire de la plus saine humanité. Ce sont les traits caractéristiques de ce que les physionomistes du système planétaire appellent le *Jupitérien du type heureux*. Faut-il les croire? « La beauté des fleurs, dit Castiglione, porte témoignage de la bonté des fruits, et la même chose intervient dans les corps, comme on le voit par les physionomistes qui, au moyen du visage, découvrent même les mœurs et parfois les pensées des hommes... » Ainsi, à mesure que son double naissait sous les doigts du peintre, il pensait qu'un nouveau trait de son signalement moral était envoyé à la postérité.

A nous de le déchiffrer. Assurément, notre science sur ce point n'est guère plus avancée que celle des peintres du XVIe siècle; elle est bien faible et bien incomplète, ou, pour mieux dire, elle n'existe pas, mais, ici, le document est simple. Ce portrait de Castiglione est un livre ouvert. Chaque passant y lit, sans un instant d'hésitation, les mêmes choses : une âme mesurée, bienveillante et fidèle, une sensibilité sereine, la mélancolie des êtres trop bons que l'injustice indéfiniment étonne, de l'élévation sans rien d'austère, ni de mystique, de la volonté sans rien de tendu. Se trompe-t-il? La vie de Castiglione va nous le dire.

II. — Une vie

Le grand trait de cette vie est la fidélité. Né à quelques kilomètres de Mantoue, le 6 décembre 1478, près de Marcaria, dans le vieux château de Casatico, sur l'Oglio, d'une ancienne famille milanaise établie d'abord à Milan au service des Visconti et des Sforza, et passée à Mantoue au service des Gonzague, Castiglione avait été élevé dans cette tradition : servir. Il était naturel que ce fût les Gonzague. Son père Cristoforo Castiglione avait été blessé grièvement à Fornoue, aux côtés du marquis Gonzague, en combattant les Français, sa mère était une Gonzague d'une branche cadette. Pourtant, dans son jeune âge, il alla d'abord à Milan, apprendre les belles manières à la Cour de Ludovic le More. Il était là, cette nuit terrible, une nuit digne des lamentations de Bossuet, où la jeune duchesse de Milan, Béatrice d'Este, mourut subitement, emportant avec elle tout l'espoir et la joie et la fortune des Sforza. Puis il revint à Mantoue, se mettre au service de son seigneur naturel, le marquis Gonzague, qui l'occupa tout de suite à la guerre. Car Balthazar était homme d'épée comme tous ceux de sa lignée, et il avait appris les armes avec le meilleur maître du temps, Pietro Monte, en même temps que le grec avec le meilleur helléniste, Chalcondylas. Longtemps il tint la campagne, dans le Napolitain, avec les Français, contre Gonzalve de Cordoue. C'est la partie la plus belliqueuse de sa vie.

Mais un beau jour, le marquis Gonzague le cède, en bonne et due forme, à son beau-frère le duc d'Urbino, Guidobaldo, qui fait de lui un diplomate. Il part pour Londres, en ambassade auprès de Henri VII, dont il cherche à gagner le cœur avec des chevaux barbes et un tableau de Raphaël. Guidobaldo mort, il reste au service de son successeur, Francesco Maria della Rovere, le neveu du pape Jules II, et le voilà, de nouveau, homme de guerre, servant dans l'armée papale, piétinant dans les tranchées devant Mirandola. Léon X ayant remplacé Jules II sur le trône pontifical, il se remet à négocier pour conserver à son duc les bonnes grâces du nouveau pape, quitte sa cuirasse et redevient l'humaniste ou l'artiste qui plaît aux Médicis.

Il ne leur plaît pas tant, cependant, qu'il puisse les empêcher de bouleverser le duché qu'il représente. Ce malheureux petit État d'Urbino semble une coquille de noix, ballottée par tous les orages, à la suite de la barque de saint

Pierre. Quand le Pape est un Borgia, Urbino est confisqué par César Borgia ; quand le Pape est un della Rovere ; Urbino est gouverné par Francesco Maria della Rovere ; quand le Pape est un Médicis, Urbino passe aux mains de Lorenzo de Médicis, le fameux *Pensieroso* de Michel-Ange, qui, de son vivant, ne pensa jamais à rien. Naturellement, en aucun cas, on ne demande aux gens leur avis, et ceux que Castiglione prodigue au Saint-Siège ne sont pas écoutés. Alors, ne pouvant plus servir utilement son dernier maître, le fidèle Mantouan retourne à son ancien seigneur, le marquis Gonzague, vieilli et revenu à de meilleurs sentiments. D'ailleurs, il n'a jamais cessé d'être aux ordres de la marquise de Mantoue, Isabelle d'Este, et quand le héros de Fornoue vient à mourir, il reste au service de son fils, Federico, et retourne à Rome pour le représenter auprès du Pape.

Ce n'était pas une sinécure. Les fonctions d'ambassadeur d'un petit État à Rome, en ce temps-là, ressemblaient beaucoup à celles d'un député de nos jours, à Paris, représentant une circonscription rurale : il s'agissait bien moins de traiter, de puissance à puissance, que de solliciter avec fruit, d'intriguer avec zèle, de dériver sur la terre d'élection le flot des grâces — grâces spirituelles et temporelles, intérêts étrangement mêlés de la terre et du ciel. Castiglione n'y manque pas. Il parvient à faire donner à son maître la charge de capitaine général de l'Église ; il travaille pour que l'oncle de Federico, le cardinal Sigismondo Gonzague, soit pape, à la mort de Léon X, et pour que son ancien maître Francesco Maria della Rovere, enfin revenu dans ses États d'Urbino, soit placé, aussi, à la tête des troupes de Florence. Ainsi, dans la grande tempête du XVIe siècle et au milieu de ces courants alternatifs qui poussent dans tous les sens la politique italienne, il a toujours la même boussole : l'intérêt des Gonzague et de leurs parents ou alliés les plus proches : les ducs d'Urbino.

Cette constance le désigne. Tout le monde voudrait l'avoir ou le retenir à son service. Le pape Clément VII finit par l'emporter ; il se le fait céder par le marquis de Mantoue et l'envoie, comme nonce en Espagne, auprès de Charles-Quint. Il n'est pas sûr que l'Empereur, lui-même, ne cherche pas à l'enlever au Pape et à se l'attacher. En tout cas, il le comble de faveurs, et Castiglione vient d'être nommé évêque d'Avila quand il meurt, en 1529, juste à temps pour ne pas voir une petite fille de sa ville épiscopale donner un démenti à sa théorie du *Cortegiano*, que « l'on ne voit pas qu'une femme ait jamais connu les ravissements de l'extase que procure l'amour divin, comme saint Paul, ni reçu les stigmates, comme saint François d'Assise... » Ainsi, vu de l'extérieur et au premier abord, l'homme à la grande barrette nous apparaît comme une espèce de condottière de la diplomatie, passant du service d'un prince au service d'un prince voisin, et du service du voisin à celui du Pape, cédé par l'un à l'autre, à demi par courtoisie, à demi par force, choyé par chacun et demeurant fidèle à tous.

Il nous apparaît, ensuite, comme un témoin merveilleusement installé pour ne rien perdre du spectacle de l'Histoire. Et quel spectacle ! Luther, Charles-Quint, César Borgia, quels acteurs ! Sans doute, la pièce que joue l'humanité est toujours la même, mais on arrive souvent le jour des doublures. Castiglione, lui, était là quand débutèrent ces artistes tels qu'on peut dire qu'ils ont, de toutes pièces, créé leurs rôles. Il était là, auprès de Louis XII, à Milan, au milieu de tous les ennemis et des victimes de César Borgia, lorsque César lui-même apparut, sur un cheval de poste, tout poudreux de la route, se précipita vers le roi de France et, par sa faconde et son enjouement, le conquit à sa cause. Il était là, quand Jules II, vieux, furieux et goutteux, brûlant d'ardeur belliqueuse, en plein hiver, tout blanc de barbe, de robe et de neige, entra par la brèche, dans Mirandola. Il était de cette partie de chasse, à Corneto, où l'on vit Léon X botté, à cheval, en justaucorps blanc, suivi de ses cardinaux en justaucorps rouge, courir le sanglier et planter la bannière de saint Pierre au centre même de la chasse miraculeuse, tandis que son chapelain se désolait qu'il fût parti sans rochet, ni étole, et se demandait comment on ferait si des fidèles venaient pour lui baiser les pieds... Et quand le même Léon X laissait là sa loupe et ses miniatures, pour lire et relire, le front souligné par l'inquiétude, le nouveau livre d'un certain « Frère Martin », Castiglione le vit. Enfin, il était en Espagne, lorsque Charles-Quint, apprenant la prise de Rome, se mit d'abord à sourire, ensuite à pleurer et, plus tard, lorsque l'Empereur envoya un cartel à François Ier, c'est Balthazar qui fut désigné comme son second. On a pu, à d'autres époques, être témoin de choses plus grandes : on ne l'a jamais été de choses plus pittoresques, dans des décors de nature plus expressifs ou aménagés par des artistes de plus de génie.

Le spectacle est fort divers. Un jour, ce sont les *courses*, auxquelles prennent part les chevaux barbes de Mantoue. Castiglione écrit au marquis Federico :

> J'ai donné l'ordre à Zuccone d'engager, à la fois, les deux chevaux de Votre Excellence pour la première course, de telle sorte que, si l'un finissait mal, l'autre prît sa place. Au départ, le cheval gris Serpentino dépassa tous les autres et tint la tête pendant environ la moitié de la longueur de la piazza, lorsqu'ils atteignirent le Campo di fiore. L'alezan était le second, mais comme Zuccone avait dit au jockey de ne pas le presser avant d'être arrivé à la rue du Borgo, il laissa un cheval du cardinal Petrucci le dépasser...
> Dans la course des juments, le cheval de Votre Excellence est arrivé premier, et celui de l'archevêque de Nicosia second. Ils ont couru dans cet ordre jusqu'au Borgo, où le cheval de Votre Excellence a dépassé de plusieurs longueurs, et a atteint le Palio avant que celui de Nicosia fût aux fontaines. Mais juste comme le page allait toucher le Palio, un archer du Bargello s'est trouvé sur son chemin, de telle sorte que le garçon n'a pas pu le toucher et le page de Nicosia est arrivé, l'a touché le premier, et c'est à lui qu'a été

donné le Palio. J'étais au Castello et je n'ai pu comprendre ce qui s'était passé, jusqu'à ce que le messager que j'avais envoyé fût revenu. Les Palii furent apportés à Sa Sainteté et je lui expliquai ce qui était arrivé, aussi bien qu'au gouverneur et au sénateur, et aucun ne contesta que nous eussions été très mal partagés. J'étais résolu à réclamer le Palio, mais le gouverneur a dit au Pape qu'il tombait sous le sens que quiconque avait touché le Palio le premier devait l'avoir, mais que l'homme qui s'était trouvé au travers du chemin devait payer pour tout le monde. Après beaucoup de discussions, l'archer qui était en faute a été jeté en prison, et le sénateur et le gouverneur ont promis qu'il ne serait pas élargi avant que nous ayons gagné un Palio exactement semblable à celui qu'il nous a empêché d'avoir. J'ai demandé, au surplus, qu'il fût pendu, ou envoyé aux galères, ou, au moins, qu'il lui fût donné quatre ou cinq tours de corde...

Une autre fois c'est un conclave :

Aujourd'hui, est survenue une chose qui s'est présentée très rarement jusqu'ici : c'est que les portes du conclave ont été ouvertes en grande cérémonie et avec beaucoup de respect. Les cardinaux sont tous venus aux portes et y ont frappé, pour informer les évêques (il s'agit des huit archevêques ou patriarches gardiens de la porte de la Rota, par où l'on passait aux membres du Conclave leur nourriture) que Mgr Grimani était en danger de mort et les priant d'ouvrir les portes. En conséquence, furent appelés les ambassadeurs, desquels il n'y avait d'autres que l'ambassadeur du Portugal et moi ; les portes furent ouvertes et nous vîmes tous les cardinaux, avec des torches à la main, car le lieu était très sombre. Alors, Mgr Santa Croce, en qualité de doyen du Sacré-Collège, nous dit que Mgr Grimani était en péril de mort, comme les médecins en avaient prêté serment et pria les ambassadeurs d'informer leurs princes que les portes avaient été ouvertes pour cette seule raison et que les choses allaient à leur ordinaire et qu'ils comptaient faire leur devoir point par point. Mgr de Como confirma ce dire et alors Mgr Grimani fut emporté dans une chaise et le conclave fut refermé de nouveau. Je crains que Sa Révérence ne meure tout de même, car elle semble très mal. Peut-être demain saurons-nous qui est le Pape. — Rome, le dernier jour de 1521.

Ce témoin universel est un universel acteur. Ce ne sont pas seulement ses dons d'observation qui lui servent, ses yeux qui sont ouverts ; toutes ses qualités jouent. On n'imagine pas, en aucun autre temps, un homme si complet, beau à voir de tant de côtés. La « spécialisation » est devenue, de nos jours, une manière de dogme. Un homme, qui s'adonne à plusieurs arts ou sciences et ne consent point à s'amputer de toutes ses facultés, moins une, excite une incurable méfiance. Celui, au contraire, qu'on trouve obstinément fermé à toute notion étrangère à son métier, inspire aux bons esprits le respect qu'ont les Hindous pour le fakir. Mais cela ne va pas sans inconvénient, au regard de la sociabilité. Car un spécialiste est comme un homme qui ne ferait qu'un geste, toujours le même. Quand on n'a plus besoin de ce geste, on n'a plus besoin de lui. Mis au milieu des autres hommes, aux mouvements moins parfaits, mais plus variés, il leur fait l'effet d'un automate et, quoique supérieur en un point, il paraît, dans son humanité totale, inférieur.

L'homme, au contraire, frotté de connaissances multiples, entraîné à des arts et à des sports divers, pouvant ainsi rendre, tour à tour, les différents services que la société attend de lui, a toujours été préféré par le « monde », en même temps que prenant, tour à tour, les différentes attitudes que suggère l'émotion humaine, il apparaît, aux amateurs d'âmes, plus « esthétique ». En Castiglione, on trouve un exemple parfait de cet homme sociable, celui à qui rien d'humain n'est étranger et qui doit être tel pour s'harmoniser avec son temps. Commander une impression aux Manuce et une armure aux Missaglia, régir une écurie de courses et dicter des sujets pour les fresques des *Stanze*, emmener cinquante lances à la guerre et composer le prologue d'une comédie, donner le plan d'un pigeonnier ou d'un décor de théâtre, déterrer, sous la Rome des Papes, la Rome des Empereurs, et puis s'en aller en mission à Londres ou à Madrid et remplir les archives diplomatiques de lettres avisées, prudentes, précises, nuancées, relatives aux négociations les plus subtiles — tout cela c'est, chez un homme de cette époque et de ce rang, non pas dilettantisme et passe-temps original, mais obligations de sa charge ou services requis de ses talents.

L'équilibre de ses traits ne nous a donc pas trompés. Nous n'avons pas, devant nous, ce qu'on appelle communément un « grand homme, » parce qu'il n'y a rien en lui d'excessif, et que la grandeur ne paraît chez un homme, comme dans un édifice, que par quelque disproportion entre ses différentes parties. Mais nous avons un homme complet et faisant tout avec grâce, un modèle d'équilibre parmi des esprits fort instables et de suite dans des conjonctures fort embrouillées.

Pourtant, il y a, dans ce masque parfaitement ordonné, quelque chose qui attire plus que tout le reste : ce sont les yeux. Castiglione les croyait révélateurs du fond des êtres. Dans le *Cortegiano*, il leur dédie ce couplet :

> Fidèles messagers, ils portent l'ambassade du cœur. Souvent, ils montrent la passion, qui est au dedans, avec une efficace plus grande que la langue propre, que les lettres ou autres messages, de manière que non seulement ils découvrent les pensées, mais souvent embrasent d'amour le cœur de la personne aimée. Car ces vifs esprits qui sortent par les yeux, pour être engendrés près le cœur, entrant pareillement dedans les yeux esquels ils tendent comme la flèche au but, naturellement pénètrent jusques au cœur, comme en leur demeure et, là, se confondent avec ces autres esprits et avec cette très subtile nature de sang qu'ils ont avec eux, infectent le sang proche du cœur où ils sont parvenus et le réchauffent et le font semblable à eux, propres à recevoir l'impression de l'image qu'ils ont portée quant à eux ; au moyen de quoi, allant peu à peu et retournant, ces messagers, par ce chemin des yeux au cœur, et reportant l'amorce et le fusil de beauté et de grâce, allument, par le vent du désir, ce feu qui est si ardent et ne cesse jamais de brûler...[1]

Interrogeons-les donc pour pénétrer un peu plus avant dans cette âme. Leur réponse est fort mélancolique. Ils sont bienveillants, mais tristes ; clairs et baignés de lumière bleue, mais humides, comme lavés de larmes, trop tendres pour ne pas être blessés, en même temps qu'amusés, de tout ce qu'ils reflètent. Il nous faut donc chercher, dans cette vie, autre

---

[1]. Baltasar Castillonois. *Le Parfait Courtisan*, trad. de Gabriel Chapuys, Tourangeau, à Paris, 1585.

chose que les faits publics et les paroles officielles, les succès apparents, le masque envié de tous.

Comparé à ses contemporains, Castiglione peut passer pour « un homme heureux » ; il n'a été ni assassiné, ni jeté dans un cul-de-basse-fosse, ni positivement exilé, ni ruiné par la guerre civile, ni attristé par beaucoup de pertes très proches, et, au total, les causes qu'il a défendues ont fini par triompher, même de son vivant — ce qui est le suprême bonheur pour l'homme d'action. Des ennemis, il en a eu juste assez pour se rendre à lui-même le témoignage qu'il ne passait point inaperçu des méchants et des sots — et ses amis étaient innombrables. Mais les choses prennent la couleur des âmes où elles tombent et comme on a dit qu'il n'y a pas de maladies, mais seulement des malades, on peut dire, en une certaine mesure, qu'il n'y a pas de malheur, il n'y a que des malheureux — et Castiglione en était un. Il n'avait pas ce robuste scepticisme et cet énorme appétit du succès qui sauvaient l'Arétin, le gros majordome barbu que nous voyons en face de lui, dans les *Noces de Cana*. Le brillant de sa destinée ne l'empêchait point de ressentir toutes les douleurs qui passaient sur l'Italie, en ce terrible XVIe siècle où il vécut, et, malgré son égalité d'âme, on les devine çà et là.

D'abord, la douleur patriotique. Elle se cache le plus possible, se tait, mais le ronge sans cesse. Parfois, un mot la trahit. Un jour, c'est à propos du costume. Il se plaint de le voir toujours imposé aux Italiens par les étrangers, tantôt par les uns, tantôt par les autres. L'invasion de son pays par les modes des « grandes puissances » lui paraît le signe d'une autre invasion, *augurio di servitù* : « Il n'est pas de nation qui n'ait fait de nous sa proie et, si peu qu'il leur reste encore à prendre, elles ne cessent pas de rapiner. Mais je ne veux pas parler de sujets pénibles... » dit Federico Fregoso, dans le *Cortegiano*. C'est tout... Une autre fois, c'est à propos de la prédominance donnée par les Italiens aux Lettres sur les Armes : « Avec tout leur savoir littéraire, les Italiens ont montré peu de valeur dans les armes depuis quelque temps ; mais il serait plus honteux encore pour nous de publier le fait, que pour les Français de ne pas savoir les Lettres... Le mieux est de passer sous silence ce qu'on ne saurait rappeler sans douleur... » Et il passe à un autre sujet. L'auteur du *Cortegiano* est, dans toute la force du terme, ce que M. Paul Bourget appelle « le moment intellectuel d'une race de guerre » ; mais le « moment » n'oublie pas la « race ». Lorsque l'humaniste, se promenant dans Rome, écrit ces vers qu'a traduits notre Du Bellay :

> Sacrez costaux, et vous sainctes ruines,
> Qui le seul nom de Rome retenez,
>
> . . . .
>
> Las, peu à peu cendre vous devenez,
> Fable du peuple et publiques rapines !
>
> . . . .
>
> Tristes désirs, vivez donques contens :
> Car si le Temps finist chose si dure,
> Il finira la peine que j'endure [1].

C'est le soldat et le patriote, au fond, qui se plaint. Et la ruine qu'il pleure n'est pas faite, seulement, de marbres écroulés.

Il y a, aussi, les embarras domestiques de la vie. Trop grand seigneur pour ne pas faire de dettes et d'honnêteté trop bourgeoise pour n'en pas souffrir, l'ambassadeur du

---

[1]. Joachim du Bellay, *les Antiquitez de Rome*, VII, *passim*. — Voici le texte de Castiglione :

> Superbi colli, e voi sacre ruine,
> Che'l nome sol di Roma anchor tenete ;
>
> . . . .
>
> In poco cener pur converse sete
> E fatte al vulgo vil favola al fine.
>
> . . . .
>
> Vivro dunque fra miei martir contento,
> Che se'l Tempo da fine a ciò ch' è in terra
> Darà forsi anchor fine al mio tormento.

duc d'Urbino gémit d'être, sans cesse, obligé de demander de l'argent à sa vieille mère, demeurée à Casatico, parmi ses valets de ferme. Et il ne souffre pas moins de recevoir d'elle, sans cesse, des lettres comme celle-ci, qu'il faut lire devant son portrait, au milieu du Salon Carré, pour découvrir quelle armature précaire soutenait ces somptueux décors de la Renaissance :

Francesco Piperario demande à être payé chaque jour et avec raison, mais je ne sais comment le satisfaire. J'ai vendu plusieurs chargements de grains, mais le prix baisse tous les jours et la dépense de chars et de chevaux est considérable. J'ai beaucoup d'ennuis avec nos paysans pour le charriage de ce grain. J'avais consenti à payer la moitié de la dépense du voyage jusqu'à Desenzano, qui n'est pas plus loin que Mantoue. Mais ils ne veulent point entendre parler de cela, disant qu'il leur faudrait acheter leur manger et passer la nuit hors de chez eux, ce qui coûterait plus que d'aller à Mantoue, et déclarant que les pierres de la route abîment leurs charrettes, avec beaucoup d'autres récriminations. De sorte que, pour cette raison et beaucoup d'autres, je désire ardemment que tu sois à la maison. Mais je sais à quel point est vain ce désir de retour !...

A la lecture de semblables plaintes, le hobereau provincial qu'il était resté, par bien des côtés, renaissait, un instant, sous l'humaniste cosmopolite. Il revoyait le vieux manoir, la rivière avec le moulin, les voisins processifs, les serviteurs dévoués, les paysans madrés, les aspects familiers de son enfance. L'arbre se sentait tiré par ses racines. Puis, il oubliait tout cela dans une conversation sur Platon avec Pietro Bembo ou Bibbiena. Il lui en restait, seulement, une teinte de mélancolie.

Plus profondément encore, au cœur, il portait la mélancolie d'une solitude sentimentale. Elle ne se dissipa que quelques années. Tout le monde le voulait marier, comme il arrive aux gens que le mariage ne tente guère. Il ne s'y refusait pas, laissait faire les marieurs, suivait d'un œil amusé leurs manigances et, peu à peu, rien que par l'effet du temps, les échafaudages s'écroulaient le plus naturellement du monde. Il dut successivement épouser une Médicis, une Martinengo, une Visconti, une Boiardo, une Stanga, une Cavalieri, une Correggio, une Borromeo, une Trivulzio, une Rangone, d'autres encore, tant et si bien qu'on a pu écrire tout un livre sous ce titre : *Les candidatures nuptiales de B. Castiglione*. Enfin, cette conspiration de toute l'Italie pour son bonheur aboutit, lorsqu'il avait trente-huit ans, à lui faire épouser une fille qui en avait à peine quinze, une certaine Ippolita Torelli, dont le père, le comte de Montechiarugo, avait fait métier de condottière, et dont la mère avait cru devoir assassiner son premier mari, dans son lit, durant son sommeil.

Castiglione ne s'effraya nullement de cet atavisme, et il eut raison. Ce fut un mariage délicieux. On en parla jusque dans les couvents : « Je me réjouis avec vous, ma sœur, en pensant que vous épousez un si noble cavalier que messire Balthazar, écrivait à la fiancée une religieuse du *Corpus Christi* ; un homme dont on parle, aujourd'hui, comme au-dessus de tous les autres pour son talent et pour son charme, aussi bien que pour sa beauté. » Ce n'est pas qu'ils fussent souvent ensemble. Comme Balthazar était à Rome à défendre les intérêts de son maître, tandis qu'Ippolita restait à Mantoue, dans le vieux palais familial, tout occupée de ses enfants nouveau-nés, le ménage vivait séparé : il n'en était que plus tendrement uni. Elle lui écrivait : « Je n'ai envie de rien que de vous revoir, et quand je pense qu'il me faut vivre quinze jours sans vous, c'est comme si quinze épées me perçaient le cœur. » Il lui écrivait :

> Si vous avez été, ma chère épouse, dix-huit jours sans lettre de moi, je n'ai certainement pas été quatre heures sans penser à vous. Et depuis lors, vous devez avoir reçu quantité de lettres de moi, par où j'ai fait amende honorable pour le passé. Mais, en vérité, vous êtes bien plus dans votre tort que moi, car vous ne m'écrivez que lorsque vous n'avez rien d'autre à faire. Il est vrai que votre dernière lettre est fort longue, Dieu merci ! Vous dites de me faire dire par notre comte Ludovico à quel point vous m'aimez. Je pourrais

aussi bien vous dire de demander au Pape combien je vous aime, car certainement tout Rome le sait et chacun me dit que je suis triste et préoccupé parce que je ne suis pas avec vous. Je n'essaie pas de le nier et tout le monde souhaite que je vous envoie chercher, à Mantoue, et amener ici auprès de moi à Rome. Réfléchissez et dites-moi si vous avez envie de venir. Dites-moi, plaisanterie à part, s'il est quelque chose, à Rome, dont vous ayez envie, et je ne manquerai pas de vous l'apporter. Mais je voudrais savoir ce qui vous plairait le mieux, parce que j'arriverai un beau matin, au moment où vous vous y attendrez le moins et je vous trouverai encore au lit, et vous me déclarerez que vous étiez en train de rêver de moi, de quoi il n'y aura pas un mot de vrai ! Je ne peux encore vous dire quel jour je quitterai Rome : j'espère que ce sera bientôt. En attendant, ne m'oubliez pas, aimez-moi et croyez que je ne vous oublie jamais et que je vous aime infiniment, plus que je ne pourrais le dire, et que je me recommande à vous de tout mon cœur.

Rome, le dernier jour d'août 1519.

Il devait la revoir, mais peu. Un an plus tard, c'est-à-dire après quatre ans de mariage seulement, étant à Rome de nouveau, il reçut d'elle une lettre lui annonçant qu'elle venait d'accoucher, s'excusant que ce fût d'une fille et ajoutant qu'elle était un peu malade. — « Je voudrais savoir si elle a les yeux bleus ? » répondit notre diplomate. Mais elle ne reçut pas cette réponse : elle était morte. Ce fut une grande anxiété, à la cour de Mantoue, chez Isabelle d'Este et son fils, de savoir comment on avertirait le pauvre mari, absent et amoureux, là-bas à Rome, occupé à verser des larmes littéraires sur les ruines de l'antiquité, lorsque son foyer, tout neuf, s'écroulait avec son bonheur. On finit par décider qu'on enverrait un messager au cardinal Bibbiena, son intime ami, pour le charger de graduer la nouvelle.

Le messager arriva, un beau soir d'août, tandis que Castiglione était à souper, à discourir, joyeux ; — peut-être, cependant, avec cette nuance de mélancolie qui ne devait guère le quitter, puisqu'elle persiste au moment le plus heureux de sa vie, dans son portrait. Bibbiena, s'étant consulté avec le cardinal Rangone, décida de ne pas troubler cette soirée et ne remit à Castiglione qu'une lettre d'affaires du marquis Federico Gonzague. Le lendemain, seulement, les deux cardinaux, accompagnés du capitaine de la garde pontificale, Annibal Rangone, vinrent porter à Balthazar le triste message. La douleur de l'humaniste fut navrante. Et ces hommes, qui avaient vu tant de tragiques spectacles, le plus souvent les yeux secs, pleurèrent en le voyant pleurer, tant il est vrai que les événements ne prennent toute leur amplitude d'impression sur nous qu'en passant par une âme humaine. Pour lui, il devait toujours porter le deuil de son court bonheur. Il errait dans Rome comme une âme en peine. Il finit par aller chercher des consolations auprès du Saint-Père. Il ne fut pas déçu. Le Pape l'invita à chasser à courre.

Il devait, enfin, dans les dernières années de sa vie, porter la mélancolie d'une ruine plus grande encore : celle de sa politique, comme nonce du Pape à la Cour de Charles-Quint. Nous pouvons assez mal nous faire une idée de la diplomatie à cette époque. Si enclins que nous soyons à déclarer notre diplomatie moderne instable et impuissante, nous avons l'habitude, aujourd'hui, de systèmes d'alliances suivis pendant de longues années, parfois un quart de siècle, et lorsqu'ils viennent à changer, ce n'est que par des conversions savantes, lentes et graduées. Au XVIe siècle, c'étaient des tête-à-queue brusques, qui désarçonnaient le cavalier. Les négociations étaient, d'ailleurs, traversées par des incidents violents que nul ne pouvait prévoir, la discipline moderne étant quelque chose d'à peu près inconnu dans les armées de ce temps, et chacun bataillant ou bien, au contraire, traitant de son côté. Il faut lire, dans le bel ouvrage de Julia Cartwright sur Castiglione, le résumé de cette carrière de diplomate pour se faire une idée de son infinie complexité [1]. Placé entre

---

[1]. *Baldassare Castiglione, the perfect courtier, his life and letters*, 1478-1529, by Julia Cartwright (Mrs. Ady), 2 vol. Londres, 1908.

le Pape et l'Empereur, dont il était également aimé et admiré, mais qui ne s'aimaient guère et ne s'admiraient point l'un l'autre, Castiglione passait son temps à raccommoder ensemble ces deux « moitiés de Dieu »; — ouvrage ardu, pointilleux, arachnéen au possible. Il y travaillait depuis trois ans, lorsque la politique de Clément VII, échappant à ses conseils, et s'engageant dans d'inextricables contradictions, aboutit à la catastrophe qui, par choc en retour, devait le tuer.

Le sac de Rome, en 1527, fut une date — une de ces dates qui coupent un siècle en deux, un signet rouge dans l'amas confus des feuillets de cette histoire, quelque chose comme la date 1870-1871 dans notre Europe du XIXe siècle. Elle atterra l'univers, elle lui fit horreur, bien plus que n'avait fait la prise de Constantinople. La prise de Constantinople, ç'avait été la mort d'un vieillard affaibli, depuis longtemps diminué, une fin attendue d'heure en heure. La prise de Rome, c'était le coup de foudre qui frappe, en pleine jeunesse, un organisme éclatant de vigueur, qui prouve que nul n'est à l'abri, et, par là, épouvante tous les autres. C'était, aussi, un des brusques retours de la barbarie primitive, ruinant la ville du monde où la civilisation et l'humanisme avaient entassé le plus de trésors. La prise de Rome avait, sans doute, été voulue par l'Empereur, mais non ce qui l'avait suivie. La soldatesque avait entièrement échappé à ses chefs et fait trembler les vainqueurs presque autant que les vaincus. Ressemblance de plus avec les derniers sursauts de la Commune, car il semble bien que ce soit le même géant, endormi et enchaîné, l'Atlante populaire, qui se réveille, de loin en loin, secoue l'entablement où les Dieux vivent, aiment, jouent, luttent, se divertissent, puis reprend pour longtemps, parfois pour des siècles, sa pose immobile et courbée.

Nul n'en fut frappé au cœur comme Castiglione, car s'il

était au monde un homme chargé d'empêcher cette catastrophe, c'était lui, et il ne l'avait pas empêchée. Et, non seulement, il ne l'avait pas empêchée, mais il l'avait prévue, ce que Clément VII ne pouvait lui pardonner ; car les prophètes de malheur, toujours antipathiques, le deviennent encore bien davantage quand l'événement leur donne raison. Pourtant, l'activité du diplomate ne se ralentissait pas. Dès la nouvelle du sac de Rome et de la captivité du Pape, il avait suscité des manifestations du clergé espagnol en faveur de son maître et dépêché à celui-ci un exprès pour le rassurer. Clément VII une fois hors de danger, il prenait sa bonne plume de polémiste pour défendre la Papauté et le pouvoir temporel contre les attaques des disciples d'Érasme et, même dans la catholique Espagne, pour dénoncer un luthérianisme latent. Il réussissait enfin. L'entente était renouée entre les deux souverains, le départ de Charles-Quint pour l'Italie était décidé. Le long effort de Castiglione recevait donc sa récompense et aussi son désintéressement, car, dans un sentiment de dignité bien rare à cette époque, il avait refusé toutes les faveurs de l'Empereur jusqu'au jour où la paix, et une paix honorable pour le Pape, eût été conclue. Mais la trace laissée par l'épreuve était trop profonde pour s'effacer. Il ne se connaissait pas heureux. Dans une lettre, en latin, adressée à son fils, et qui devait être son testament, il lui cite, mélancoliquement, ces vers de Virgile :

> *Disce, puer, virtutem ex me verumque laborem ;*
> *Fortunam ex aliis...*

qui, selon lui, résumaient sa vie.

Une dernière cause de mélancolie, la plus grande à partir d'un certain âge, était l'absence de ceux qu'il avait aimés. On mourait jeune à cette époque, les groupements d'affinités se défaisaient vite; pour jouir de la vie au XVIe siècle, il fallait aimer peu ou bien oublier beaucoup.

Castiglione ne parvenait pas à oublier les figures qui avaient enchanté sa jeunesse, à la Cour d'Urbino, les compagnons d'armes tombés héroïquement, face à l'ennemi ou dans les guet-apens, les philosophes aux dialogues subtils, les artistes aux enthousiasmes naïfs, les femmes, surtout, celles-là mêmes dont le sourire, vieux de quatre cents ans, éclaire encore les musées de France et d'Italie. « Tant de mes amis et de mes maîtres m'ont laissé seul, dans cette vie, comme dans un désert désolé !... » disait-il. Rien, dans le monde nouveau qui surgissait autour de lui, ne lui semblait valoir ce qui avait disparu. Jeune, il s'était bien diverti aux dépens des vieilles gens qui disaient : « Ah ! si vous aviez connu le duc Borso ! Ah ! si vous aviez entendu Piccinino ! » et il avait soupçonné que ces gens pleuraient moins les mérites du duc Borso que leur propre jeunesse... Mais il vient un jour où chacun de nous, sans trop s'en apercevoir, se met à dire : « Ah ! si vous aviez connu le duc Borso ! » ou encore, comme le vieux Nestor, au premier chant de l'*Iliade* : « Non, je n'ai jamais vu et je ne verrai jamais des hommes tels que Pirithoüs, Dryas, Cenée, Exadius, Polyphème !... » Plus qu'aucun autre, Castiglione avait le culte des souvenirs, cette nostalgie de tout ce qu'on a enseveli de soi-même avec ceux qu'on aimait. Sans cesse, au milieu des bruits du monde, il se prenait à prêter l'oreille, à regretter ce que le poète appelle :

> L'inflexion des voix chères qui se sont tues;

il voulait les entendre, encore une fois, avant de mourir et comme elles demeuraient muettes, pour se donner une illusion consolatrice, il les fit parler. Il publia le *Cortegiano*.

III. — Un livre

Le *Cortegiano* n'est pas un livre ; c'est un homme, un homme nourri de beaucoup de livres, il est vrai, mais plus encore d'expérience, de faits, de spectacles vus de ses propres yeux, mis à leur plan et fondus avec ce recul des années, cette patine du temps que ne connaît guère la littérature moderne. Il s'est écoulé vingt et un ans entre sa première idée, en 1507, et sa publication, en 1528. Balthazar y pensa toute sa vie, y travailla, y revint, le retoucha, le montra à ses amis, puis à tout le monde, et, l'ayant donné à tout le monde, il mourut [1].

Le succès fut immense et les éditions se succédèrent rapidement dans toutes les langues. Avant d'être publié, le *Cortegiano* était déjà célèbre ; il avait couru, manuscrit, sous le manteau ; on avait commencé à le copier çà et là, et c'est même cette circonstance qui décida Castiglione à le publier officiellement, « aimant encore mieux, disait-il, le voir sortir imparfait de sa main, que mutilé par les copistes ». Il était alors en Espagne. Il revit son manuscrit, retoucha, çà et là, quelques passages, corrigea les fautes du copiste et l'envoya aux Alde Manuce. Il écrivait à son serviteur, un certain Cristoforo Tirabosco :

> J'ai envoyé mon livre à Venise pour être imprimé par les imprimeurs d'Asola. Le livre a été mis entre les mains du Magnifique Jean-Baptiste Ramusio, secrétaire de la Seigneurie de Venise, et Sa Magnificence parlera aux imprimeurs pour leur donner tous les ordres nécessaires dans la matière. J'écris à Venise pour dire que l'ouvrage doit être tiré à mille trente exemplaires et que je compte payer la moitié des dépenses, parce que de ces mille, cinq cents doivent m'appartenir. Les trente exemplaires supplémentaires seront tous ma propriété et doivent être tirés sur papier de luxe, aussi uni et beau que possible, en somme le meilleur qu'on pourra trouver à Venise.
> Au reçu de ma lettre, vous devez tout de suite aller à Venise trouver le Magnifique Ramusio et lui donner la lettre ci-incluse, qui lui dit que vous êtes mon serviteur et que vous avez des ordres pour conclure tout ce que Sa Magnificence décidera touchant le prix de la publication. Voici ce que vous aurez à fixer. Avant toute

---

[1]. Cf. *Il Cortegiano* del conte Baldassare Castiglione, annotato e illustrato da Vittorio Cian. Firenze, 1910, et Baltasar Castillonois, *Le Parfait courtisan*, trad. de Gabriel Chapuys, Tourangeau, à Paris, 1585.

chose, le papier de luxe pour les trente exemplaires. Vous vous mettrez à sa recherche et vous en montrerez un spécimen au dit Magnifique Ramusio et, s'il en est content, vous en achèterez, mais non pas sans son approbation. En ce qui concerne les autres dépenses, vous ferez tout ce que Sa Magnificence ordonnera et vous lui verserez l'argent qu'il désirera. Dès votre départ, vous ferez bien de prendre cinquante ducats, que je dis à ma mère de vous donner, et, s'il faut davantage, elle vous le donnera à votre retour à Mantoue. Lorsque les livres seront imprimés, j'ai l'intention d'offrir cent trente des exemplaires que je me réserve pour moi comme présents à mes amis ou parents et de vendre les quatre cents autres afin de recouvrer l'argent que j'aurai dépensé et même un peu plus, s'il est possible. Il serait bien, je pense, de vendre le tout à un libraire pour s'épargner de la peine... Valladolid, 9 avril 1527.

Les exemplaires de luxe étaient pour le marquis Federico Gonzague, pour sa mère Isabelle d'Este, pour Emilia Pia, pour la jeune duchesse d'Urbino et quelques autres belles dames et aussi pour des humanistes : l'évêque de Bayeux, Ludovico da Canossa, messire Jean-Baptiste Ramusio ; enfin, un exemplaire unique sur vélin, relié « de la plus belle manière, en peau, ornée de nœuds et de feuillages », avec les pages dorées, était sans doute destiné à Charles-Quint.

Dès son apparition, en 1528, le *Cortegiano* devient la lecture obligée de tout homme du monde, une chose dont on se nourrit, que les moins intellectuels connaissent, qui figure sur la tablette la plus pauvre en livres et où l'utile seul est rassemblé. Cela ne veut pas dire qu'on y trouve un évangile des temps nouveaux. Comme tous les livres dont la popularité est immédiate, le *Cortegiano* ne dépasse pas son temps. Quand on marche plus vite que la foule, on marche seul. Mais il rend sensible à tous l'idéal confus des meilleurs hommes de son temps. C'est le portrait de ce que doit être, non pas précisément le « courtisan » — car, dans beaucoup d'endroits, la « courtisanerie » y est blâmée — mais l'homme de Cour, et non pas seulement l'homme de Cour, mais ce que nous appellerions aujourd'hui « l'homme du monde », et, en bien des points, l'honnête homme, ou l'honnête femme, tout simplement. Il s'adresse donc, sauf aux moines, à tout ce qui sait lire à son époque. Et cela dans la langue la plus simple, la plus claire, la plus familière.

Ce n'est donc pas, à proprement parler, un ouvrage de philosophie, mais un manuel de savoir-vivre, et il est vrai que toutes les philosophies du monde aboutissent à un manuel de savoir-vivre, à moins qu'elles n'aboutissent à rien — ce qui est encore fort ordinaire. Mais, ici, la forme des conseils, sans être didactique, est pourtant beaucoup plus précise que chez les philosophes et leur application plus immédiate. Avec cela, on peut douter que le *Cortegiano* nous rende exactement la physionomie de l'homme de la Renaissance, mais il nous rend la physionomie que l'homme de la Renaissance voulait avoir. Le grand talent du portraitiste n'est pas de faire un portrait qui ressemble à son modèle, mais de faire un portrait à quoi son modèle a envie de ressembler. Et, à coup sûr, Castiglione y a réussi. Les témoignages abondent. Je n'en veux, pour exemple, que le plus savoureux d'entre eux, celui de la fameuse Vittoria Colonna, marquise de Pescaire. Bien avant la publication du livre, dès 1524, après avoir passé tout l'été à lire le manuscrit dans sa retraite à Marino, elle lui écrivait :

> Je ne me sens pas plus capable de vous dire ce que j'en pense que vous ne l'êtes, prétendez-vous, de dire tout ce que vous pensez de la beauté de la duchesse. Mais comme je vous ai promis de vous donner mon opinion et que je ne me crois pas obligée de vous faire des compliments sur ce que vous savez mieux que moi, je vous dirai simplement la vérité toute nue. J'affirme, avec un serment qui prouvera la force de cette affirmation — *por vida del Marchès, my Señor* — que je n'ai jamais vu et que je ne crois pas voir jamais une œuvre en prose supérieure, ou même égale, à celle-là. Outre la nouveauté et la beauté du sujet, l'excellence du style est telle que peu à peu, sans le moindre heurt, nous sommes conduits sur des hauteurs plaisantes et fécondes, et que nous nous élevons sans cesse, sans nous

apercevoir que nous ne sommes plus dans la plaine d'où nous
sommes partis. Le sentier est si bien cultivé et orné, qu'il est difficile de dire lequel de l'art ou de la nature a fait le plus pour embel-
lir son parcours... Je ne comptais pas en dire davantage, mais je ne
puis passer sous silence un autre point qui excite mon admiration,
à un degré plus haut encore. Il m'a toujours semblé que celui qui
écrit en latin a, sur les autres auteurs, le même avantage que les
orfèvres qui travaillent l'or ont sur ceux qui travaillent le cuivre. Si
simple que soit leur travail, l'excellence de la matière est telle qu'il
ne peut manquer d'être beau, tandis que le bronze ou le cuivre, si
délicatement et merveilleusement travaillés soient-ils, n'égaleront
jamais l'or et souffriront toujours de la comparaison. Mais votre italien moderne a une majesté si rare que son charme ne le cède à
aucune œuvre latine en prose.

Une qualité dont elle ne parle pas, et précisément celle
qui sauve ce livre, c'est la vie : — la vie d'une discussion
passionnée, mettant en scène des gens qui ont vraiment
existé, avec leurs traits individuels bien reconnaissables
et une bataille d'idées qui s'est livrée réellement et qui
a laissé à l'auteur un profond souvenir. Il suffira de
dire quelles gens et quelle bataille pour définir le livre tout
entier.

Au mois de mars 1507, le hasard fit se rencontrer au
sommet du rocher d'Urbino, dans le palais aux hautes
flèches qui domine la ville, quelques-uns des esprits les
plus brillants de la Renaissance, et, aussi, de ses plus notoires
assassins. Il y eut là, ensemble, pendant quelques jours :
Pietro Bembo, l'humaniste qui fut plus tard cardinal,
Giuliano de Médicis, le bon tyran, qui dort, aujourd'hui,
sous la *Nuit* de Michel-Ange ; Cristoforo Romano, l'auteur
de notre buste de Béatrice d'Este du Louvre ; Francesco
Maria della Rovere, le guerrier qu'on voit aux *Uffizi*,
peint par le Titien, le bâton de commandement sur la hanche,
dans sa carapace de fer, Dovizi da Bibbiena, dit *Il bel
Bernardo*, jadis parfait secrétaire galant pour jeunes Florentins et futur cardinal, connu par le portrait qu'en a fait
Raphaël, aujourd'hui au Palais Pitti ; Ludovico da

Canossa, le diplomate francophile devenu plus tard évêque de Bayeux ; Ludovico Pio, le hardi capitaine ; Ottaviano Fregoso, le futur doge de Gênes, prédestiné à une fin cruelle et son frère Federico Fregoso ; Gasparo Pallavicino, le misogyne de vingt-deux ans, et aussi le soldat-poète Cesar Gonzague ; Accolti, dit l'*Unico Aretino*, moins génial que son homonyme célèbre, mais très brillant improvisateur aussi et fort subtil ; enfin Castiglione lui-même, récemment revenu de son ambassade à Londres — tous dans leur plus bel âge, joyeux comme gens qui mettent à la voile en même temps et que n'ont pas encore séparés les tempêtes, ni endormis les escales et les ports.

Pourquoi tout ce monde était-il à Urbino? Quand on considère ce nid d'aigle perché dans un des districts les plus isolés et les plus inaccessibles de l'Italie, en dehors de toutes les grandes routes et communications des peuples, on comprend mal sa puissance d'attraction sur les beaux esprits du XVIe siècle. On comprend, encore moins, que ces trois génies de la grâce et de la mesure, Raphaël, Bramante et Castiglione lui-même, en soient sortis. Deux choses l'expliquent cependant : l'admirable bibliothèque des ducs d'Urbino et la présence d'Elisabetta Gonzague. Les chercheurs et les parleurs trouvaient, là, un trésor de livres et une belle dame qui les écoutait. Quoi de plus décisif? « Comptez-vous rester longtemps à cette soirée? » demandait-on à un brillant esprit de la Restauration. « Je resterai longtemps si l'on m'écoute... », répondit-il naïvement. Pietro Bembo, Vénitien d'origine, était venu passer quelques jours à Urbino, avec quarante ducats dans sa poche ; on l'écouta : il y resta six ans.

« La duchesse, dit Castiglione, semblait une chaîne qui nous tenait tous amiablement unis, tellement que oncques ne fut union de volonté ou amour cordiale entre frères plus grande que celle qui était entre nous. Pareille amitié se démenait entre les femmes, avec lesquelles on pouvait

librement et honnêtement converser et était permis à
chacun de parler, s'asseoir, gosser et rire avec telle que bon
lui semblait. Mais on portait au vouloir de Mme la Duchesse
si grande révérence que la même liberté servait d'une très
forte bride et n'y avait celui qui ne tînt pour le plus
grand plaisir du monde de complaire à cette dame, qui
n'estimait un ennui très grand de lui déplaire... » [1]

Les journées se passaient en chasses, tournois, chevauchées, jeux de toutes sortes, que le duc Guidobaldo ne pouvait guère partager, perclus de goutte comme il l'était, mais qu'il jugeait en connaisseur et dans un parfait esprit d'équité. Le soir venu, on dansait, on faisait de la musique, on chantait en s'accompagnant du luth ou du *gravicembalo*, on jouait au *scartino*, on causait surtout. Le duc, par raison de santé, se retirait, tôt après le souper, dans ses appartements. On allait, alors, chez la duchesse. Dames et cavaliers s'asseyaient en cercle, groupés sans protocole, au gré des affinités et du hasard, mais alternativement, un cavalier après une dame, jusqu'à ce qu'il n'y eût plus que des hommes, toujours plus nombreux, et qui se mettaient en tas. Un sujet était proposé, problème de morale ou d'amour, devise ésotérique, idéal de vie ou de beauté féminine, — tout ce qui pouvait déceler l'espoir secret ou le vague regret de chacun. On se récusait, d'abord, on s'excusait : c'était à qui ne parlerait pas. Mais la Duchesse était inflexible ; la réussite du jeu, du *gioco*, était à ce prix. Quelqu'un se hasardait, alors, poussait une opinion qui avait toujours la chance de choquer quelqu'un d'autre. On répondait, on répondait à la réponse ; une troisième opinion traversait les deux premières et, bientôt, la conversation devenait générale.

Une « conversation générale » tient du dialogue par sa forme et de la conférence par son sujet — sans parler

---

[1] Le *Parfait Courtisan*, trad. Chapuys, 1585.

de ses jeux de scène : entrées, sorties, gestes et mimiques, qui la font ressembler, quelquefois, à une comédie. Ce n'est pas une « conférence, » parce que c'est un dialogue et que chacun y prend part, entre dans le sujet, le coupe, l'aiguille à sa guise ; mais ce n'est pas un dialogue ordinaire, parce que ce qui s'y dit devant être entendu de tout le monde, rien n'y peut être confidentiel. D'ailleurs, pour que chacun y puisse mordre, il faut bien que les sujets en soient choisis parmi les plus généraux ; et, par là, qu'ils se rapprochent d'une « conférence ». Mais ce que n'a pas la conférence la mieux venue, ni le jeu de scène le mieux réglé, c'est le charme de l'improvisation, la joie de voir les idées naître, la pensée croître et prendre forme comme l'argile sous les doigts du potier, avec les hésitations, les tâtonnements, mais aussi les vivacités et la fraîcheur de tout ce que vit pour la première fois.

Telle était la causerie à Urbino, dans ces salles construites par Luciano di Laurana, décorées par Ambrogio da Milano, Domenico Rosselli, Diotablevi, Francesco di Giorgio Martini, où les amours, les anges, portant les guirlandes, chassant le sanglier, dansant, chevauchant les dauphins, animent les frises, les manteaux des cheminées ; où les fleurs et les aigles, les coquilles, les chérubins et les poissons à têtes humaines, la vigne roulée en vrilles et le blé jailli en épis, encadrent les portes de la fantaisie décorative la plus fine, la plus délicate, la plus nuancée qui fut jamais. Entourés par les merveilles d'*intarsiatura* de Jacomo, dominés par les figures des *Arts* et des *Sciences*, de Juste de Gand et de Melozzo da Forli, aujourd'hui à Londres et à Berlin, tout imprégnés de cette asmosphère où respira l'enfance de Raphaël, les causeurs n'avaient qu'à lever les yeux, qu'un geste à faire, pour appeler, en témoignage de leurs idéals, d'exquises réalités.

La femme qui dirigeait les débats était la belle Emilia Pia, veuve du Montefeltro qui avait combattu les Français à Fornoue. Elle ne quittait pas Elisabetta Gonzague, qui lui déléguait, pour tenir le dé de la conversation, tous ses pouvoirs. Sa bonne tête philosophique, son profil droit, solide, un peu masculin, son ironie cinglante décourageaient les amoureux, comme plus tard sa mort souriante, point pieuse du tout, devait alarmer les dévots. C'était un cerveau avec de beaux yeux. Elle adorait le cliquetis des mots, des idées, les ripostes vives, les souplesses d'attaque, ces manières de tournois philosophiques où les femmes de ce temps ne craignaient pas de voir les savants s'évertuer en leur honneur.

D'ordinaire, elles tenaient plus à juger les coups qu'à les comprendre. Mais Emilia Pia les comprenait et, lorsque les passes devenaient trop subtiles et embrouillées, elle rappelait vivement à l'ordre les jouteurs. Un soir que Giuliano de Médicis s'engageait, avec Gasparo Pallavicino, dans une savante dispute sur le caractère féminin de la « matière » par opposition au caractère masculin de la « forme » ou sur la prédominance de la matière chez la femme et de la forme chez l'homme : « Pour l'amour de Dieu, lui dit Emilia Pia, laissez une bonne fois votre « matière » et votre « forme » et votre féminin et votre masculin et parlez de façon qu'on vous comprenne, car nous avons entendu et fort bien compris le mal que le seigneur Gasparo et le seigneur Ottaviano ont dit de nous, mais maintenant, nous n'entendons goutte à la façon dont vous nous défendez ! »

Le discours était coupé par toutes sortes d'incidents. Un soir, c'était un bruit de pas et de voix hautes retentissant sous les voûtes, et, soudainement, au milieu des torches, l'apparition du jeune Francesco Maria della Rovere, et de sa suite, de retour de voyage. Il avait demandé où était la duchesse, sa tante ; on lui avait dit qu'elle présidait un cercle littéraire où l'on discutait des vertus que doit avoir l'homme de Cour — et il accourait pour ne rien perdre de ce savoureux débat. Une autre fois, c'était toutes les dames se levant, sur un signe de la duchesse, et entourant le jeune Pallavicino, en le menaçant de l'écharper s'il continuait à dire du mal des femmes, au milieu des éclats de rire, tandis qu'il criait : « Vous voyez bien que vous avez tort ! Voilà que vous voulez employer la force et, de cette façon, clore la discussion par ce qu'on appelle une *licenzia bracciesca !*... »

C'est durant ces soirées que se forma, peu à peu, dans les esprits, le type du parfait homme de Cour, du *Cortegiano*, retracé plus tard par Castiglione. A lire le récit de ce *gioco*, il semble que l'on s'amusât à créer, de toutes pièces, une œuvre d'art, qu'on façonnât, peu à peu, une statue précieuse : chacun, tour à tour, y mettait la main. Cela durait quatre veillées entières. D'abord, Ludovico da Canossa disait les talents requis de l'homme de Cour, sa formation morale et intellectuelle. Puis Federico Fregoso exposait l'usage que cet homme de Cour devait faire de ses talents, et Bibbiena, de son esprit. Giuliano de Médicis montrait, ensuite, ce que devait être, à ses côtés, la femme idéale. Ottaviano Fregoso modelait le parfait *Cortegiano* dans son attitude et ses gestes en face de son souverain. Pietro Bembo s'approchait, enfin, de cette terre artistement travaillée et y insufflait le souffle divin qui devait l'animer.

Le soir où il y mit la dernière touche peut passer pour le point culminant de l'Humanisme. La pensée de la Renaissance touche à son zénith. On était réuni, comme d'ordinaire, dans une grande salle du palais d'Urbino. La soirée était fort avancée, parce qu'on avait dû courir tout le palais pour trouver Ottaviano Fregoso, qui s'était engagé à parler des rapports du parfait courtisan avec son prince. En l'attendant, on avait dansé. Enfin il parut et l'on aborda la question de savoir si le parfait homme de Cour doit aimer. On avait décidé que, pour être un véritable homme d'État, le *Cortegiano* ne devait pas être jeune. Et l'on avait, aussi, convenu qu'il était ridicule à un homme mûr d'être amoureux. Cependant, l'homme n'est pas complet s'il n'aime pas, dit Bembo. — Comment vous tirerez-vous de cette contradiction? lui demanda-t-on. — C'est très facile, reprit-il, si l'on sait ce qu'est l'Amour idéal :

> L'amour n'est autre chose qu'un certain désir de jouir de la beauté et, parce que le désir ne se porte que sur les choses connues, il faut toujours que la connaissance précède le désir : lequel de sa nature tend vers le bien, mais est aveugle et ne le connaît pas. Cependant la nature a ainsi ordonné les choses qu'à toute vertu clairvoyante est jointe une vertu appétitive et parce que dans notre âme il y a trois moyens de connaître les choses, par les sens, par la raison et par l'âme, voici que des sens naît l'appétit, lequel nous est commun avec les animaux ; de la raison naît le choix, qui est le propre de l'homme ; de l'âme intuitive, par laquelle l'homme peut communiquer avec les anges, naît la volonté. Pareillement, comme les sens ne peuvent connaître rien que les choses sensibles, ce sont celles-là seules que l'appétit désire, et comme l'intelligence ne peut se tourner vers autre chose que la contemplation des choses intelligibles, cette volonté se nourrit seulement de biens spirituels. L'homme, d'une nature raisonnable, placé comme à mi-chemin entre ces deux extrêmes, peut, par son choix, en s'inclinant vers les sens ou en s'élevant vers l'intellect, s'abandonner au désir des uns ou de l'autre. Il y a donc deux manières de désirer la beauté, dont le nom générique convient à toutes les choses naturelles ou artificielles qui sont composées avec les bonnes proportions et l'exacte mesure que comporte leur nature...

Ainsi débuta Bembo et, alors, dans ce temps où rien n'était platonique, ni la haine, ni l'amour, dans ce cercle d'hommes tous bouillonnants de passions brutales, il se mit à parler de la beauté idéale, qui n'est autre que « le vrai trophée de la victoire de l'âme, quand, avec la vertu divine, elle maîtrise la nature matérielle et, par la lumière, surmonte les ténèbres du corps ». Il disait :

> C'est une effluve de la bonté divine. A la vérité, celle-ci se répand bien sur toutes les choses créées, comme la lumière du soleil. Pourtant, lorsqu'elle trouve un visage bien proportionné et composé selon une certaine harmonie heureuse de couleurs variées et embellies

par de justes longueurs de lignes et des mesures ordonnées, cette effluve de la bonté divine s'y précipite et y éclate dans sa beauté la plus grande, car elle orne et illumine d'une grâce et d'une splendeur merveilleuses le sujet où elle reluit, comme un rayon solaire tombant sur un beau vase d'or incrusté et diversifié de gemmes précieuses. Ainsi, elle attire à elle les yeux humains et, par eux, pénétrant dans l'âme, elle s'y imprime, et avec une suavité nouvelle la remue tout entière, et s'enflamme de désir pour elle-même.

Cette théorie générale ne soulevant pas d'objection, il continua :

Si donc, l'âme étant prise du désir de jouir de cette beauté comme d'une chose bonne, se laisse guider par le jugement des sens, elle tombe dans les plus graves erreurs. Jugeant que le corps dans lequel se voit la beauté est la cause principale de cette beauté, elle estime que, pour jouir de celle-ci, il est nécessaire de s'unir le plus intimement possible avec celui-là, ce qui est faux : car celui qui s'imagine, qu'en possédant le corps, il jouira de la beauté, se trompe, et est mû, non par une vraie connaissance due au choix de la raison, mais par une fausse opinion due à l'appétit des sens : d'où il suit que le plaisir qui s'ensuit est nécessairement faux et menteur. Et tous ces amants, qui viennent à accomplir leur désir, tombent dans l'un de ces deux maux : ou bien ils sont saisis, dès l'accomplissement du désir, non seulement de satiété et d'ennui, mais de haine pour l'objet aimé, comme si l'appétit se repentait de son erreur et reconnaissait le piège tendu par le faux jugement des sens, d'où il a cru que le mal était le bien ; ou bien il reste possédé du même désir et de la même avidité, comme ceux qui ne sont point vraiment arrivés au but qu'ils cherchaient...
Ces prémisses étant admises, — et elles sont très vraies, — je dis que le contraire advient à ceux qui sont d'âge mûr. Si ceux-là, dont l'âme n'est plus alourdie par le poids du corps et dont les ardeurs naturelles commencent à se calmer, sont enflammés par la Beauté et se tournent vers elle, guidés par un choix raisonnable, alors ils ne sont pas déçus et ils possèdent cette beauté parfaitement...

Les auditeurs suivaient avec une extrême attention. Tandis qu'il parlait, Bembo voyait, à la lueur dansante des torches ou clignotante des lampes, ces rudes et singuliers masques sortir de l'ombre et grimacer, à peu près comme nous les voyons, aujourd'hui, sur leurs fonds sombres, dans leurs cadres, au *Pitti* ou aux *Uffizi*, traits bien caractérisés, mais âmes impénétrables, car la plupart n'avaient pas encore passé à l'épreuve des faits qui, depuis, les ont révélées. Il y avait, là, Francesco Maria della Rovere, qui devait, avant que l'année fût écoulée, égorger son hôte Giovanni Andrea par la plus honteuse des trahisons, et, plus tard, assassiner, en pleine rue, le cardinal Alidosi ; il y avait le marquis Phébus de la Ceva, fameux depuis par l'assassinat d'un de ses cousins ; il y avait Pietro da Napoli, dont la rapacité et la cruauté devinrent célèbres, et quelques autres fauves. Mais n'est-ce pas mieux ainsi ? Pour que le miracle d'Orphée ou de saint Gérasime s'accomplisse, il ne suffit pas qu'il y ait des saints : il faut aussi qu'il y ait des bêtes. L'orateur voyait, enfin, devant lui, Bibbiena, ambitieux sans vergogne, capable de trahir, un jour, les hôtes qui le choyaient en ce moment et ce Giuliano de Médicis, dont l'intrigue avec la belle Pacifica Brandano allait doter l'hospice d'Urbino d'un enfant trouvé, plus tard fameux sous le nom du cardinal Ippolito de Médicis.

Giuliano venait précisément de défendre l'honneur des femmes, de son temps contre les entreprises des jeunes gens. Bembo, se tournant vers lui, lui répondit :

Je veux que cette dame soit plus courtoise à mon courtisan d'âge mûr que n'est celle du Seigneur Magnifique au jeune ; et ce, à bon droit, parce que le mien ne désire que choses honnêtes, et pourtant la dame les lui peut toutes accorder, sans être blâmée ; mais la dame du Seigneur Magnifique qui n'est pas tant assurée de la modestie du jeune, lui doit seulement octroyer les choses honnêtes et lui refuser les déshonnêtes. A cette cause, le mien est plus heureux, auquel est accordé ce qu'il demande, que l'autre auquel une partie est octroyée et l'autre refusée. Et afin que vous connaissiez encore mieux que l'amour raisonnable est plus heureux que le sensuel, je dis que les mêmes choses, au sensuel, se doivent aucunefois refuser et octroyer au raisonnable, pour ce qu'en celui-là, elles sont déshonnêtes, et en celui-ci, honnêtes.

Pourquoi la dame, pour complaire à son amant bon, outre l'octroi qu'elle lui fait, des ris plaisants, des propos familiers et surets, de dire le mot, de rire et de toucher la main, elle peut aussi, à juste raison et sans blâme, venir jusqu'au baiser ; ce qu'en l'amour sensuel n'est permis suivant les règles du Seigneur Magnifique, parce que le baiser étant une conjonction et du corps et de l'âme, il y a danger à ce que l'amant sensuel ne tende plutôt à la partie du corps qu'à celle de l'âme ; mais l'amant raisonnable connaît que, nonobstant que la bouche soit une partie du corps, par icelle est donnée issue aux paroles (qui sont interprètes de l'âme) et à cette intérieure haleine ou esprit qui s'appelle pareillement âme. Et pour cette cause, il prend plaisir à joindre sa bouche avec celle de la dame aimée, par le baiser, non pas pour être ému à aucun désir déshonnête, mais parce qu'il sent que par cette liaison est ouvert le chemin aux âmes, lesquelles attirées du désir l'une de l'autre, se coulent et mêlent alternativement au désir l'une de l'autre, de manière que chacun d'eux a deux âmes. Et une seule de ces deux, ainsi composée, gouverne quasi deux corps ; au moyen de quoi le baiser se peut dire plutôt conjonction de l'âme que du corps ; parce qu'il a tant de force en icelle qu'il l'attire à soi et la sépare quasi du corps [1]...

Mais, au delà de ces biens, l'amant en trouvera un encore plus grand, s'il veut se servir de cet amour comme d'un échelon pour s'élever à un autre beaucoup plus sublime, à quoi il parviendra, s'il considère, à part soi, combien c'est chose bornée que de se tenir, toujours lié à la contemplation de la beauté d'un seul être et, ainsi, pour sortir de ces limites si étroites, il y ajoutera, par la pensée, de tels ornements qu'accumulant ensemble toutes les beautés, il s'en formera un concept universel et réduira leur multitude à l'unité de celle-là seule qui se répand largement sur la nature humaine tout entière...

Il se faisait tard. On écoutait toujours. Il ne semblait pas qu'on entendît couler le temps. Il est question, ainsi, dans les légendes dorées, d'un oiseau merveilleux, qui vint, un matin, chanter aux fenêtres du monastère et entraîna, à sa suite, un jeune moine curieux de l'entendre davantage, d'arbre en arbre, jusqu'au fond de la forêt. Le soir venu, le bon moine regagna son couvent, mais ne le reconnut guère, ni ses frères, ni soi-même, quand il se vit tout voûté et avec une longue barbe blanche : il avait passé cent ans à écouter l'Oiseau céleste, croyant que ce ne fût qu'un jour !... Ceux qui écoutaient Bembo étaient ravis dans une semblable extase. Il chantait :

[1] Traduction Chapuys, 1585.

Quelle sera donc, ô amour très saint, la langue mortelle qui pourra dignement dire tes louanges? Très beau, très bon, très saint, tu viens de l'union de la beauté et de la bonté et de la sagesse divine; en elle tu demeures, et en elle, par elle, comme en un cercle, tu retournes. Très douce chaîne du monde, allant des choses célestes aux terrestres, tu inclines les vertus supérieures au gouvernement des inférieures, et ramenant, l'âme des mortels à son principe, tu l'unis à lui. Tu rassembles les éléments de la concorde, tu pousses la nature à produire et la chose qui naît à la succession de la vie. Aux choses séparées, tu donnes l'union, aux imparfaites la perfection, aux dissemblables la ressemblance, aux ennemis l'amitié, à la terre les fruits, à la mer la tranquillité, au ciel la lumière qui vivifie. Sois le père des vrais plaisirs, des grâces, de la paix, de la mansuétude et de la bienveillance, ennemi de la violence barbare, de l'inertie, en tout le principe et la fin de tout bien... Corrige l'erreur des sens et, après leur long délire, donne-leur le vrai et solide bien; fais-nous sentir ces odeurs spirituelles qui vivifient la vertu de l'intelligence et entendre l'harmonie céleste si bien accordée qu'en nous il ne puisse y avoir place pour aucune discorde de la passion.

Enivre-nous à cette source intarissable de bonheur qui réjouit toujours et ne fatigue jamais, et dont les eaux vives et limpides donnent à qui les goûte le goût de la vraie béatitude. Nettoie, des rayons de ta lumière, nos yeux de cette taie de l'ignorance, afin que nous n'admirions plus la beauté périssable et nous connaissions que les choses ne sont pas vraiment ce qu'elles nous paraissent tout d'abord. Accepte nos âmes qui s'offrent à toi en sacrifice, consume-les dans cette vive flamme qui épure toute grossièreté matérielle, afin qu'en toute chose séparées du corps, elles s'unissent à la beauté divine d'un lien très doux et qui ne finira pas. Et qu'ainsi ravis, hors de nous-mêmes, comme de vrais amants, nous puissions nous transformer en l'objet aimé, et nous élevant au-dessus de terre, être conviés au festin des anges, là où, nourris d'ambroisie et de nectar immortel, nous venions à mourir, enfin, d'une mort très heureuse et vivante, comme sont déjà morts ces anciens Pères dont, par la vertu ardente de la contemplation, tu as ravi les âmes et les as jointes à Dieu...

Il dit et il demeurait, là, sans mouvement, sans parole, les yeux au ciel, extasié, *come stupido*, lorsque la belle Emilia Pia, qu'on appelait aussi Emilia *Impia*, à cause de son esprit fort et parfois caustique, allongea les doigts sur un pan de sa robe et le secouant un peu : « Prenez garde, messer Pietro, qu'avec toutes ces idées, votre âme, aussi, ne s'en aille de votre corps !... » A quoi Bembo, soudainement réveillé, répondit le plus sérieusement du monde : « Eh ! ce ne serait pas le premier miracle qu'Amour aurait opéré en moi !... » Et tout le monde, l'esprit détendu, se mit à rire et à parler à la fois. La discussion allait reprendre de plus belle, lorsque la duchesse coupa court en disant : « La suite à demain ! — Non, à ce soir, dit quelqu'un. — Comment, à ce soir? demanda la duchesse. — Parce qu'il fait déjà jour... »

En un clin d'œil, tout le monde fut debout et alla aux fenêtres. C'était vrai. L'aurore teintait, déjà, le ciel, et, sur les hautes cimes du mont Catria, posait ses premières roses. Les étoiles s'étaient éteintes. L'air vif du matin courait sur les collines. Dans les forêts murmurantes, naissait le concert des oiseaux réveillés. Chacun regagna ses appartements, sans allumer de torches, pour la première fois, ni réveiller les pages plongés dans un profond sommeil. Pietro Bembo venait de renouveler, selon ses moyens, le miracle de l'Oiseau céleste. Une nuit avait passé comme une heure.

INDEX

DES NOMS CITÉS DANS CE VOLUME

PERSONNAGES HISTORIQUES, ARTISTES, VILLES, MUSÉES, ÉGLISES, ŒUVRES D'ART

Abondance, figure de l', dans les fresques de Ghirlandajo, à Santa Maria Novella, 17, 31.
Abbioso, l'évêque, 80.
Académie, *Musée de l'*, à Florence, 17, 21, 28, 29, 30.
Acerra, comtesse d', 139. 140.
Acciajuoli, famille, 33.
Accolti, dit l'Unico Aretino, 230.
Adimari, la tour des, 7.
Ady (Mrs) Julia Cartwright, VIII, 89, 222.
Albe, duc d', 59.
Albizzi, Giovanna degli, voir Tornabuoni, Giovanna.
Albizzi, Maso degli, 4.
Albizzi, Léonora degli, 64.
Alde Manuce, imprimeur, 102, 118, 215, 226.
Alidosi, le cardinal, 237.
Allori, Alessandro, 69.
Amour endormi, L' (de Michel-Ange), 149.
André, saint (patron de Mantoue), 169, 192.
Andreasi, Osanna dei (dite la Beata Osanna), 163, 169, 191, 193.

Antella, Lamberto de l', 12.
Antiope, l', du Corrège, 89, 159.
Antonia, buste d', 146.
Apelle (*la Calomnie d'*), par Botticelli aux Uffizi, 27.
Apollon (du Belvédère), l', 143.
Apollon et Marsyas (du Corrège), 137.
Aragon, le cardinal d', 44.
Aragon, César d', 147.
Aragon, Isabelle d', duchesse de Milan, 140.
Aragon, Tullia d', VII, 41-65.
Arétin, l', Pierre, VIII, (son portrait dans les *Noces de Cana*, au Louvre), 217.
Argenton, le sieur d', voir Philippe de Commynes.
Arioste, l', 159.
Arts, les, et les Sciences de Melozzo da Forli (à la National Gallery et au musée de Berlin), 232, 233.
Asola (les imprimeurs d'), successeurs d'Alde Manuce, 226.
Asolani, les, de Pietro Bembo, 132.
Atri, Jacopo d', 139.
Aumale, duc d', 2.

INDEX DES NOMS CITÉS DANS CE VOLUME

Avalos, Alfonso d', marquis del Vasto (ses portraits dans l'*Allégorie* du Titien et les *Noces de Cana* de Véronèse, Salon carré, au Louvre), 203.
Baese, Alessandro da, 97.
Bandinelli, le sculpteur, 64.
Baptistère, le, à Florence, 7.
Barbara de Brandebourg, 92.
Barbetti, Couvent dit des, à Florence, 84.
Bardi, les, famille, 33.
Bargello, Musée du, à Florence, 1, 7, 48, 50, 52, 59, 159.
Baroccio, Salle du, aux Uffizi, 57, 58, 60, 61.
Baschet, Armand, VIII, 82, 89.
Basso, Fortezza di, à Florence, 50.
Bavière (Marguerite de), marquise de Mantoue, 92.
Bayard, 206.
Beata Osanna, la, tableau à Mantoue, 87.
Beauvais, Pavillon de, au Louvre, 85.
Belle Ferronière, la, de Vinci, au Louvre, 161.
Bellini, Giovanni, 102, 139.
Beltraffio, 87.
Bembo (Pietro), le cardinal, VIII, 127, 132, 134, 219, 229, 230, 234, 235, 236, 237, 238, 239, 240.
Bentivoglio, Laura, sœur du marquis Gonzague, 121.
Bentivoglio, Lucrezia, demi-sœur d'Isabelle d'Este, 140, 141, 146.
Benucchi, 46.
Benvenuto Cellini, orfèvre d'Éléonore de Tolède, 59, 60, 63, 64. Au siège de Rome, 120.
Berlin, Musée de, 17.
Bernardino di Castel Bolognese, 69.
Bertoldo, 38.
Biagi, Guido, VII, 41, 43, 45, 52, 55.
Bibbiena, Dovizi da, le cardinal, 219, 221, son portrait par Raphaël

au palais Pitti, 229, 237. Son rôle dans le *Cortegiano*, 234.
Bigallo, le, à Florence, 7.
Bisignano, princesse de, 114.
Blaze de Bury, H, VIII, 70.
Boccacio, 102, 103.
Bologna, Antonio da, 97.
Bologna Alberto da, chambellan d'Isabelle d'Este, 111.
Bonaventuri Pietro (époux de Bianca Cappello), 70-75.
Bonsignori, Francesco, 87, 135.
Borgia, Angela (suivante de Lucrèce), 101, 104.
Borgia, César, 97, 106, 107, 108, 109, 149, 211.
Borgia, Lucrèce, 88, 92, 105, 106, 118, 121.
Borgo degli Albizzi, le, à Florence, 5 et 7.
Borgo Nuovo, le, à Rome, maison de Raphaël où fut peint le portrait de Castiglione, 206.
Borgo San Jacopo, le, à Florence, 83.
Borso, le duc, d'Este, 225.
Boschetti, Isabella, 204.
Boscoli, 55.
Botticelli, Alessandro, peintre de Giovanna Tornabuoni, 1, 6, 7, 10 et de la Belle Simonetta, dans la *Primavera* à l'Académie et dans la *Naissance de Vénus*, aux Uffizi, à Florence, 17, 19, 21, 24, 26, 28, 30, 139.
Bourbon, le connétable de, 88, 113, 119, 120.
Bourbon, le bâtard de, 168, 180, 183, 184.
Bourget, Paul, 218.
Bracciano, duchesse de, fille du duc Cosme de Médicis, 61, 75.
Braghirolli, 89.
Bramante, architecte, 230.
Brandano, Pacifica, 237.
Brescia, 41, 43.
Bressanelli, Collection, à Mantoue, 164.

INDEX DES NOMS CITÉS DANS CE VOLUME

Bretagne, Anne de, 115, 122.
Brognina, la, suivante d'Isabelle d'Este, 99.
Brognolo, Zorzo, agent d'Isabelle d'Este, 111, 145.
Bronzino, Angelo, peintre de Cosimo Ier, grand duc de Toscane, de sa femme Éléonore de Tolède, de leurs enfants et de Bianca Cappello, 57, 59, 60, 69, 81.
Burckhardt, VII.
Burne-Jones, 201.
Cacus, statue de Bandinelli à Florence, 67.
Caiazzo, comte de, 177, 181.
Camerini, les, ou Chambres d'Isabelle d'Este, à Mantoue, 137, 154-157.
Campana, Giulia, 44.
Campanile, le, à Florence, 7.
Canossa, Ludovico da, évêque de Bayeux, 227, 230, 234.
Capilupi, secrétaire d'Isabelle d'Este, 145.
Cappello, Bartolomeo, père de Bianca Cappello, 71, 73, 76.
Cappello, Bianca, VIII, 69-84.
Cappello (Palais à Florence), 73, 83.
Caradosso, médailleur, 118.
Carpaccio, 139.
Cartwright, Julia (Mrs Ady), auteur d'*Isabella d'Este* et de *Baldassare Castiglione*, VIII, 89, 222.
Casio, 145.
Castelfranco, Georges de (le Giorgione), 204.
Castello Vecchio, le, à Mantoue, 90, 111, 123, 152, 153, 163.
Castiglione Balthazar, II, 112, 117, 131, 145, 199-242.
Castiglione Cristoforo, 209.
Cattanei Simonetta, épouse de Marco Vespucci (voir *Simonetta*, la Belle).
Ceva, Phébus de la, marquis, 237.
Chalcondylas, 210.

Chantilly, Musée de, 2, 17, 18, 22.
Chapuys, Gabriel, traducteur du *Cortegiano* au XVIe siècle, 216, 226, 231, 238.
Charles I roi d'Angleterre, 150.
Charles VIII à la bataille de Fornoue, 148, 166, 168, 173, 174, 175, 176, 178, 179, 182, 186.
Charles-Quint, 119, visiteur de Mantoue, ami de Castiglione, 123, 202, 212, 222.
Chiara de Montpensier, née Gonzague, sœur du marquis Gonzague, 113.
Christ entouré d'Anges, le, de Burne Jones, à Rome, 201.
Christophe Colomb, 118.
Cian, Vittorio, historien du *Cortegiano*, VIII, 226.
Cinquedea, ou dague du marquis Gonzague, au Louvre, salles du mobilier, 110.
Clément VII, le pape, 54, 119, 120, 212, 223, 224.
Clèves, Engelbert de, à la bataille de Fornoue, 181.
Colonna, les, 119, 120.
Colonna, Vittoria, marquise de Pescaire, 46, dans les *Noces de Cana*, au Louvre, 202. Sa lettre à Castiglione, 228, 229.
Combat de l'Amour et de la Chasteté, à la National Gallery, 17, 27.
Combat de l'Amour et de la Chasteté, du Pérugin, au Louvre, 126, 128, 129, 130, 137.
Commynes, Philippe de, témoin de la bataille de Fornoue, 170, 175, 177, 183, 186.
Como, Mgr de, 214.
Comus, le, de Lorenzo **Costa**, au Louvre, 137.
Cordoue, Gonzalve de, 210.
Corrège, le, 89, 99.
Correggio, Niccolo da, 103, 105, 132, 159.

Cortegiano, le, de Balthazar Castiglione, 225-242. Allusions à, 127, 202, 203, 204, 205, 206, 207, 208, 209, 212, 216, 217, 218.
Cosimo, Piero di, 17.
Cour d'Isabelle d'Este, la, tableau de Lorenzo Costa, au Louvre, 126, 130, 131, 132.
Cour des Quatre Platanes, au Castello de Mantoue, 158.
Couronnement, le (de David), 35.
Credi, Lorenzo di, 6.
Creighton, historien, VII.
Crivelli, Lucrezia, 161.
Dante et Béatrix, tableau de Henry Holiday, 83.
Daru, *Escalier*, au Musée du Louvre, II, 1, 3, 11, 12, 14.
Davari, Stefano, 89.
Delaborde, H. François, VIII.
Delia, naine d'Isabelle d'Este, 157, 158.
Dennistoun, historien, VII.
Desiderio da Settignano, 192.
Dianti, Laura, (du Titien), 203.
Diotablevi, d'Urbino, 232.
Dolfo, Floriano, 97.
Dôme, Musée du, à Florence, 31.
Dreyfus, Gustave, Collection, 1.
Ecole d'Athènes, l', fresque de Raphaël au Vatican, 200.
Equicola, Mario, 132.
Erasme, 224.
Eremitani, chapelle des, à Padoue, 139.
Este, Alfonso d', duc de Ferrare, 101, 102, 103, 104, 105.
Este, Giulio d', 101, 102, 104.
Este, Ippolito, le cardinal d', 101, 102.
Este, Béatrice, duchesse de Milan, son buste au Louvre, VI, 112, 123, 146, 148, 161, 210.
Este, Lucrezia d', épouse d'Annibal Bentivoglio, voir Bentivoglio.
Este, Ferrante d', 102, 103, 104, 105.

Faustina, buste de, 146.
Felegara, sur le Taro, théâtre de la bataille de Fornoue, 176.
Femme inconnue, portrait de, par Verocchio, galerie Lichstentein, à Vienne, 33.
Ferdinand II, 150.
Ferrare, 101, 102, 103, 104.
Ferrare, duc de, voir Este. (Alfonso d').
Ferrare, duchesse de, voir Borgia, Lucrèce.
Fiorentino Niccolo, médailleur, 1, 6, 8, 10.
Florence. Voir *Académie* (Musée de l'), Uffizi (Musée des), Bargello (Musée du), Santa Maria Novella, Palais Vieux, Palais Pitti, Ognissanti (Eglise des), Saint Marc (Couvent et Place de), Santa Croce (Place), Santa Annunziata (Place), Santa Trinita (Pont et Place), Sainte-Marie des Fleurs, Seigneurie (Place de la), Lanzi (Loggia dei), San Piero Maggiore, Borgo degli Albizzi, Borgo San Jacopo, Cappello Palais, Dôme (Musée du).
Fornoue ou *Fornovo di Taro* (bataille de), 168-186.
Francia, peintre d'Isabelle d'Este, 140, 141, 142, 146.
François I, roi de France, 121, son portrait par le Titien, au Louvre, 202.
Fregoso, Federico, 217, 230.
Fregoso, Ottaviano, 230, 234, 235.
Galerie du Bord de l'Eau, au Louvre, 89, 92, 93, 99, 126-134, 137, 161, 163, 189, 197.
Gauthiez, Pierre, VIII.
Gazzuolo, Louis Gonzague de, 147.
Gebbhardt, VIII.
Ghiberti, 6.
Ghirlandajo, auteur du portrait de Giovanna Tornabuoni (Collection

INDEX DES NOMS CITÉS DANS CE VOLUME

Pierpont-Morgan) et des fresques de Santa Maria Novella, contenant les portraits de Lorenzo et de Giovanna Tornabuoni, et de Lucrezia de Médicis, 139.

Ghisolfo, Bernardo, architecte de la *Chapelle de la Victoire*, 189.

Giarola, sur le Taro, théâtre de la bataille de Fornoue, 173, 176, 182.

Giorgione, 146, 201, 204.

Giotto, 6.

Giovanna Tornabuoni et les Trois Grâces, fresque de Botticelli, au Louvre, escalier Daru, II, 1, 2, 3, 4, 10, 11.

Goldschmidt, Collection, 87.

Gonzague, César, 230.

Gonzague, Elisabetta, duchesse d'Urbino, 113, 115, 125, 148, 205, 230, 231, 233, 234, 240, son portrait aux Uffizi, salle de la Tribune, 113.

Gonzague, Ercole, le cardinal, 96, 119, 120, 144, 145.

Gonzague, Federico, fils d'Isabelle d'Este, 94, 96, 99, 101, 203.

Gonzague, Gian Francesco, quatrième marquis de Mantoue, mari d'Isabelle d'Este. Dans son ménage, 87, 92-101. A la bataille de Fornoue, 166-185. Protecteur de Mantegna, 188, 189. Son portrait dans la *Vierge de la Victoire*, 191, 193, 195. Son iconographie, 163, 164.

Gonzague, Ludovico, 163.

Gonzague, Luigia, 36, 210, 219.

Gonzague, Rodolfo, 177, 178, 181, 183.

Gonzague, Sigismondo, le cardinal, 94, 119, 188, 211.

Gozzoli, Benozzo, 167.

Gregorovius, VII.

Grotta, *la*, d'Isabelle d'Este, 102, 110, 112, 126, 134, 146, 150, 151, 158, 159, 160.

Guichardin, historien, 107.

Gurk, cardinal de, 99.

Gyé, maréchal de, 173, 176, 182.

Henri VII, roi d'Angleterre, 210.

Henriette d'Angleterre, 62.

Hercule tenant l'enfant, avec la peau du lion, 143.

Hourticq, Louis, 203.

Holiday, Henry, 83.

Holbein, V.

Hubert, Robert, 5.

Hutton, Edward, VIII.

Ingres, 57.

Isabelle d'Este, II, 85-161, 211, 221.

Jacomo, intarsiateur à Urbino, 232.

Jacopo, di Piero, 68.

Jacquemart-André, Musée, à Paris, 57, 160.

Jean Bologne, 50.

Jean des Bandes Noires (Giovanni de Médicis), VIII, 59.

Joachim du Bellay, 103, 218.

Joconde, la, 86, 196, 200, 201, 204.

Jules II, pape, 95, 118, 123, 146, 151.

Juste de Gand, ses œuvres, à Urbino, 232.

Klaczko, VIII.

Landucci, Luca, VI, 14.

Lansdowne, marquis de, Collection du, à Bowood, 200.

Lanzi, Loggia dei, la, à Florence, 60, 67, 68.

Laocoon, le, 143.

Last of England, de Madox Brown, allusion à, 71.

Laurana, Luciano di, architecte du palais d'Urbino, 232.

Laure, de Pétrarque, 7.

Laurent le Magnifique, voir Médicis, Laurent de.

Lavagnollo, Lorenzo, 134.

Lemmi, Villa, 1, 3.

Léon X, pape, 125, 191, 210, 211, 213.

Léonard de Vinci, auteur du portrait au crayon d'Isabelle d'Este, II, 85, 86, 87, 139, auteur de la *Joconde*, jugé par Castiglione, 200, 204, 205.

Lichtenstein Galerie, à Vienne, 33.

Loches, Château de, 106, 138.

Liombeni Luca, peintre d'Isabelle d'Este, 110.
Longin, saint, patron de Mantoue, 169, 192.
Longueville, M™ᵉ de, suivante d'Anne de Bretagne, 122.
Lopez, don Alfonso de, 200.
Lorenzaccio (Lorenzino de Médicis), VIII, 50.
Lorenzo Costa, peintre d'Isabelle d'Este, 87, 126, 130, 137, 151, 200.
Louis XII, roi de France, 113, 115, 122, 212.
Louvre, Musée du, 1, 3, 6, 7, 11, 12, 13, 85, 88, 92, 99, 110, 125, 134, 150, 160, 161, 164, 188, 197, 199, 209, 222.
Ludovic le More, 111, 123, 140.
Luther, 212.
Luzio, historien, VIII, 89.
Machiavel, 149.
Macinghi, Alessandra dei, VII, 35.
Madox Brown, 71.
Magellan, explorateur, 118.
Maineri, Gian Francisco, 140.
Malatesta, Sigismondo, VI.
Mantegna, peintre des Gonzague, 89, 92, 93, 126, 127, 133, 135, 136, 139, 159, 163, 188, 197.
Mantoue, 87, 89, 90, 91, 92, 93, 94, 111, 139, 151, 160, 163, 164, 165, 166, 167, 188, 189, 190, 196, 197.
Mantoue, marquis de (voir Gonzague, Gian Francesco).
Maranta, le père, 80.
Marengo, le pavillon, au Louvre, 85.
Marguerite de Bavière, 92.
Mars et Vénus, de Botticelli, à la National Gallery, 17.
Martin, frère (Luther), 215.
Martelli, Camilla, 64.
Martelli, Niccolo, 45.
Martinengo Galerie, à Brescia, 41.
Mattei, Accursio, 48.
Maximilien Sforza, le duc, 99.
Maximilien, l'empereur, 98.
Mazarin, le cardinal de, 200.

Médesano, 183, 184.
Médicis, Alessandro, duc de, 50.
Médicis, Cosme de, le Père de la Patrie, 36, 67.
Médicis, Cosimo I. de, grand-duc de Toscane, 36, 54, 59-67.
Médicis, Ferdinando de, cardinal, puis grand-duc de Toscane, 79, 81, 82.
Médicis, Francesco de, grand-duc de Toscane, VII, 61, 70, 73, 75, époux de Bianca Cappello, 76, 81.
Médicis, Garzia de, 61, 65, 66.
Médicis, Giovanni de (Jean des Bandes Noires), VIII, 36, 59.
Médicis, Giovanni de, le cardinal, 61, 65, 66.
Médicis, Giuliano de (duc de Nemours), 229, 233, 237.
Médicis, Ippolito de, 239.
Médicis, Julien de, 19, 20, 21, 24, 29, 35, 39.
Médicis, Laurent de (le Magnifique), VI, VII, 6, 19, 24, 25, 34, 35, 38, 40.
Médicis, Lorenzo de, duc d'Urbino, 211.
Médicis, Lucrezia de, 34-40.
Médicis, Marie de, 76.
Médicis, Piero de (Pierre le Goutteux), 33, 34.
Milano, Ambrogio da, 232.
Melioli, Bartolomeo, 163.
Melozzo da Forli, 232.
Michel-Ange, 143.
Micheletto, 107, 108.
Mise au Tombeau, la, du Titien, au Louvre, 89, 99.
Missaglia, armurier de Milan, 215.
Molza, le poète, 144.
Mondragone, marquise de, 72.
Montaigne, 78.
Montefeltro, Antonio de, 178, 181, 232.
Montferrat, marquise de, 122.
Moretto, Bonvicino, dit le, 41, 54.
Morgantino, nain d'Isabelle d'Este, 117, 157, 158.

INDEX DES NOMS CITÉS DANS CE VOLUME

Morrison, Alfred, Collection, 87.
Munzkabinett, au Musée de Berlin, 164.
Museo Patrio, à *Mantoue*, 93, 164.
Musocho, comtesse de, 114.
Mussati, 130.
Muzio, 47.
Naissance de saint Jean-Baptiste, la, fresque de Santa-Maria-Novella, à Florence, 17, 31, 33, 34, 40.
Naissance de Vénus, de Botticelli, aux Uffizi, 17, 21.
Napoli, Pietro da, 237.
National Gallery, la, à Londres, 17.
Nero, Bernardo del, 13.
Nevers, Madame de, suivante d'Anne de Bretagne, 122.
Noces de Cana, les, de Véronèse au Louvre, 202, 217.
Nolhac, Pierre de, VIII.
Norsa Daniele, son rôle dans la *Vierge de la Victoire*, 163, 164, 169, 188, 192.
Novellara, fra Pietro da, 88.
Nuit, la, de Giorgione, 146.
Nuit, la, de Michel-Ange, à la Chapelle San Lorenzo, à Florence, 229.
Ognissanti (Eglise des), 22, 27.
Okenghem, musicien, 155.
Oliverotto, tyran de Fermo, 107, 108.
Opdycke, VIII.
Oppiano, gué d', sur le Taro, théâtre de la bataille de Fornoue, 177, 178.
Orléans, duc d', 176.
Orsini, le cardinal, 37.
Orsini, Clarice, épouse de Laurent le Magnifique, 37, 38.
Orsini, Paolo et Francesco, duc de Gravina, 107, 108.
Orsini, Paolo Giordano, duc de Bracciano, 61.
Orsini, Paulo Emilio, 48.
Orsini, Mme Madeleine, 37.
Pace da Certaldo, Paoli di, VII.

Palais-Vieux, le, à Florence, 12, 13, 57, 60, 62, 66, 67, 68.
Paleologa, Palazzina della (au Castello), à Mantoue, 153.
Paléologue, princesse, 153.
Paliotto d'Argento, au Musée du Dôme, à Florence, 31.
Pallavicini, Antonio, 146.
Pallavicino, Gasparo, 230, 233, 234.
Paradiso, le, d'Isabelle d'Este, au Castello de Mantoue, 91, 154, 155, 156, 157.
Parentucelli, Nicolas V, 6.
Paride da Ceresara, l'humaniste, 135.
Parisina, 104.
Parmesan, le, 200.
Parnasse, le, de Mantegna, au Louvre, 87, 126, 133, 134, 137, 152.
Pasolini, VIII.
Pastor, VII.
Pastorino de Sienne, médailleur, 69.
Patricolo, 159.
Pavia, Lorenzo da, 87, 132, 145.
Pazzi, les, 34, leur conspiration, 21, 39.
Pedrazzoli, 89.
Pelissier, historien, VIII.
Pellegrina, fille de Bianca Cappello, 75, 79, 80.
Pensieroso, le, de Michel-Ange, à San Lorenzo, à Florence, 211.
Perrens, historien, VII.
Pesaro, Messer Amerighi da, 9.
Petrarque, 46.
Petrucci, Pandolfo, 109.
Pia, Emilia, 115, 233, 240.
Piazza, Virgiliana, à Mantoue, 164.
Piccinino, 225.
Pierpont Morgan, Collection, 1, 7, 8.
Pietro, Fra, da Novellara, 88.
Pietro Monte, maître d'armes, 210.
Pigafetti, explorateur, 118.
Pisani, Luca, 175.
Pitigliano, Orsini, comte de, 182, 185.

Pitti, Palais, à Florence. 17, 27, 59, 66, 69, 78, 229, 236.
Pizzino, le cardinal, 120.
Plessis, Château du, Richelieu, 160.
Plon, Eugène, VIII.
Poggio a Caïano, Villa des Médicis, près Florence, 77, 79, 81.
Politien, 6, 7, 11, 22, 26, 28, 29.
Pollajuolo, auteur présumé de la *Belle Simonetta*, de Chantilly, VI, 2, 17.
Pontormo, le, 59.
Porto, villa d'Isabelle d'Este, 148, 193.
Primoli, Collection, 57.
Primavera, la, de Botticelli, à l'Académie, à Florence, II, 17, 21, 24, 28, 29, 30.
Procris, la mort de, à la National Gallery, 17.
Ragione, Palais de la, à Ferrare, 103.
Ramusio, Jean-Baptiste, secrétaire de la Seigneurie à Venise, 226, 227.
Rangone, 222.
Raphaël, 201-209.
Reggia, la, à Mantoue, 137.
Rembrandt, 200.
Renée (de France), 157.
Rénier, historien, VIII, 89.
Retour du Cardinal, le, fresque de Mantegna à la *Sala degli Sposi* au Castello, à Mantoue, 163.
Riario, cardinal, 143.
Riccardi, Palais, à Florence, 19, 66.
Richelieu, le cardinal de, 120, 160.
Rimini, Isotta de, VI.
Robinet, seigneur de Frammeselles, 176.
Romano, Cristoforo, 87, 145, 157, 161, 229.
Rome (le sac de), 120, 223.
Ronsard, Pierre de, 80.
Rosselli, Domenico, 232.
Rovere, Francesco Maria della, duc d'Urbino, gendre d'Isabelle d'Este, 125, 230, 237.

Rubens, 87, 200, 207.
Ruberto, médailleur, 163.
Sabba, Fra, de Castiglione, 145.
Sacchetti, Franco, conteur florentin, 9.
Sacchetti, Giucciardini Isabella, 35.
Sagesse Victorieuse des Vices, *la*, de Mantegna, au Louvre, 152.
Saint Jean-Baptiste, le Fort, à Florence, 50.
Saint Joachim chassé du Temple, fresque de Santa Maria Novella, 11, 14, 15, 34.
Saint-Marc, Couvent et Place de, à Florence, 71, 72.
Saint-Marceau, ambassadeur de France, à Rome, 204.
Sainte-Marie des Fleurs, à Florence, 6, 21.
Saint-Simon et Saint-Jude, Église des, à Mantoue, 197.
Sala degli Sposi, au *Castello,* à Mantoue, 94, 135, 139, 152.
Salle des Fleuves, au Palais de Mantoue, 152.
Salle des Marquis, *id,* 152.
Salle des Miroirs, *id,* 152.
Salle des dessins de Léonard de Vinci, au Louvre, 85, 86, 87, 88, 161.
Salon Carré, le, au Louvre, 199-208, 217, 220.
Saltini, Enrico Guglielmo, VIII, 70.
Salviati, Maria, 36, 51, 59.
San Gallo, médailleur, 36.
San Michele Berteldi, Place, à Florence, 7.
San Piero Maggiore, ancienne église, à Florence, 5 et 6.
San Sebastiano, Palais, à Mantoue, 189, 190.
San Severino, Margherita de, 114.
Sandro, Amico di, substitué à Botticelli, 17.
Santa Annunziata, Place, à Florence, 60. .
Santa Croce, Mgr, 214.

Santa Croce, Place, à Florence, 20, 192.
Santa Maria ad Olmi, Eglise, à Florence, 72.
Santa Maria Novella, à Florence, III, 1, 6, 7, 8, 9, 10, 14, 15, 17, 31, 33, 34, 40.
Santa Maria della Vittoria, Chapelle, à Mantoue, 188, 189, 197.
Santa Trinita, Pont et Place, à Florence, 50, 83.
Santi Giovanni, d'Urbino, père de Raphaël, 140.
Sassoferrato, 57.
Savonarole, 8, 15.
Schlumberger, Mme, auteur de la traduction française d'*Isabella d'Este*, de Julia Cartwright, 89.
Schiffanoia, la, Palais de Ferrare, 101.
Seigneurie, Place de la, à Florence, 50, 60.
Seignori, loggia dei, à Florence, 67, 68.
Serafino, 147.
Sforza, Anna, première femme d'Alfonso d'Este, 147.
Sforza, Catherine, VIII, 36.
Sforza, Giovanni, 124.
Silvestri, Francesco, 117.
Simonetta, la belle, II, 17. Ses portraits (authentiques ou présumés), à Chantilly, 2, 17, 22, 24, à l'Académie, de Florence, 17, 21, 26, 27, 28, 29, aux Uffizi, au Palais Pitti, 17, à Santa Maria Novella, 17, 30, 40, à la National Gallery, 17, 27, à Berlin, 17. Chantée par Politien, 26, 28, 29, 54.
Sismondi, VII.
Sixte IV, 34.
Sperandio, médailleur, 93.
Staedel Institut, Musée à Francfort, 17, 33.
Stanze, les, de Raphaël, au Vatican, 200, 215.
Strozzi, Filippo, l'ancien, VI.

Strozzi (Palais), 74.
Strozzi, Ercole, le poète, 105.
Strozzi, Filippo, le jeune, amant de Tullia d'Aragon, 48, 49, 50, 51.
Studiolo, le, d'Isabelle d'Este, à Mantoue, 111, 153, 154.
Studiolo, le, de Francesco de Médicis, au Palais Vieux, 62, 63.
T, Palais du, près Mantoue, 93.
Taine, 24.
Talpa, médailleur, 164, 185.
Taro, Vallée du, théâtre de la bataille de Fornoue, 168, 173, 183.
Teodora, 95.
Tesoretto, Cabinet du, au Palais Vieux, à Florence, 62.
Thiers, Collection, au Louvre, 85.
Titien, le, portraitiste d'Isabelle d'Este, 87, 139. Allégorie au Louvre, 203. Portrait de Federico Gonzague, 203. Portrait de Fr. Maria della Rovere, 229.
Tolède, Eléonore de, épouse du duc Cosimo Ier de Médicis, 57-68.
Torelli, Barbara, épouse du poète Ercole Strozzi, 105.
Torelli, Ippolita, épouse de Balthazar Castiglione, 220, 221.
Torelli de Montechiarugo, le comte, 220.
Tornabuoni, Giovanna degli Albizzi, épouse de Lorenzo Tornabuoni, II, 1, 15, 17. Ses portraits authentiques ou présumés, au Louvre, Escalier Daru, 1, 2, 3, 4, 8, 11, 14, à la collection Pierpont-Morgan, 1, 7, 8, 10, à Santa Maria Novella, 1, 7, 8, 11, 14, au Bargello, 1, 7, 10.
Tornabuoni, Giovanni, 34.
Tornabuoni, Lorenzo de, 3, 6, 11, 12, 13, 14, 15, 34.
Toscana, le poète, 158.
Tosio, Collection, à Brescia, 42.
Trémoille, seigneur de la, 176.
Trevisan, Marco, 175.

Tribune, Salle dite de la, à Chantilly, 17.
Tribune, Salle dite de la, aux *Uffizi*, 113.
Triomphe de la Poésie, le, de Lorenzo Costa, au Louvre, 126, 131.
Trivulce, le maréchal, 176, 182.
Uccello, Paolo, 167.
Uffizi. Musée des, à Florence, 17, 21, 27, 57, 58, 59, 60, 61, 70, 81, 112, 113, 230, 237.
Ugo, 104.
Ugolini, historien, VII.
Urbino, le duc d' (Federigo de Montefeltro), VI.
Urbino, duchesse d', femme du duc Guidobaldo, voir Gonzague, Elisabetta.
Urbino, duchesse d', femme du duc Francesco Maria della Rovere, 227.
Urbino, Guidobaldo, duc d', 124, 148, 149, 205, 210.
Valdès Leal, 80.
Valentinois, le, voir Borgia, César.
Van Asselin, le peintre, à Amsterdam, 200.
Vanna, la belle, Giovanna degli Albizzi, épouse de Lorenzo Tornabuoni, 1-15.
Varchi, Benedetto, historien, 49, 50.
Vasari, 62, 128.
Vasco de Gama, 118.
Véronèse, les Noces de Cana de, 202.

Verrocchio, 1, 6.
Vertus armant la Jeunesse, les, du Pérugin, 137.
Vespucci, Amerigo, 19.
Vespucci, Marco, époux de la Belle Simonetta, 19.
Vespucci, Piero, 24.
Vespucci, Chapelle des, Eglise des Ognissanti, à Florence, 17, 22, 27, 33.
Vianello, Michele, 145.
Vierge et l'Enfant, la, de Verrocchio, au Bargello, à Florence, 1.
Vierge de la Miséricorde, la, de Ghirlandajo, Chapelle des Vespucci, aux Ognissanti, à Florence, 27, 28.
Vierge de la Victoire, *la*, de Mantegna, au Louvre, II, 92, 99, 163-197.
Vigilio, Francesco, précepteur de Federico Gonzague, 94.
Villari, historien, VII.
Vincenzo II, Gonzague, duc de Mantoue, 150.
Vinci, Léonard de, voir *Léonard de Vinci*.
Visitation, *la*, fresque à Santa Maria Novella, à Florence, 1, 7, 8, 9, 11, 14.
Vitelli, Camillo, 182.
Vitellozzo, 107, 108.
Wallace, Collection, à Londres, 57.
Yriarte, Charles, VIII, 89, 156.
Ziliolo, 145.

TABLE DES MATIÈRES

	Pages.
INTRODUCTION	1
GIOVANNA TORNABUONI AU LOUVRE	1
LA BELLE SIMONETTA A CHANTILLY	17
LUCREZIA DE MÉDICIS A SANTA MARIA NOVELLA.	33
TULLIA D'ARAGON A BRESCIA	41
ELÉONORE DE TOLÈDE AUX UFFIZI.	57
BIANCA CAPELLO AU PALAIS PITTI.	69
ISABELLE D'ESTE ET SES ALLÉGORIES AU LOUVRE	85
I. *LA VIE SUBIE*.	90
II. *SA VIE VOULUE*.	110
III. *SA VIE RÊVÉE*	125
§ 1. Ses Inventions Poétiques	126
§ 2. Ses Portraits	138
§ 3. Sa Collection	142
§ 4. Son Palais à Mantoue.	151
LA VIERGE DE LA VICTOIRE AU LOUVRE	163
I. *LA LIGUE*.	163
II. *LA BATAILLE*.	175
III. *L'EX-VOTO*.	188
BALTHAZAR CASTIGLIONE AU LOUVRE.	199
I. *UN PORTRAIT*	199
II. *UNE VIE*.	209
III. *UN LIVRE*	225
INDEX DES NOMS CITÉS DANS CE VOLUME.	241

ÉVREUX, IMPRIMERIE CH. HÉRISSEY, PAUL HÉRISSEY, SUCC*

www.ingramcontent.com/pod-product-compliance
Lightning Source LLC
Chambersburg PA
CBHW071421150426
43191CB00008B/1001